O VAREJO DE MATERIAL DE CONSTRUÇÃO NO BRASIL

Mecanismos Operacionais

O VAREJO DE MATERIAL DE CONSTRUÇÃO NO BRASIL

MECANISMOS OPERACIONAIS

Joaquim Ramalho de Oliveira Filho – Coordenador

Airton Kenshiro Uehara, Álvaro Tadeu Pereira, Antonio Euclides Fappi, Carlos Moriconi Jr., Cláudio Elias Conz, Eduardo Justino Saraiva, Fabio Augusto Palombo Rossini, Fábio de Almeida Pacheco, Katsumori Miyasato Ueta, Leandro Fonseca Gonçalves, Luiz Augusto Gonçalves Barbosa, Mario Carlos Gimenez Filho, Mauro Tadeu Flório, Minoru Shimuta, Raquel Lima Tuma, Reginaldo Aparecido Ferraz da Fonseca, Ricardo Cícero Pereira, Rogerio Calino Vasconcellos, Sergio Luiz Gomes, Sergio Luiz Victor, Sergio Marin Del Nero, Thomas Henrique Perez, Tony Rocha Noritake, Waldir Rodrigues de Abreu, Walter Luiz Yukishigue Yogui, Willian José Soares Pontual

DVS Editora Ltda.
www.dvseditora.com.br

O Varejo de Material de Construção no Brasil: Mecanismos Operacionais
Copyright© DVS Editora 2006

Todos os direitos para a língua portuguesa reservados pela editora.

Nenhuma parte desta publicação poderá ser reproduzida, guardada pelo sistema *retrieval* ou transmitida de qualquer outro modo ou por qualquer outro meio, seja este eletrônico, mecânico, de fotocópia, de gravação, ou outros, sem prévia autorização, por escrito, da editora

Produção Gráfica, Diagramação: ERJ Composição Editorial
Design da Capa: Spazio Publicidade e Propaganda

Dados Internacionais de Catalogação na Publicação (CIP)
(Câmara Brasileira do Livro, SP, Brasil)

```
O Varejo de material de construção no Brasil :
mecanismos operacionais. -- São Paulo :
DVS Editora, 2006.


    Vários autores.
    Bibliografia.


    1. Materiais de Construção - Brasil 2. Varejo -
Brasil.
```

06 - 0353	CDD-691. 06880981

Índices para catálogo sistemático:

```
1. Brasil : Materiais de construção : Varejo :
        Tecnologia    691. 06880981
2. Brasil : Varejo : Materiais de construção :
        Tecnologia    691. 06880981
```

Agradecimentos

Desafio. Talvez a fonte maior da evolução da humanidade, pois só por meio dele é que o mundo procura, sempre mais, conquistar novas fronteiras, tornando-o, a cada momento, menor na dimensão e maior na reflexão.

Ao ter coordenado o livro *O mercado de varejo de material de construção no Brasil – ferramentas de gestão*, com a participação dos professores do primeiro curso de Pós-Graduação realizado pela Fundação Armando (FAAP), uma das mais importantes instituições de ensino do País, o desafio era lançar um novo livro, porém, neste momento, trazendo a experiência dos próprios alunos que, além de participarem do curso, atuam como executivos no segmento.

A troca de experiência entre o meio acadêmico e a vivência do segmento "material de construção" nos conforta ao dizermos que fomos felizes na escolha, já que fez com que o setor refletisse sobre a sua necessidade de atualização em todos os níveis, assim como nos fez crescer na estruturação da universidade corporativa, intitulada Universidade Anamaco.

A Universidade Anamaco, por sua vez, identificou na FAAP a instituição capaz de tal façanha, elegendo seu presidente, dr. Antonio Bias Bueno Guilon, como personalidade acadêmica, prêmio entregue, em solenidade no Prêmio Anamaco 2005, para os destaques do ano.

São esses momentos que nos faz crer que é possível a realização de um trabalho com a dimensão de um setor que representa 16% do PIB, em que, após o inauguração do curso de Pós-Graduação, lançamos a Graduação em várias cidades e o MBA Profissional em Varejo de Material de Construção.

Para ampliarmos, ainda mais, nossos desafios, lançamos a TV Iapedem que tem como propósito levar a informação ao segmento, em qualquer ponto do mundo, de forma prática e a baixo custo, por meio do ensino a distância.

Assim, seguimos trabalhando e agradecendo a Deus, nosso arquiteto maior, e aos alunos pioneiros na jornada, como: Airton Kenshiro Uehara, Antonio Euclides Fappi, Artur José Viana Machado, Carlos Moriconi Jr., Cláudio Elias Conz,

Eduardo Justino Saraiva, Elisabeth Maria Lopes Bridi, Fabio Augusto Palombo Rossini, José Carlos dos Santos Moreira, Katsumori Miyasato Ueta, Leandro Fonseca Gonçalves, Luiz Augusto Gonçalves Barbosa, Mario Carlos Gimenez Filho, Mauro Tadeu Flório, Ricardo Cícero Pereira, Sergio Luiz Gomes, Sergio Luiz Victor, Sergio Marin Del Nero, Thomaz Henrique Perez, Tony Rocha Noritake, Waldir Rodrigues de Abreu, Walter Luiz Yukishigue Yogui, William José Soares Pontual, Fábio de Almeida Pacheco, Álvaro Tadeu Pereira, Minoru Shimuta, Raquel Lima Tuma, Reginaldo Aparecido Ferraz da Fonseca e Rogério Calino Vasconcellos.

E na estrutura familiar, fonte da maior riqueza da sociedade, meus agradecimentos e carinhos a Luci Martines, Mayara Martines Ramalho de Oliveira, André Martines Ramalho de Oliveira, Judite Ferreira de Oliveira, Joaquim Ramalho de Oliveira (*in memorian*), Alzira Alonso Martines e Seraphim Martines (*in memorian*), responsáveis pelos meus princípios e inspiração para enfrentar meus Desafios.

Joaquim Ramalho de Oliveira Filho

Coordenador — **Fundação Armando Alvares Penteado**

Prefácio

Este livro pretende apresentar as experiências na otimização de mecanismos operacionais para a gestão de material de construção e das alternativas necessárias à execução bem-sucedida para o segmento. No decorrer da obra, você aprenderá a otimizar os recursos necessários para alcançar os melhores resultados, por meio da discussão de assuntos considerados polêmicos no setor.

O **Capítulo 1** traz à discussão a agregação de valor de material de construção via prestação de serviços. O tema é muito oportuno como alternativa de alavancar melhores resultados para o varejo de material de construção.

O **Capítulo 2** promove uma reflexão a respeito da prevenção de perdas com mercadorias no varejo de material de construção no Brasil. Esse é um dos assuntos que está sempre em baila nas empresas e é tratado com toda a atenção nesse capítulo.

O **Capítulo 3** apresenta o associativismo como instrumento de aumento de competitividade para micros, pequenas e médias empresas no mercado de varejo de material de construção. É uma oportunidade ímpar para verificar, com praticidade os resultados do associativismo.

O **Capítulo 4** trabalha a gestão de transporte no segmento de material de construção. Um dos itens de maior preocupação no segmento, levado à reflexão de forma a identificar os aspectos positivos e negativos da atividade.

O **Capítulo 5** trata do marketing de serviços: terceirização dos serviços de capacitação/treinamento realizados pelas indústrias de insumos para a construção civil. Neste capítulo, são apresentados os efeitos da terceirização de serviços para o segmento.

Por fim, o **Capítulo 6** oferece um estudo comprobatório da inviabilidade operacional das empresas de pequeno porte de varejo de material de construção. Ao longo do capítulo, são discutidas as dificuldades das empresas de se manterem no mercado com a atual carga tributária.

Mensagem aos Colaboradores

Um longo, porém, promissor caminho.

No recente congresso norte-americano de varejo, National Retail Federation, que se realiza há 94 anos, três questões mostraram-se bastante claras em relação à atuação deste segmento de mercado, responsável, nos Estados Unidos, por 2/3 de seu PIB.

A primeira delas diz respeito à tecnologia, considerada a espinha dorsal do varejo. O cliente quer permanecer muito tempo dentro da loja fazendo suas escolhas, porém, não deseja despender cinco minutos com o pagamento, financiamento etc.

Etiqueta inteligente, análise de perdas, entre outros temas, fazem a alegria do pessoal de sistemas e equipamentos de informática, pois, por incrível que pareça, em uma das pesquisas apresentadas, o número de problemas na área de vendas, por não "bater" o estoque físico com o disponível no terminal, foi muito grande.

A segunda questão que me chamou a atenção foi a relação com a comunidade. Há um entendimento de que a loja de varejo deve passar, para o público de seu entorno, o fato de ser muito importante para ele. Ela gera emprego para quem trabalha no bairro, ajuda nas campanhas específicas da comunidade e escoa os produtos da região. Um exemplo claro de tal argumento foi o supermercado de uma grande rede; a loja, que estava em uma região de plantadores de tomates, em vez de comprar catchup pronto, fabricava-o, demonstrando, com isso, que utilizava os tomates plantados naquela comunidade.

A terceira questão, que me deixou bastante satisfeito, diz respeito à qualificação profissional. Ou seja, a importância do treinamento constante para as pessoas envolvidas no segmento. Há em curso mudanças tão profundas na atuação do varejo, que somente indivíduos bem preparados e em contínuo processo de aprendizado terão direito a conquistar as melhores oportunidades.

Minha satisfação está diretamente ligada a este segundo livro, entre aqueles que pretendemos sejam muitos na formação de uma biblioteca voltada para o setor de material de construção. Com o apoio da FAAP — que nos atendeu desde o primeiro momento que batemos em sua porta com o objetivo de criar um curso de pós-graduação voltado para o setor, cuja primeira turma já o concluiu, — temos encontrado no corpo docente, na estrutura operacional e, principalmente, na capacidade e qualificação dos ótimos profissionais com quem nos relacionamos um motivo de orgulho e de enorme satisfação.

Já estamos caminhando para a estruturação de um MBA específico. Além deste segundo livro, nesta longa caminhada, que se denomina "eterna caminhada do aprendizado", estamos criando condições para que o setor de material de construção venha transformar profissionais e proprietários em verdadeiros *experts*, com o domínio das melhores ferramentas de gestão que só podem ser encontradas nos grupos que detêm o que há de melhor e mais atualizado em conhecimento.

Estes primeiros anos têm sido marcados por dificuldades de todos os tipos, mas também têm sido marcados pela união entre a nossa necessidade de ampliar as oportunidades de conhecimento com o trabalho e os já excelentes resultados que estamos obtendo, por podermos usufruir da qualidade do ensino da FAAP.

Cláudio Elias Conz
Presidente da Associação Nacional dos
Comerciantes de Material de Construção — **Anamaco**

Sumário

Capítulo 1 Agregação de Valor no Varejo de Material de Construção Via Prestação de Serviços 1

1   A Cadeia da Construção Civil e o Mercado de
    Material de Construção no Varejo 3
    1.1 Panorama da Cadeia da Construção Civil no Brasil 3
    1.2 Setor Varejista do Brasil 6
    1.3 O Setor Varejista — seu Marketing e o Mercado no Brasil 8
    1.4 A Relação Consumidor/Empresa e sua Satisfação 12
    1.5 A Prestação de Serviços e a Fidelização do Cliente 15
    1.6 A Prestação de Serviços como Estratégia
         Diferencial de Agregar Valor 16

2   Qualidade na Prestação de Serviços 17
    2.1 Da Vantagem Competitiva 17
    2.2 Da Qualidade no Setor de Material de Construção 19
    2.3 Garantia da Qualidade 23

3   Qualidade na Prestação de Serviços no Varejo
    de Material de Construção 25
    3.1 Da Qualidade em Serviços Prestados 25
    3.2 Treinamento como Excelência na Prestação de Serviços 27
    3.3 Da Responsabilidade Jurídica na Prestação de Serviços 29

4   Procedimentos Metodológicos 31
    4.1 Características do Estudo e da Metodologia 32
    4.2 Elaboração e Coleta de Dados 33
    4.3 Análise de Dados 34

5   Da Apresentação, Análise e Interpretação dos Dados 34
    5.1 Resultados e Análise da Pesquisa 1 — Questionário
         Aplicado a Clientes em Lojas de Material de Construção...........34
    5.2 Resultados e Análise da Pesquisa 2 — Questionário
         Aplicado à Indústria 39
    5.3 Resultados e Análise da Pesquisa 3 — Questionário
         Aplicado ao Lojista 42
    5.4 Considerações Preliminares dos Questionários Aplicados...........45
    5.5 Entrevistas Pessoais Realizadas 47

xii O Varejo de Material de Construção no Brasil

5.6 Análise das Entrevistas Pessoais...51

6 Conclusão.. 52

7 Referências Bibliográficas 54

Webgrafia..56

Bibliografia...56

Capítulo 2 — Agregação de Valor no Varejo de Material de Construção Via Prestação de Serviços.................. 57

1 O Mercado Brasileiro do Varejo de Material de Construção 59

1.1 Evolução do Mercado...60

1.2 A Tecnologia e o Setor de Material de Construção no Brasil.........65

1.3 O Varejo de Material de Construção no Brasil.............................69

1.4 Principais Problemas no Setor de Material de Construção 73

1.5 Uma Visão Social da Construção Civil 86

2 Prevenção de Perdas.. 89

2.1 Definição de Perdas e Quebras 89

2.2 Administrando as Perdas 102

2.3 O Funcionário..104

3 A Experiência do Setor Supermercadista 107

3.1 Método Empregado 108

3.2 Análise e Interpretação dos Dados...108

3.3 Grandes Empresas Supermercadistas..119

4 A Prevenção de Perdas no Brasil, segundo Enfoques e Procedimentos da Grande, Média e Pequena Empresa 122

4.1 Enfoque da Empresa de Grande Porte 123

4.2 Combate aos Prejuízos Gerados pelas Devoluções de Cheques e Fraudes com Cartão de Crédito 129

4.3 Enfoque da Empresa de Médio Porte..132

4.4 Enfoque da Empresa de Pequeno Porte.......................................133

5 Conclusão.. 134

6 Referências Bibliográficas 135

Webgrafia..137

Sumário **xiii**

Capítulo 3 **Associativismo como Instrumento de Aumento de Competitividade para Micros, Pequenas e Médias Empresas de Varejo de Material de Construção 139**

1   O que é Associtiavismo 141
1.1   Associativismo para um Brasil de Resultados 142
1.2   A Importância do Associativismo 143
1.3   Aspectos Comuns das Associações 144
1.4   Formação de uma Rede Associativista 145
1.5   Plano de Trabalho 146
1.6   Pontos Fortes do Associativismo 146
1.7   Pontos Fracos do Associativismo 148
1.8   Ética Aplicada 149

2   O Associativismo e sua Influência no Mercado de Material de Construção 152
2.1   Alguns Números do Mercado de Material de Construção no Brasil 152
2.2   O Associativismo e o Mercado de Material de Construção 153
2.3   A Competição e os Reflexos Mundiais 153
2.4   Desenvolvimento de Multiparcerias 155
2.5   A Experiência de alguns Países 155
2.6   Primeiro Estudo das Centrais de Negócios do País 157
2.7   Direitos e Deveres 168
2.8   O Relacionamento Central *versus* Fornecedor 169
2.9   Desafios 169
2.10 Fatores Críticos para o Crescimento das Centrais 171

3   *Case* de Sucesso — Grupo Okinawa 171
3.1   A Associação Okinawa no Brasil 171
3.2   Grupo Okinawa 172
3.3   Números de Crescimento 175
3.4   Problemas Enfrentados 176

4   Conclusão 176

5   Referências 182

Capítulo 4 **Gestão de Transporte no Segmento de Material de Construção 183**

1   Logística 185
1.1   Breve Histórico 185
1.2   Conceito 186
1.3   Distribuição Física 186
1.4   Importância da Distribuição Física 187
1.5   Administração da Distribuição Física 188

xiv O Varejo de Material de Construção no Brasil

2 O Marketing 189
- 2.1 Conceitos 189
- 2.2 Os "4 Ps" de Marketing 190
- 2.3 Integração: Marketing e Logística 191
- 2.4 O Cliente e o Valor do Serviço 192

3 Gestão de Transporte 193
- 3.1 Conceito 193
- 3.2 Escolha de Modais...195
- 3.3 Decisão sobre a Propriedade da Frota 195
- 3.4 Seleção e Negociação com Transportadores.........................198
- 3.5 Política de Consolidação de Cargas.......................................201
- 3.6 Planejamento de Manutenção 202
- 3.7 Controle da Manutenção...204
- 3.8 Índices de Desempenho da Manutenção 204
- 3.9 Dimensionamento de Frotas...205
- 3.10 Custos Operacionais...205
- 3.11 Renovação de Frotas...207

4 Terceirização... 208
- 4.1 Conceito 208
- 4.2 A Razão da Terceirização 209
- 4.3 Processo de Terceirização 210
- 4.4 A Terceirização da Logística de Transporte..........................211

5 *Case* Construcasa... 218
- 5.1 Histórico 218
- 5.2 Situação Atual 219
- 5.3 Proposta de Terceirização de Transportes 219
- 5.4 Implementando a Parceria...220
- 5.5 Riscos...221
- 5.6 Análise do Ponto de Equilíbrio Financeiro...........................221

6 Conclusão 222

7 Referências 227

Capítulo 5 Marketing de Serviços: Terceirização dos Serviços Realizados pelas Indústrias de Insumos para a Construção Civil 229

1 Qualidade... 231
- 1.1 Gestão da Qualidade 231
- 1.2 Implementação da Qualidade Total 232
- 1.3 Estratégias de Marketing para Empresas Prestadoras de Serviços 242

2 Terceirização 248

Sumário **XV**

3 Metodologia da Pesquisa 251
3.1 Tipo de Pesquisa 251
3.2 Delineamento/Abordagem 251
3.3 População 252
3.4 Amostra 252
3.5 Instrumentos de Coleta 253
3.6 Procedimentos 253
3.7 Tratamento Estatístico dos Dados 253

4 A Análise dos Resultados 254
4.1 Resumo das Entrevistas 254

5 Discussão 257

6 Conclusão 258

7 Referências 259

Capítulo 6 Estudo Comprobatório de Inviabilidade Operacional para Empresas de Pequeno Porte de Varejo de Material de Construção 261

1 Panorama do Mercado Varejista Brasileiro de Material de Construção 263
1.1 Formação de Custos Inerentes ao Segmento 264
1.2 Níveis de Tributação do Intervalo Estudado 268

2 Excesso de Tributação ao Comércio Varejista de Material de Construção e Formas de Viabilização de Negócio 270
2.1 Inviabilidade Financeira 271
2.2 Alternativas de Enquadramento Fiscal do Segmento Estudado 272

3 Pesquisa: Estudo do Resultado Operacional de Quatro Empresas da Grande São Paulo 274
3.1 Levantamento Financeiro — Tabela de Captação dos Dados 274
3.2 Tratamento das Informações Coletadas 277
3.3 Análise e Interpretação dos Índices 278

4 Conclusão 280

Anexo A Levantamento Financeiro — Tabela de Captação dos Dados (AxBxCxD) 283

Anexo B O Fim das Pequenas Empresas 285

Entrevista de Stephen Kanitz 285

Referências 287

Capítulo 1

Agregação de Valor no Varejo de Material de Construção Via Prestação de Serviços

Álvaro Tadeu Pereira
Cláudio Elias Conz
Waldir Rodrigues de Abreu
Willian José Soares Pontual

AGRADECIMENTOS

Dedicamos este trabalho aos nossos familiares, aos quais agradecemos pela compreensão e apoio para que pudéssemos nos empenhar e concluir este curso.

Agradecemos a todos os professores que colaboraram para o nosso enriquecimento e crescimento intelectual. Ao coordenador, professor Joaquim Ramalho de Oliveira Filho, peça importante durante todo o curso, e às pessoas que direta ou indiretamente contribuíram para a elaboração desse livro: Ana Lúcia F. de Miranda (FAAP), Ana Lúcia Magyar (FAAP), André Fauth (Amanco), Antonio Euclides Fappi (Rede Construir), Arnor Pinto Fillipi (Votorantin), Artur José Viana Machado (Telhanorte), Carlos Moriconi Júnior (C&C), Dimitrius Markakis (Dicico), Eduardo Justino Saraiva (Casa Rosada), Elisabeth Bridi (Revista ANAMACO), Fábio dos Santos (FAAP), Fábio Augusto Palombo Rossini (Votorantin), Felipe Martins Cupolillo (FAAP), Fernando de Castro (Telhanorte), Helio Yuji Fukuda (Tigre), Jorge Gonçalves Filho (C&C), Jorge Letra (Dicico), José Carlos dos

Santos Moreira (Cerâmicas Eliane), Katsumori Miyasato Ueta (Rede Okinawa), Luiz Augusto Gonçalves Barbosa (Depósito Zona Sul), Marcelo Lass (Votorantin), Márcia Dias (FAAP), Marco Antônio Galla (Leroy Merlin), Marcos Eduardo do Nascimento (FAAP), Mauro da Conceição Dutra (FAAP), Mauro Tadeu Flório (C&C), Natal Destro (Anamaco/Iapedem), Ricardo Cicero Pereira (Telhanorte), Roberto Breithhaupt (Anamaco), Sérgio Bandeira de Melo (Tumeleiro), Sérgio Marin Del Nero (Rede Construir), Susana Batimarchi (Anamaco), Tony Rocha Noritake (Votorantin), Walter Luiz Yukishigue (Rede Okinawa).

"Dominar o tempo, fazendo com que seja fértil ou produtivo, é ter conquistado uma das chaves da evolução."

Carlos Bernardo González Pecotche

Resumo

Este trabalho visa demonstrar que é possível agregar valor às lojas que vendem produtos utilizados nas reformas e construções, cuja instalação é executada por profissionais devidamente treinados e credenciados pelos estabelecimentos em convênios com instituições, como Senai, Senac e outros. Para que o objetivo seja atingido, o trabalho será elaborado por meio de levantamento bibliográfico, enfocando o cenário do varejo de materiais de construção no Brasil, a prestação de serviços e sua qualidade, com o apoio de pesquisas feitas com consumidores, lojas e indústrias.

Palavras-chave

Varejo; material de construção; serviços.

1 A Cadeia da Construção Civil e o Mercado de Material de Construção no Varejo

As revendas de material de construção são estabelecimentos que comercializam itens básicos de acabamento, elétricos, hidráulicos, portas, janelas, esquadrias, acessórios para execução de reparos, entre outros.

Este capítulo tem o objetivo de definir e expor o panorama do comércio de material de construção.

1.1 Panorama da Cadeia da Construção Civil no Brasil

Segundo dados apresentados pela Fiesp-Ciesp (2004), a Cadeia da Construção Civil é responsável por cerca de 16% do PIB e gera milhões de empregos, sendo que quatro milhões são do tipo direto.

A última expansão do PIB da construção civil aconteceu em 2000 (2,6%) e, desde então, o setor acumulou queda de 12,7%, e apenas em 2003 a contração foi de 8,6%.

A diminuição da capacidade de investimentos públicos refletiu-se em toda a cadeia, pois, além da falta de demanda, existem limitações na qualidade dos materiais, na mão-de-obra e nos processos produtivos.

Uma queda acentuada na renda e no poder de compra nos últimos anos barrou os financiamentos em longo prazo, comprometendo até mesmo a construção de habitações populares.

Em estudo encomendado pela Federação das Indústrias do Estado de São Paulo (Fiesp), em parceria com o Ministério do Desenvolvimento, Indústria e Comércio Exterior, a Empresa E3 Escritório de Estudos Econômicos S/C Ltda., coligada à empresa LCA Consultores, foi criada a Agenda de Política para Cadeia Produtiva da Construção Civil, em setembro de 2004.

Esse estudo está dividido em três áreas de atuação: política habitacional, política industrial, tecnológica e de comércio exterior, e política de investimentos.

Na proposta apresentada para política habitacional, aparece como objetivo básico a redução do déficit habitacional pelo aumento dos recursos para construção e aquisição de imóveis populares, a melhoria na segurança jurídica dos contratos e outros fatores que permitam o crescimento do Sistema de Financiamento Imobiliário.

Parte da proposta de política industrial, tecnológica e de comércio exterior refere-se ao aumento na qualidade dos materiais, por meio da normatização e ampliação do PBQP-H (veja a Figura 1.1), melhoria da mão-de-obra por intermédio de treinamentos e capacitação, bem como melhoria nos processos produtivos com estímulo à inovação tecnológica da cadeia.

Para a Fiesp-Ciesp (2004), o Programa Brasileiro de Qualidade e Produtividade do habitat tem procurado reunir e organizar entidades voltadas ao setor, fabricantes, fornecedores, comunidade acadêmica e órgãos de normatização, além do governo federal, na busca de soluções viáveis para toda a cadeia, e, apesar dos resultados heterogêneos, já se percebem alguns bons desempenhos de produtos, cujas indústrias implementaram programas de conformidade e padronização.

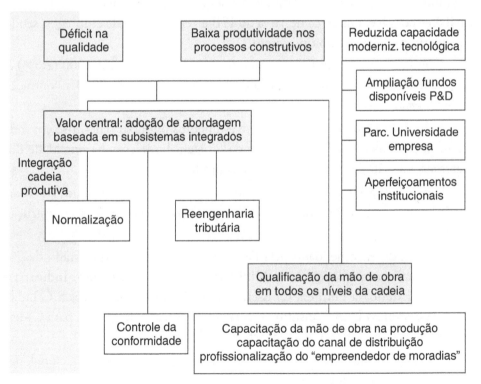

Fonte: FIESP-CIESP, 2004, p. 42.
Figura 1.1 Conceito geral do programa PBQP.

Quanto à política de investimentos, a proposta está voltada para a definição de regras consistentes para a execução de Parcerias Público-Privadas (PPP), com propostas para gerar empregos e alavancar pequenas e médias empresas, representando um passo importante rumo ao desenvolvimento, à inclusão social e à maior autonomia do Brasil no cenário internacional.

Dentre as metas propostas neste estudo, destaca-se a de redução do déficit habitacional, que está estimado em 6,65 milhões, além das 10 milhões de moradias inadequadas.

A maior parte desse déficit (cerca de 80%) refere-se a áreas urbanas, em que 90% são formadas por famílias com renda de até cinco salários mínimos. Uma solução proposta seria focar os investimentos públicos em habitação para atender essas famílias, facilitando a construção e seguindo critérios de qualidade e conformidade dos materiais utilizados.

Outra meta importante é a de geração de empregos. Segundo estudo do BNDES, a construção civil gera 176 empregos diretos, 83 indiretos e 271 empregos induzidos (via efeito-renda) para cada aumento de R$ 10 milhões na produção.

Essa é uma cadeia altamente empregadora que absorve mão-de-obra menos especializada e da qual espera-se a criação e manutenção de 2,5 milhões de empregos até 2007.

Tabela 1.1 Déficit habitacional urbano total, por faixa de renda mensal familiar, segundo as regiões.

Região	Participação regional no déficit habitacional urbano por faixa de renda mensal familiar [1]				
	Até 3	De 3 a 5	De 5 a 10	Mais de 10	Total [2]
Norte	7,8%	6,6%	9,9%	6,1%	7,7%
Nordeste	35,2	19,7%	12,6%	11,0%	32,1%
Sudeste	38,4%	54,0%	54,2%	61,2%	41,2%
Sul	10,5%	12,2%	13,5%	13,5	10,9%
Centro-Oeste	8,0%	7,5%	9,8%	8,2%	8,0%
Brasil	4.410.385	443.139	285.131	105.632	5.297.946

[1] Exclusive o déficit por depreciação que não pôde ser calculado por faixas de renda.

[2] Inclusive sem declaração de renda.

Fonte: Fundação João Pinheiro, elaborado por LCA Consultores, apud Fiesp-Ciesp, 2004.

Pode-se notar que esse setor se destaca como um dos principais da economia. Sua importância está relacionada aos seguintes aspectos:

- à contribuição direta do setor para a formação do PIB;
- ao seu relacionamento direto com outros setores da economia;
- à sua participação indireta nas diversas atividades econômicas;
- ao volume de recursos com o qual trabalha;
- ao montante de empregos que pode gerar.

1.2 Setor Varejista do Brasil

Tendo em vista o aspecto econômico, o varejo fomenta arrecadação fiscal, movimenta as economias regionais e gera investimentos. No plano social, contribui para a geração de empregos e a manutenção de diversas outras fontes de sustentação familiar. O gigantesco crescimento do setor varejista explica-se, segundo Cobra (1997, p. 257), pelo fato de que "a venda direta do produtor ao consumidor é onerosa, e nem sempre é possível".

Para Parente (2000), o varejo no Brasil, tal qual se conhece hoje, começou a ser esboçado no final do século XIX, com o início da industrialização e o surgimento dos meios e vias de transporte. Os historiadores citam o Barão de Mauá como um dos primeiros e mais importantes varejistas, inclusive de material de construção, além de ser responsável por fundações de bancos, construção de estradas de ferro, estaleiros, indústrias e investimentos importantes em companhias de iluminação a gás no Rio de Janeiro.

Kotler (2000) expõe que varejo são todas as atividades envolvidas na venda de bens ou serviços diretamente aos consumidores finais para seu uso pessoal, não relacionado a negócios. Já, na opinião de Cobra (1997, p. 335), os varejistas são, ao mesmo tempo, "a fonte de energia de seus fornecedores e o agente de compra para seus clientes". Se, de um lado, eles representam os interesses de fornecedores e produtores que vêem, na sua atividade, a maneira adequada de escoar suas produções e/ou estoques, por outro, buscam satisfazer as necessidades e desejos de um consumidor cada vez mais exigente e crítico. O varejo caracteriza-se por um conjunto de atividades relacionadas à comercialização de produtos e serviços diretamente ao consumidor final.

O varejo apresenta uma infinidade de formatações, a fim de poder beneficiar públicos distintos, por meio de um processo intenso de modificação de escopo de atuação, em que se encontram algumas opções, como as lojas de departamentos, lojas de especialidades, cadeia de lojas, supermercados, hipermercados, materiais de construções (objeto de estudo deste trabalho), entre outras tantas opções existentes.

Segundo Kotler (2000), tal como os produtos, os formatos de varejo cumprem fases de crescimento e declínio. À medida que as lojas atuais agregam serviços para permanecerem competitivas, seus preços sobem e os custos também aumentam. Dessa forma, elas abrem espaço para novos formatos, que oferecem um mix de mercadorias e serviços a preços mais acessíveis.

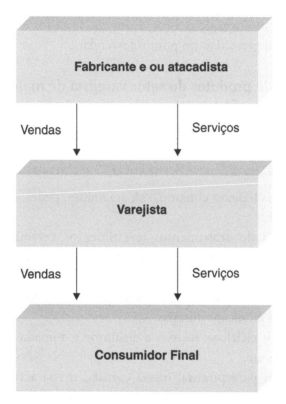

Fonte: COBRA, 1997, p. 335.
Figura 1.2 Funções do varejista.

Quanto às funções do estabelecimento varejista (Figura 1.2), Cobra (1997) lembra, ainda, que, com o cliente, o estabelecimento se compromete a prestar serviços de pronta entrega, orientação de compra, satisfação, garantia e assistência técnica.

Na visão de Sandhusen (2000), o varejista, para atender às demandas do consumidor, desempenha diferentes funções, como:

- Compras: de bens e serviços e os oferece para venda. Cada varejista toma decisões individuais sobre a variedade de bens e serviços a ser ofertados.
- Manuseio: armazenagem, preço e exposição dos produtos.
- Informação: aos clientes, por meio de material promocional e pessoal de atendimento e vendas, além de comunicar aos outros elementos do canal de distribuição os resultados de pesquisas e de vendas.
- Vendas: de produtos, devendo contar com a oferta de serviços ao cliente para contribuir no fechamento da transação. Os serviços podem incluir crédito, políticas de retorno e entrega, horários e locais convenientes, e o pessoal prestativo no ponto-de-venda.

1.2.1 O mix de produtos do setor varejista de material de construção

O varejo de material de construção pode ser dividido pelo tipo de produto que a loja comercializa. Essa subformatação é baseada no mix de produtos que, segundo análise setorial de *A Gazeta Mercantil* (1999), caracteriza-se por:

- Materiais básicos: cimento, cal, argamassa, pedra, ferro, madeira, portas e janelas.
- Produtos de acabamento: revestimentos cerâmicos, argamassa para rejuntamento, complementos para portas e janelas, fechaduras, armários e acessórios.
- Materiais hidráulicos: tubos e conexões, metais sanitários, sistema de descarga e louças sanitárias.
- Materiais elétricos: fusíveis e disjuntores, tomadas, fios, plugues, interruptores etc.
- Produtos para pintura: massa corrida, massa acrílica, selador acrílico, impermeabilizante, tintas, ferramentas para pintura etc.

Atualmente, além dos produtos básicos, aqui mencionados, que são comercializados, também se pode encontrar produtos de decoração e acabamento para o lar, entre outros itens inovadores dentro desse segmento.

1.3 O Setor Varejista — seu Marketing e o Mercado no Brasil

Segundo Kotler (2000, p. 13), os mercados vêm mudando, de forma incrível, o foco das estratégias:

Além da globalização e da mudança tecnológica, estamos testemunhando uma mudança de poder de fabricantes para varejistas gigantes, um rápido crescimento e aceitação de marcas de loja, novas firmas de varejo, aumento da sensibilidade a preço e valor por parte do consumidor, diminuição do papel do marketing e da propaganda de massa e uma grande erosão de lealdade de marca.

O setor varejista, primordialmente, por ter um contato direto com o consumidor final, tem o compromisso estratégico de captar informações com os clientes, bem como identificar seu comportamento de compra e tendências; decodificar e enviar informações aos fornecedores, para que os produtos estejam sempre adequados ao uso e à satisfação do cliente, além de sugerir novos produtos e serviços.

Assim sendo, os varejistas atualmente buscam profissionalizarem-se e procuram desenvolver estratégias de marketing bem mais amplas. Dessa forma, o marketing de varejo compreende um composto de variáveis, que vai da escolha da localização do negócio até ao programa de relacionamento com o cliente, passando pela complexidade de um mercado em constante efervescência. Kotler chama a atenção para o fato de que o varejista precisa certificar-se, freqüentemente, de que esteja alcançando e satisfazendo seus clientes-alvo, por meio de periódicas pesquisas de marketing. O autor (2000, p. 545) observa que "o posicionamento de um varejista deve ser flexível, especialmente se ele administrar lojas locais com diferentes padrões socioeconômicos".

As empresas varejistas eficientes, que procuram posição de destaque, focam primeiro o cliente e só depois o mercado e isso somente ocorre pelo uso planejado e constante de todas as ferramentas de marketing.

O marketing tem sido visto como um processo dinâmico e poderoso, capaz, por meio de seus vários componentes, de dar à organização as ferramentas que vão capacitá-la a entender melhor seus clientes e de atuar de maneira eficaz no seu mercado. Deve fazer parte do planejamento global da empresa, atuando em conjunto com ele, visando atingir os objetivos organizacionais.

Por sua vez, Cobra (1997, p. 337) esclarece que "o varejo, como canal de distribuição, desempenha papel importante no marketing, pois as variáveis de produto, preço e comunicação dependem em última instância do varejo".

Pode-se dizer que, até pouco tempo, o varejo mantinha seus clientes com o esforço de uma localização adequada, mix diferenciado ou exclusivo de produtos e preços atraentes. Atualmente, o mix de serviços tornou-se o principal foco das ações estratégicas, pois o mercado varejista de materiais de construção tem-se evidenciado, cada vez mais pela sua competitividade entre os grandes grupos dominantes no mercado.

Hoje o foco totalmente voltado ao cliente traz às empresas uma rotina constante de adaptações e busca satisfazer cada um dos clientes por intermédio do produto ou serviço adequado. Para tanto, o marketing evoluiu sensivelmente e agora temos uma infinidade de ferramentas capazes de auxiliar a empresa em prol do seu desenvolvimento mercadológico e econômico.

Tal fato tem auxiliado o desenvolvimento do setor varejista a destacar-se no cenário econômico. Segundo Barboza (2004), o faturamento real do comércio varejista de material de construção da região metropolitana de São Paulo, em 2004, operou com certa retração, tendo em vista o ganho do comércio varejista como um todo, que obteve alta de 4,95%, de janeiro a abril de 2004. Em relação ao mesmo período de 2003, o segmento faturou 7,96% menos. Barboza (2004) destaca ainda a Pesquisa Conjuntural do Comércio Varejista, realizada pela Fecomercio. Mas o resultado ainda é positivo se for comparado com o de abril de 2003 (4,78%).

A pesquisa revela, também, que o mercado, desde 1994, está em grande expansão, uma vez que tem mantido uma média de três mil novas lojas por ano no segmento. Essa expansão expressa a competitividade dentro do segmento e também a sensível melhora na qualidade dos materiais, bem como uma maior diferenciação nos preços, deixando-os mais competitivos.

Outro fator, que se refere à expansão do segmento, está diretamente relacionado com a estabilidade econômica pós-real, que proporcionou uma melhoria do poder de compra da população (em decorrência da estabilização econômica), bem como o desenvolvimento urbano, na periferia das grandes cidades. Em 2000, havia cerca de 109 mil empresas atuantes no País, responsáveis por 72% do escoamento da produção industrial. O estudo apontou também que 95% das empresas são pequenas e médias e que, juntas, movimentam 4% do PIB. Mas, como já era tendência do mercado, esse panorama vem revertendo-se gradativamente, e cada vez mais o espaço das pequenas e médias empresas dá lugar às grandes redes de materiais de construção.

Segundo a pesquisa realizada pela Universidade Federal de Santa Maria e divulgada pela Fiesp-Ciesp (2004), o nível de satisfação dos usuários em relação aos materiais de construção é traduzido pelas respostas agrupadas em cinco grandes conjuntos de motivações da insatisfação: (I) qualidade do produto, (II) desempenho do produto, (III) padronização e normatização, (IV) atendimento ao cliente, e (V) preços e condições de pagamento.

A Tabela 1.2, a seguir, mostra a importância relativa dos quesitos qualidade, desempenho e padronização como causa de insatisfação para os 15 produtos mais citados pelos entrevistados.

Tabela 1.2 Causas da insatisfação com materiais de contrução, segundo o ranking de citações.

	Bloco cerâmico	Chapa de compensado	Porta de madeira	Areia	Telha cerâmica
Qualidade do produto	360	390	309	290	161
Desempenho do produto em uso	—	—	—	—	—
Padronização e normatização	286	82	38	23	91
Total de citações	646	472	353	313	252
	Bloco de concreto	Piso de cerâmica	Concreto usinado	Janela de alumínio	Janela de madeira
Qualidade do produto	118	83	168	76	95
Desempenho do produto em uso	4	38	—	56	21
Padronização e normatização	74	73	3	34	14
Total de citações	196	194	171	166	130
	Argamassa industrial	Tubo e conexão PVC	Tinta PVA	Laje pré-moldada	Porta de alumínio
Qualidade do produto	65	49	46	45	30
Desempenho do produto em uso	12	3	19	1	17
Padronização e normatização	35	39	12	21	18
Total de citações	112	91	77	67	65

Fonte: UFSM, elaborado por LCA Consultores, apud Fiesp-Ciesp, 2004.

No segmento varejista de materiais de construção, um dos itens que ainda não oferece plena qualidade é a mão-de-obra qualificada.

Os demais materiais pesquisados apresentam níveis de conhecimento técnico mais elevados.

Dentre as principais tendências varejistas para as próximas décadas, destacam-se:

- Aumento da globalização.
- Aumento da concentração de grandes grupos, que, por meio de fusões e aquisições, dobram sua estrutura e impõem pressões diretas aos fornecedores por condições melhores de negociação.
- Parcerias detectadas e associações entre os pequenos para vencerem os processos de concorrências intensos.
- Polarização entre os grandes varejistas do tipo generalista contra o varejista especialista.
- Aumento da concorrência de varejos intraformatos.
- Mudança do comportamento do consumidor, cada vez mais exigente, e o varejo virtual, como elemento adicional.

Esses fatores combinados, ou mesmo isolados, impõem ao setor um ritmo de mudança intenso, em que cada segmento de varejo procura adaptar-se e renovar seus conceitos para não ser rapidamente eliminados.

1.4 A Relação Consumidor/Empresa e sua Satisfação

A compreensão do cliente é uma das partes mais importantes para que empresas de varejo sejam bem-sucedidas, pois consiste na etapa que define, identifica e caracteriza o cliente. As necessidades dos clientes são, muitas vezes, bastante complexas e requerem um envolvimento de todos os setores da empresa.

Há duas opções para se saber qual é a opinião do cliente em relação aos produtos, serviços ou pessoas da empresa: a primeira é a realização de um estudo com determinado grupo de clientes, e da gerência, ou a análise das solicitações efetuadas ao serviço de atendimento ao cliente A segunda opção, que envolve a contratação de uma empresa de marketing direto, possibilitará a obtenção de informações pessoais dos clientes. Com isso, é possível conhecer as características de comportamento e os detalhes pessoais do indivíduo que realiza a compra.

O valor do cliente vai além dos atributos e benefícios óbvios dos produtos. As necessidades são, muitas vezes, implícitas, desarticuladas e não preestabelecidas. Incluem fatores como liberdade, segurança e paz de espírito.

Todos os clientes devem ser ouvidos: os satisfeitos, os insatisfeitos, os neutros e os clientes em potencial. Os clientes satisfeitos podem fornecer informações muito importantes em relação, por exemplo, ao mercado em geral, ao que está acontecendo na concorrência, ao que eles apreciam ou aos padrões de serviços etc.

Os clientes insatisfeitos podem ser de grande valia para as novas mudanças. Eles estão insatisfeitos justamente por não terem sido ouvidos.

Porém, é importante ressaltar que as necessidades dos consumidores, em geral, alteram-se com bastante freqüência e que, hoje em dia, eles são mais exigentes do que na década passada. As empresas que não ouvem seus clientes muitas vezes vão perceber que têm cada vez menos clientes a ser ouvidos.

As relações com o cliente começam no primeiro encontro entre o comprador e o vendedor. Vendedores utilizam essa oportunidade para educar compradores em potencial sobre seus produtos, deixando para o comprador, o parceiro mais poderoso da relação, fazer a venda.

Segundo Kotler (2000, p. 225), "a satisfação é o nível de sentimento de uma pessoa, resultante da comparação do desempenho (ou resultado) de um produto em relação às suas expectativas".

Assim, o nível de satisfação é uma função da diferença entre o desempenho percebido e as expectativas. Um consumidor pode experimentar um dentre os três níveis amplos de satisfação. Se o desempenho atender as expectativas, ele estará satisfeito. Se o desempenho exceder às expectativas, o consumidor estará altamente satisfeito, gratificado ou encantado.

Devido às novas necessidades do mercado, as empresas não podem se comportar como no passado, quando se dedicavam apenas aos seus produtos. A partir dos anos 1990, o serviço, ao contrário do produto, tornou-se muito difícil de duplicar. Produtos podem ser facilmente duplicados, a eficiência no tratamento aos clientes não. A competição gera um campo totalmente novo, identificando as necessidades dos novos clientes para tratamento individual ou parcerias em longo prazo. Isso força as empresas a ir além da qualidade do produto, focando o cliente. Para sobreviverem, elas têm de continuar melhorando, investindo na construção de relacionamentos e no alinhamento organizacional.

De acordo com Kotler (2000), as expectativas são formadas por experiências de compra, recomendações de amigos e colegas, informações e promessas de vendedores e concorrentes. Se as empresas criarem expectativas de compra muito altas, provavelmente o comprador ficará decepcionado. Por outro lado, se elas criarem expectativas muito baixas, vão atrair apenas pequeno número de compradores, embora venham a satisfazê-los.

Algumas empresas bem-sucedidas hoje estão aumentando as expectativas dos consumidores e melhorando suas condições de atendimento. Elas estão orientadas para a Satisfação Total do Consumidor (STC).

Para as empresas voltadas aos consumidores, a satisfação é tanto uma meta quanto uma ferramenta de marketing. As organizações que atingem altas taxas de satisfação dos consumidores garantem que seu mercado-alvo as conhece.

Embora as empresas voltadas para os consumidores procurem criar alta satisfação, não se pode afirmar que elas estejam maximizando a satisfação de seus consumidores por meio da diminuição de seus preços, pois este processo pode também resultar em diminuição de rentabilidade. A empresa pode ser hábil em aumentar sua rentabilidade de outras maneiras, como pela melhora da produção ou investimento em pesquisa e desenvolvimento. Todas as energias devem ser direcionadas para a satisfação do cliente, não importa o que aconteça.

A fidelidade ou satisfação do cliente possui três efeitos:

- A receita aumenta, resultado de compras repetidas ou de indicações.
- O custo diminui, resultado de baixas despesas de aquisição e da eficiência em servir clientes experientes.
- Aumento na retenção de funcionários devido ao orgulho da empresa e aumento na satisfação, causando um reforço na fidelidade dos clientes.

Com isso, há um aumento na produtividade e redução dos possíveis custos na contratação e treinamento.

Existem organizações que investem e direcionam parte de seus lucros em busca da obtenção da satisfação total de seus clientes. Elas fazem parte das empresas excelentes, utilizando a abordagem humanista e não comportamental. A princípio, para que essa estratégia funcione, é necessário que a organização coloque seus interesses em segundo plano, voltando os interesses iniciais exclusivamente para a satisfação e encantamento de seus clientes, superando todas as expectativas.

1.5 A Prestação de Serviços e a Fidelização do Cliente

Na literatura de marketing de serviços é consenso que a entrega de serviços aos clientes é uma das principais maneiras de construir um relacionamento em longo prazo com os clientes. Podem, então, os serviços ser considerados uma ferramenta estratégica utilizada para administrar o relacionamento completo com a clientela.

Os serviços estão ativamente ligados aos relacionamentos. A aproximação do marketing de relacionamento ao marketing de serviços deve-se ao fato de que o relacionamento é um serviço prestado ao cliente, e a sua natureza interativa passa a ser a base para a oferta contínua de valor superior.

A intenção do cliente em manter um relacionamento de lealdade com o prestador de serviço pode se traduzir pelos funcionários das organizações. Nas organizações prestadoras de serviços, os funcionários desempenham um importante papel na criação e manutenção da confiança e relacionamento entre a organização e o cliente.

Apesar da profusão de estratégias empregadas pelas organizações visando a melhoria do nível de qualidade do atendimento aos clientes, Reichheld (2000, p. 209) pondera que poucas organizações "[...] conseguiram significativas e mensuráveis melhorias quanto à lealdade dos clientes [...]".

Em qualquer setor de atividade há a preocupação em conquistar clientela. Todavia, tão importante quanto atrair clientes senão de maior valia, é fidelizá-los. E dar ênfase ao valor para o cliente e entender o que ele quer comprar se traduz em qualidade de serviço, de criação de valor para ele. É preciso que as coisas tenham significado para que se possa fidelizar o cliente, porque a fidelidade não se prende ao vazio ou a propostas abstratas, o cliente é fiel a algo que quer e acredita. Isso é enfatizado por Cobra (2000, p. 57):

> *A razão do sucesso de uma empresa em qualquer ramo de negócios depende do grau de relacionamento da empresa com seus clientes. Essa integração depende do adequado atendimento da clientela. Portanto, prestar serviços de qualidade significa estreitar com os clientes um importante elo.*

Atualmente, esforços de qualidade bem-sucedidos exigem que a administração da empresa atinja e exceda a satisfação dos consumidores. De acordo com esse enfoque, a qualidade de produtos e serviços é somente uma parte, uma das prioridades estratégicas das empresas.

Para Albrecht (1998, p. 40), o cliente é um ativo cujo valor aumenta com o passar do tempo, pela sua crescente satisfação e lealdade, carreadas pelos processos de fidelização empreendidos pela organização: "[...] o cliente é tudo, é alfa e ômega, início e fim".

1.6 A Prestação de Serviços como Estratégia Diferencial de Agregar Valor

Para Albrecht (1998), uma estratégia de serviço só é eficaz se atender aos seguintes requisitos:

- É não trivial; tem peso. Deve ser mais que uma simples declaração vazia ou um *slogan*. Deve ser razoavelmente concreta e orientada para a ação.
- Deve transmitir um conceito ou uma missão que os membros da organização possam entender, compreender e de algum modo pôr em prática.
- Deve oferecer ou estar relacionada a uma premissa crítica de benefício que seja importante para o cliente. Deve dizer respeito a algo pelo qual o cliente está disposto a pagar.

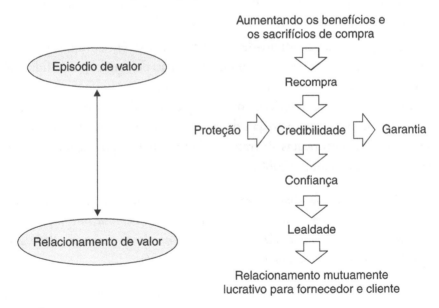

Fonte: GRÖNROOS, 1994.
Figura 1.3 Efeito da estratégia de agregar valor.

- De algum modo, deve diferenciar a organização de seus concorrentes aos olhos do cliente.
- Se possível, deve ser simples, inequívoca, fácil de expressar ao cliente.

Para Berry (1995, p. 74), a "estratégia de serviço se resume em fazer uma comparação entre o que precisa ser feito e o que a empresa faz de extraordinariamente bem". As organizações se tornam duradouras, pelo simples fato de suprirem as necessidades básicas do homem, que mudam muito pouco ao longo do tempo, fazendo com que excelentes estratégias permaneçam.

É pela estratégia que se define a cultura interna da empresa, bem como sua imagem externa desejada. Para tanto, precisa ser redigida por escrito e amplamente comunicada. Para Walker (1991, p. 12), "é de interesse de toda organização prestadora de serviço buscar ativamente tantos comentários de clientes quanto possível", no intuito de atender as suas necessidades.

Os comerciantes que ignoram o componente serviço em seus produtos concentram-se na diferenciação competitiva e nos instrumentos para penetrar nos mercados.

2 Qualidade na Prestação de Serviços

Nas últimas décadas, a qualidade ganhou destaque e se tornou essencial dentro das empresas e na prestação de serviços. Programas de qualidade são desenvolvidos por organizações em busca de vantagem competitiva e por uma inserção maior no mercado no qual atua.

Esta seção tem como objetivo enfocar a qualidade na prestação de serviços; e, para uma melhor visão, serão destacados os conceitos de vantagem competitiva e qualidade na prestação de serviços.

2.1 Da Vantagem Competitiva

A globalização da economia foi mais um fator que provocou e ainda provoca transformações significativas no mercado mundial, trazendo novos desafios para os países e para as empresas.

A competitividade, sob uma visão dinâmica, é entendida como a capacidade que a empresa tem de formular e implementar estratégias concorrenciais, que lhe permitam conservar de forma duradoura uma posição sustentável no mercado.

O sucesso competitivo depende da criação e da renovação das vantagens competitivas por parte das empresas, em um processo em que cada produtor se esforça por obter diferenças que o distingam positivamente dos demais (custo e/ou preços mais baixos, melhor qualidade, serviços à clientela). Dentre vários aspectos, destaca-se que, para a empresa obter o sucesso competitivo, também é necessário que tenha capacidade tecnológica e gerencial para de traçar, executar e rever estratégias de produtos de mercado, trabalhar as relações com clientes e fornecedores, diferenciar seus produtos, trabalhar a concentração de oferta a seu favor etc.

Segundo Oliveira (1994), a vantagem competitiva é sempre identificada pela empresa em comparação aos seus concorrentes. Ela identifica os produtos/ serviços e os mercados para os quais a empresa está realmente capacitada para atuar. Kotler (1991) destaca que a vantagem competitiva resulta do maior valor de entrega do produto, o qual é definido como resultante do valor total percebido pelo cliente.

Porter (1996) destaca que uma empresa ganha vantagem competitiva executando atividades, estrategicamente mais importantes, de uma forma mais barata, ou melhor, do que a concorrência. Pode-se dizer que a estratégia eficaz é aquela que permite a empresa distinguir-se favoravelmente de suas concorrentes. Ou seja, se uma empresa quiser ser eficaz no mercado, ela deve ter vantagem competitiva significativa e, portanto, a vantagem competitiva decorre da percepção da necessidade de desempenho superior em relação à concorrência.

Vantagem competitiva é circunstancial ou típica de um momento, devendo ser revisada ao longo do processo e se manter sempre sustentada em virtude da revisão constante das estratégias da empresa em relação ao mercado no qual atua.

Uma das formas é obter características diferenciadoras, como vantagem competitiva, que segundo Kotler (1991) são:

- Diferenciação de produto — ocorre por meio dos predicados dos produtos ou serviços.
- Diferenciação de serviços — decorrente do suporte recebido pelos clientes, em simultâneo com o produto ou serviço.
- Diferenciação pela imagem — ocorre em detrimento ao "valor" da marca do produto ou serviço.
- Diferenciação por meio de funcionários — decorre das qualificações profissionais (competência, credibilidade, responsabilidade, comunicação) em relação aos seus concorrentes.

Ao agregar serviços concomitantemente com a venda dos produtos a qualidade da prestação de serviços é de suma importância para se obter uma maior vantagem competitiva. Cobra (2000) corrobora essa idéia ao afirmar que: a qualidade de um produto ou serviço deve estar focada nas necessidades dos clientes, procurando oferecer sempre algo que exceda as expectativas. São necessárias três revoluções na qualidade para que se chegue à vantagem competitiva: a primeira refere-se à qualidade do produto; a segunda, à qualidade do serviço, e a última, à qualidade da informação.

2.2 Da Qualidade no Setor de Material de Construção

O setor da construção civil tem como característica uma indústria atrasada, baixo grau de mecanização, mão-de-obra desqualificada, alto grau de insatisfação dos clientes, alto índice de desperdício e perdas, e produto final caro e inacessível ao poder aquisitivo da maioria da população.

Mudanças vêm acontecendo no País, apontando para um consumidor mais exigente e para um mercado cada vez mais competitivo, demandando estratégias empresariais que considerem a qualidade dos produtos, dos processos e das organizações.

A partir da introdução do Código de Defesa do Consumidor, em 1991, que estabelece uma série de regras para a relação produtor-consumidor, impõem-se sanções pesadas aos projetistas, fabricantes e construtores, no caso de ocorrerem falhas no produto em uso ou vícios de construção. O código também veta a colocação no mercado de produtos e serviços em desacordo com as normas técnicas brasileiras, elaboradas pela Associação Brasileira de Normas Técnicas (ABNT). Houve então uma maior preocupação com a qualidade de produtos e serviços ao consumidor. As organizações passaram a se preocupar com prazos, garantias de seus produtos e treinamento de seus funcionários para atender às exigências que asseguram a satisfação de seus clientes.

Notoriamente, a qualidade é um assunto que se destaca em todo o mundo. A competição mundial aumenta as expectativas dos clientes em relação à qualidade. Para serem competitivas e manterem um bom desempenho econômico, as organizações precisam melhorar constantemente a qualidade de seus produtos e serviços.

Apesar das várias contribuições no sentido de definir a qualidade, ora na visão de quem produz, ora na visão de quem usa, falta uma definição universalmente aceita para qualidade.

O conceito de qualidade, desde os anos 1960, esteve ligado à noção de atendimento às necessidades dos clientes, e hoje, em um novo contexto, os clientes são todos afetados por nossos produtos ou serviços. A maior consciência da qualidade implica aceitação do que o cliente valoriza, e não as intenções do comerciante.

A idéia de qualidade por parte das empresas é que se consiga satisfazer os clientes, procurando entender suas necessidades, e isso deve ser desenvolvido por todos os que fazem parte das organizações. Campos (1992) relata que um produto ou serviço tem boa qualidade quando satisfaz ou excede expectativas, ou seja, é aquele que atende perfeitamente — sem defeitos, com baixo custo, no prazo, local e qualidade certa — às necessidades do cliente.

Para Bergamo Filho (1991), a função qualidade é o conjunto de todas as atividades por meio das quais obtêm-se produtos ou serviços adequados ao uso ou em conformidade com as especificações. Segundo Whiteley (1995, p. 7), "proporcionar qualidade como o cliente define é compreender plenamente ambas as dimensões da qualidade: qualidade do produto e qualidade dos serviços".

No que se refere às empresas prestadoras de serviço, elas devem assegurar-se de que a qualidade do seu produto satisfaça constantemente às exigências daqueles segmentos de mercado para o qual atua. A qualidade na empresa não deve ser percebida apenas como uma ferramenta empresarial, mas sim como um processo contínuo.

Segundo Denton (1991), a qualidade deve ser definida, em termos de atendimento às expectativas dos clientes, como sendo padrões de desempenho da empresa. O autor relata ainda que somente a qualidade baseada na satisfação dos clientes produz recompensas reais à companhia. A aceitação da qualidade por parte das empresas é apontada como um dos fatores de sobrevivência. Seus conceitos podem ser considerados complexos em muitos momentos, mas seus resultados em desempenho e produtividade são compensadores, e isso agrada a clientes e consumidores, melhorando a lucratividade.

Segundo Juran (1990), a evolução da qualidade demonstra uma extensão abrangente ao longo do tempo, conduzindo uma grande importância econômica e social inserida nos dias atuais (veja, na Figura 1.4, a evolução da qualidade).

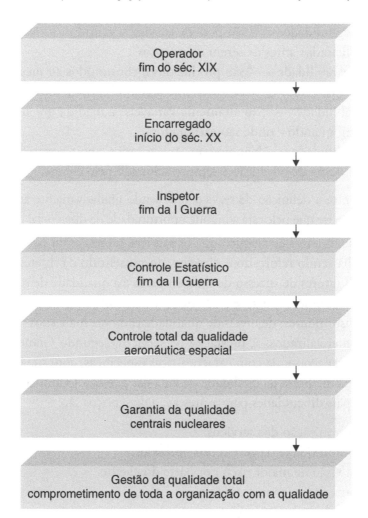

Fonte: JURAN, 1990, p. 12.
Figura 1.4 Evolução histórica da qualidade.

Já Moller (1992) enfatiza que a qualidade depende de vários fatores, pois as pessoas têm diferentes padrões de qualidade de acordo com suas necessidades. O mesmo autor considera em seu livro (1992) que não só a qualidade do produto deve ser destacada como importante, mas também a qualificação das pessoas que fazem o produto e que prestam os serviços. Qualidade é a composição total das características de marketing, engenharia, fabricação e manutenção de um produto ou serviço, por meio das quais o produto ou o serviço atenderá às expectativas do cliente.

As principais características dos serviços, reconhecidas na literatura, são agrupadas, conforme Kotler (1991, p. 541-543), em:

- Intangibilidade — "Não podem ser vistos, sentidos, provados, ouvidos ou cheirados antes de serem comprados".
- Inseparabilidade — "São produzidos e consumidos ao mesmo tempo", com a interação fornecedor-cliente afetando o resultado final.
- Variabilidade — "São altamente variáveis" à medida que dependem de quem, quando e onde são executados.
- Perecibilidade — "Não podem ser estocados", pois a entrega é imediata e o sistema de produção é sempre acionado pelo cliente.

No entanto, a definição de serviço vem sendo gradativamente ampliada pelo reconhecimento de que nele está a grande oportunidade de diferencial competitivo.

Com isso, o papel estratégico que os serviços representam para as empresas vem a cada dia sendo reforçado e direcionado no sentido da diferenciação. Um dos principais fatores de sucesso de uma empresa é a qualidade de seus produtos e serviços. E, atualmente, não se pode negar a crescente exigência, por parte dos mercados consumidores, de níveis de qualidade cada vez mais altos nos produtos e serviços comercializados. A prestação de serviços, segundo Gianesi (1994), é um segmento da economia com características específicas, com sua demanda influenciada pela melhoria da qualidade de vida das pessoas. O autor destaca ainda que as principais dificuldades para a prestação de serviços são:

- A padronização dos serviços.
- A complexidade da gestão dos processos.
- Uma visão de maior risco por parte do cliente.
- A força da imagem nos serviços.
- A facilidade de imitação por parte da concorrência.
- A exigência de inovações constantes.

Rangel (1993, p. 8) define serviço como uma forma de proporcionar tantas satisfações quantas forem possíveis, pela posse do bem ou serviço adquirido. Um bom serviço é aquele que vai ao encontro das expectativas do cliente ou consumidor. "Um serviço é, sobretudo, uma forma de ampliar um produto vendido."

Serviços, para Kotler (1991, p. 403), "é aquele ato ou desempenho que uma parte pode oferecer a outra e que seja essencialmente intangível e não resulta na propriedade de nada".

Gianesi (1994) relata que as principais características dos serviços são a intangibilidade e a presença contínua dos clientes, e a relação de simultaneidade da produção e do consumo.

Na prestação de serviços, o cliente e a sua satisfação são primordiais para o destaque da empresa no setor em que atua. Nesse sentido, a empresa deve sempre ter em mente que:

- Um cliente é a pessoa mais importante em qualquer negócio.
- Um cliente não depende de nós, nós é que dependemos dele.
- Um cliente não representa uma interrupção do nosso trabalho. Ele é o seu propósito.
- Um cliente não é apenas dinheiro em caixa. Ele é um ser humano com sentimentos e precisa ser tratado com respeito.

De uma maneira geral, serviço é conceituado como toda atividade econômica cujo resultado não é um produto físico. E as características especiais das empresas de serviços são:

- Intangibilidade: os serviços são experiências que o cliente vivencia, enquanto os produtos são coisas que podem ser possuídas.
- Necessidade da presença do cliente: é o cliente que inicia o serviço por meio de sua solicitação, dizendo o que quer, para quando quer e como quer.
- Produção e consumo simultâneos: os serviços são criados e consumidos simultaneamente e, portanto, não podem ser estocados.

2.3 Garantia da Qualidade

Gerenciar o movimento pela qualidade dos serviços é uma evolução que necessariamente avança a cada dia, já que diariamente aprende-se como incorporá-la melhor às atividades das empresas. A importância desse gerenciamento é traduzida pela afirmação de Gale (1996, p. 103), "serviço ao cliente, de alta qualidade, significa lucros".

Segundo relato de Pichi (1993), a implantação de sistemas de garantia da qualidade teve grande impulso na década de 1980, quando diversas empresas, que num primeiro momento implantaram estes sistemas somente para cumprir uma formalidade, começaram a constatar que a utilização deste enfoque preventivo e sistêmico podia trazer uma grande contribuição para a melhoria da qualidade e produtividade.

De acordo com Campos (1992), a Garantia da Qualidade é uma função da empresa que tem como finalidade confirmar que todas as atividades da qualidade estão sendo conduzidas da forma requerida. Portanto, a garantia da qualidade é a "embaixatriz" do cliente na empresa, é a função que visa confirmar que todas as ações necessárias para o atendimento das necessidades dos clientes estão sendo conduzidas de forma completa e melhor que a do concorrente.

Garantia da qualidade é um conjunto de atividades planejadas e sistemáticas, implementadas no sistema da qualidade e demonstradas como necessárias para prover confiança adequada de que uma entidade atenderá os requisitos para a qualidade.

A palavra garantia tem um conceito ligado ao risco de não-qualidade. Isso quer dizer que um produto (bens ou serviços) possui garantia de qualidade quando seu fornecedor estabelece um processo para a fabricação deste produto de tal forma que a probabilidade de ocorrer falhas seja nula.

Um sistema de garantia da qualidade é um conjunto planejado de atividades que se adiciona ao processo natural de fornecimento de um dado produto, com o objetivo de reduzir o risco de falhas.

Os sistemas de garantia da qualidade foram inicialmente desenvolvidos pela exigência explícita de clientes em determinados segmentos de mercado. Esses segmentos se caracterizam pelo fato de que o custo provocado pela não-qualidade do material recebido, por esses clientes, é muitas vezes superior ao preço do material adquirido.

Alguns exemplos de custos gerados pela não-qualidade do material adquirido são:

- Quando ocorrem atrasos na linha de produção.
- Perda dos produtos montados com componentes defeituosos.
- Quando os produtos provocam danos à sociedade por possuírem materiais defeituosos.

A liderança na qualidade, nos dias de hoje, começa com um íntimo conhecimento de como os consumidores definem satisfação e qualidade de produtos e serviços e uma ênfase nos resultados obtidos ao se alcançarem e superarem as expectativas dos consumidores. O elemento-chave aqui é a expectativa do consumidor, costumeiramente esquecida na aplicação dos antigos parâmetros padronizados de qualidade.

A melhoria contínua na qualidade é fator de competitividade essencial para que a empresa enfrente a disputa direta no mercado de seus produtos e serviços. Berry (2001, p. 13) afirma que a confiança do cliente é o ativo mais precioso que qualquer empresa pode ter, e "a excelente execução do serviço dia após dia é um elemento fundamental na construção de confiança".

3 Qualidade na Prestação de Serviços no Varejo de Material de Construção

Com a alta competitividade no ambiente varejista, este segmento tem exigido cada vez mais profissionais com ampla habilidade e interesse, devido ao fato de os varejistas serem responsáveis pela maioria das atividades do negócio. E como afirma Parente (2000, p. 22), "[...] os varejistas estão cada vez mais assumindo o papel pró-ativo na identificação das necessidades do consumidor e na definição do que deverá ser produzido para atender as expectativas de mercado". Entretanto, Levy e Weitz (2000) ressaltam que não é tarefa fácil para um varejista obter vantagem competitiva, já que seus produtos são similares, ou quase sempre idênticos, ao dos concorrentes; por isso, as decisões de gerenciamento que os varejistas necessitam tomar, para estar à frente dos seus concorrentes, devem ser rápidas, flexíveis e principalmente eficientes. Ou seja, um varejista para estar em posição privilegiada precisa entender o que os clientes querem e saber o que os concorrentes estão oferecendo.

Esta seção tem o objetivo de relatar a qualidade na prestação de serviços no segmento de materiais de construção.

3.1 Da Qualidade em Serviços Prestados

O setor de serviços destacou-se em virtude de seu crescimento vertiginoso, que pode ser justificado em relação ao grande número de consumidores.

Com o advento da abertura do mercado brasileiro, ocorrida no início dos anos 1990 e a conseqüente estabilização da economia, o trinômio qualidade, preço e conveniência passou a ser exigência básica dos consumidores. Dessa forma, o varejo se viu pressionado a desenvolver e empregar estratégias mais arrojadas e cada vez mais focadas no cliente, estabelecendo um ritmo competitivo capaz de garantir a sua própria sobrevivência e expansão. O sucesso de uma empresa varejista passou a depender da agilidade nas decisões, da eficácia nos resultados financeiros e dos serviços ao consumidor.

O varejista, por manter contato mais direto com o mercado consumidor, tem o compromisso de captar informações com os clientes, bem como identificar seu comportamento de compra e tendências; e decodificar e enviar informações aos fornecedores, para que os produtos estejam sempre adequados ao uso e à satisfação do cliente, além de sugerir novos produtos e serviços. Qualquer mudança de estratégia que ocorra no varejo será capaz de alterar ou afetar o próprio composto de marketing de atacadistas e de fabricantes, com repercussões imediatas em todo o mercado.

Considerando os novos caminhos que se desenham para o varejo, pode-se concluir que a sua vocação para os serviços já se faz notada. Todos os formatos de loja estão chegando em um nível de oferta de produtos e preços com imperceptíveis diferenças, abrindo espaço para que o mix de serviços se torne um importante diferencial competitivo dessas empresas. É que o cliente quer cada vez mais conveniência, e conveniência é, acima de tudo, serviço.

O controle de qualidade na construção civil pode ser definido como uma série de procedimentos de mensuração e avaliação, que, aplicados ao longo do desenvolvimento da obra, funcionam como um instrumento para assegurar que a qualidade de um lado, serviço (atividade) ou um certo produto (edifício) atendam aos padrões e às tolerâncias prescritas em projetos específicos, ou seja, estejam em conformidade com as especificações.

A qualidade de serviços pode ser avaliada por alguns parâmetros objetivos, como pontualidade, efetividade dos serviços e outros. Contudo a avaliação da satisfação do cliente, como por ele percebida, tem um peso extremamente importante

Tendo como base o fator experiência, destacam-se dez fatores que incidem na qualidade dos serviços prestados no setor de materiais de construção:

- Confiabilidade
- Responsabilidade
- Competência
- Acesso ou facilidades
- Cortesia
- Comunicação
- Credibilidade
- Segurança
- Conhecimento
- Tangibilidade

Segundo Denton (1991), serviços com responsabilidade e confiabilidade para os clientes requerem uma aplicação sistemática de padrões e critérios. O autor ressalta que a qualidade na prestação de um serviço se faz por intermédio das pessoas, já que depende muitas vezes do desempenho de cada trabalhador, consciente do papel que tem a cumprir e comprometido com o sucesso dos negócios em questão.

A qualidade no setor de serviços, além de aspectos intangíveis, deve envolver reestruturações contínuas e adequação às necessidades empresariais apresentadas.

Nesse sentido, são as pessoas que fazem com que os serviços sejam diferenciados. Ou seja, a razão do sucesso depende do grau de relacionamento da empresa com seus funcionários, assim como com seus clientes, pois é difícil de entender uma prestação de serviços com qualidade sem relacionamento.

As mais variadas pesquisas de marketing já divulgadas revelaram que o conhecimento das satisfações dos clientes, na compra de um produto no varejo, demonstra que os aspectos pessoais dos serviços freqüentemente superam em importância os aspectos materiais da mercadoria procurada. Mesmo quando o produto não satisfaz às expectativas, um serviço pessoal bem realizado pode salvar a venda. A qualidade dos serviços depende muito daqueles que o estão proporcionando, eles precisam estar bem em relação a si mesmos. A imagem e a reputação da loja são enaltecidas ou arruinadas, com freqüência, pelo desempenho dos profissionais que lidam diretamente com o cliente.

3.2 Treinamento como Excelência na Prestação de Serviços

Para Chiavenato, (1994, p. 89), treinar é "o ato intencional de fornecer os meios para proporcionar a aprendizagem". É educar, ensinar, é mudar o comportamento; é fazer com que as pessoas adquiram novos conhecimentos, e novas habilidades; é ensiná-las a mudar de atitude. Treinar no sentido mais profundo é ensinar a pensar, a criar e a aprender a aprender. O treinamento deve incentivar o funcionário a se autodesenvolver, a buscar o seu próprio meio de reciclagem. O profissional de treinamento, por sua vez, deverá conscientizar os funcionários da importância do autodesenvolvimento e da busca constante do aprendizado contínuo.

Os investimentos que a empresa vem realizando em educação e treinamento para os trabalhadores integram o conjunto de argumentos para uma melhora do grau de qualificação dos funcionários de uma forma mais abrangente, voltada à valorização da pessoa. O investimento no chamado fator humano, para garantir um novo perfil do trabalhador — participante, consciente, responsável, competente, polivalente — é adequado ao estágio atual de desenvolvimento capitalista e é a nova tônica do discurso empresarial. A política de direcionamento de recursos no treinamento da força de trabalho se tornou fator preponderante nas estratégias de mudanças organizacional, visando à manutenção ou elevação da lucratividade.

Para a excelência no atendimento almejado pela instituição, é de suma importância que o perfil profissional englobe uma profunda experiência em todos os segmentos que envolvem a prestação de serviços. Para tanto, os profissionais devem buscar sempre a qualificação e avaliação das suas atividades, por meio de uma política de intercâmbio entre outros profissionais da área, para que seja possível um crescimento ainda maior dentro da organização. Os funcionários devem ter, como hábito profissional, na instituição:

- Habilidade na prestação do serviço, agindo de forma confiável, precisa e consistente em cada evento, voltando-se especificamente para cada público-alvo.
- Ter disposição para prestar o serviço prontamente ao cliente e auxiliar toda a equipe em possíveis casos de necessidades.
- Dispensar atenção individualizada aos eventos, de forma a facilitar o contato (acesso) com a comunicação, em todos os sentidos, dentro da instituição para respectiva realização.

O bom atendimento e a empatia, influenciam a formação das expectativas dos clientes em qualquer evento, pela comunicação e a própria prestação de serviço, e eles, por sua vez, influenciarão outros clientes potenciais.

A qualidade do evento e de seu serviço é, cada vez mais, considerada uma "qualificação", que deve ser demonstrada. A mudança da prática empresarial e comercial do controle de qualidade para a garantia de qualidade se reflete no cotidiano de cada profissional que atua neste segmento. Pois, a qualidade é uma palavra com vários significados e conotações, e pode expressar excelência, satisfação, aceitação.

A qualificação da mão-de-obras, empregada no segmento, tem sido uma prioridade para os empresários, fabricantes e entidades do varejo. As lojas estão se modernizando e agregando novos serviços, necessitando de profissionais mais qualificados, tanto para o atendimento no local de venda, quanto para a prestação de serviços agregados.

O setor varejista de materiais de construção tem-se aprimorado constantemente no decorrer dos últimos anos, e é notório que o segmento avança progressivamente em busca da satisfação total do cliente, visando sempre à melhoria desse relacionamento, por meio da identificação de suas necessidades no mercado atual.

Vários serviços podem ser agregados a vendas dos mais variados produtos, por exemplo, tintas e esquadrias. A esses produtos, podem ser agregados os serviços correspondentes de pintura da casa e colocação de esquadria. Mas tais serviços dependem exclusivamente de mão-de-obra qualificada e bem treinada.

No segmento varejista de materiais de construção, por muito tempo, o treinamento de funcionários foi normalmente realizado no próprio estabelecimento por outros profissionais que desempenham a função. Algumas lojas, em busca de aprimoramento dos seus funcionários, já procuram consultoria de empresas especializadas para treinar seu quadro de funcionários.

A capacitação profissional no setor começa a ter um novo rumo, pela percepção da necessidade de engajar todos os participantes em treinamentos. Parte do segmento de materiais de construção, como o de revestimentos cerâmicos, adotou um programa de abrangência nacional de formação de mão-de-obra. Nesse programa, os profissionais têm orientações práticas e teóricas sobre comportamento e postura profissional.

O serviço, sob o enfoque de agregação de valor ao produto, é de competência de toda a organização. Compete a todos, desde a alta administração, desenvolver estratégias para que os clientes sintam e percebam que a qualidade dos serviços é o principal diferencial competitivo da empresa no mercado.

Para tornar isso realidade, é necessário construir uma Cultura de Serviços, na qual a excelência do serviço realizado para o cliente seja semeada e reconhecida por todos os colaboradores da empresa, e isso só é possível por meio do treinamento e da capacitação contínua de todos os seus funcionários.

3.3   Da Responsabilidade Jurídica na Prestação de Serviços

Entre o lojista e o consumidor, há uma conjugação de interesses. Por um lado, há a vontade do consumidor em adquirir o serviço que vai satisfazer sua necessidade, e de outro, há a vontade do fornecedor em prestar tal serviço. Isso constitui um complexo universo de relações jurídicas contratuais e extracontratuais.

Nos serviços, os defeitos podem acontecer em sua concepção, na sua comercialização ou na sua prestação, incluindo-se nesse conjunto a informação, pois importa a legítima expectativa do consumidor. Os serviços podem ser mal planejados, ou seja, concebidos com técnica deficiente para assegurar a qualidade/segurança, ou serem mal "vendidos", mal praticados em decorrência da falta de habilidade do prestador, do ambiente impróprio, do produto defeituoso utilizado, ou ainda, do fornecimento de informação insuficiente ou inadequada sobre a fruição e os riscos do produto.

O consumidor, ao contratar determinada prestação de serviços, não tem em mente o recebimento ou a mera realização do que está literalmente estabelecido, mas, fundamentalmente, que a prestação do serviço pelo fornecedor deve trazer-lhe a satisfação de sua necessidade. As relações de consumo são essencialmente relações de confiança, o cliente (consumidor) acredita que o serviço adquirido possua as características (qualidade, quantidade etc.) prometidas, pois um fator fundamental de atração para aquisição reside na confiança de que a prestação do serviço vai servir para a satisfação da sua necessidade.

Segundo Marques (1992, p. 182), a teoria da qualidade é fundamental para que o fornecimento cumpra a função (social) que lhe é própria. A autora destaca ainda que:

A doutrina brasileira mais moderna está denominando Teoria da Qualidade o fundamento único que o sistema do Código do Consumidor instituiria para responsabilidade (contratual e extracontratual) dos fornecedores. Isto significa que ao fornecedor, no mercado de consumo, a lei impõe um dever de qualidade dos produtos e serviços que presta. Descumprido este dever surgirão efeitos contratuais (inadimplemento contratual ou ônus de suportar os efeitos da garantia por vício) e extracontratuais (obrigação de substituir o bem viciado, mesmo que não haja vínculo contratual, de reparar os ônus causados pelo produto ou serviço defeituoso).

Na teoria da qualidade, segundo Soares (1996, p. 9), emerge a chave ou o elemento indicador da fórmula a ser adotada na aplicação da responsabilidade civil nessa área:

Juridicamente, a noção de responsabilidade também envolve o sentido geral de obrigação, encargo, dever, compromisso, sanção, imposição. Em outras palavras, só se cogita a responsabilidade jurídica, quando há obrigação, decorrente de compromisso, ou ato praticado, sendo essa a primeira distinção entre responsabilidade jurídica e responsabilidade moral, posto que esta se encontra ligada à idéia de pecado e da violação das regras morais.

Para Cavalieri Filho (1996), obrigação é sempre um dever jurídico originário; responsabilidade é um dever jurídico sucessivo, conseqüente à violação do primeiro.

A reparação do dano é conseqüência ou pressuposto indissociável da responsabilidade. A responsabilidade jurídica, nessa área, busca repor o equilíbrio injustamente rompido em detrimento do consumidor, em razão do descumprimento, por parte do prestador de serviços, do dever assumido contratualmente ou inerente à sua atividade.

Vários dispositivos do Código de Defesa do Consumidor se relacionam com a responsabilização do fornecedor de serviços, mas no que se refere à proteção, saúde e segurança do consumidor o art.14, do CDC, relata que:

> *Art. 14 — O fornecedor de serviços responde, independentemente da existência de culpa, pela reparação dos danos causados aos consumidores por defeitos relativos à prestação de serviços, bem como por informações insuficientes ou inadequadas sobre sua fruição e riscos.*
>
> *§ 1º — O serviço é defeituoso quando não fornece a segurança que o consumidor dele pode esperar, levando-se em consideração as circunstâncias relevantes, entre as quais:*
>
> *I — o modo de seu fornecimento;*
>
> *II — o resultado e os riscos que razoavelmente dele se esperam;*
>
> *III — a época que foi fornecido.*
>
> *§ 2º — O serviço não é considerado defeituoso pela adoção de novas técnicas.*
>
> *§ 3º — O fornecedor de serviços só não será responsabilizado quando provar:*
>
> *I — que, tendo prestado o serviço, o defeito inexiste;*
>
> *II — a culpa é exclusiva do consumidor ou de terceiro.*
>
> *§ 4º — A responsabilidade pessoal dos profissionais liberais será apurada mediante a verificação de culpa.*

4 Procedimentos Metodológicos

A metodologia de uma pesquisa é de suma importância para que se possa orientar a investigação do problema, bem como as hipóteses e teorias. Esta seção tem como objetivo sintetizar as características do estudo em questão, bem como relatar a metodologia aplicada para o seu desenvolvimento.

4.1 Características do Estudo e da Metodologia

A pesquisa propõe-se a estudar a agregação de serviços às vendas no segmento de materiais de construção. Podendo ser, como hipótese, um grande diferencial para o segmento, visto que não há no mercado o fornecimento do material concomitantemente à prestação de serviço (mão-de-obra, reparos, pinturas, instalações), por parte das lojas de materiais de construção.

Foi efetuado o levantamento bibliográfico relacionado e eleito prioritário no trabalho. Para Lakatos (1991, p. 24):

A finalidade da pesquisa científica não é apenas um relatório ou descrição de fatos levantados empiricamente, mas o desenvolvimento de um caráter interpretativo, no que se refere aos dados obtidos. Para tal, é imprescindível correlacionar a pesquisa com o universo teórico, optando-se por um modelo teórico que serve de embasamento à interpretação do significado dos dados colhidos ou levantados.

No caso deste estudo, buscou-se a composição de um referencial teórico genérico sobre varejo, coleta, registro e análise de fatos a respeito de problemas propostos, tendo como características a classificação cuidadosa e precisa desses fatos e a observação de sua correlação e seqüência, feitas com precisão e cuidado.

Foram aplicados três questionários diferentes dentro do segmento de materiais de construção, visando obter dados dos clientes consumidores, dos lojistas e da indústria. As amostras aqui apresentadas são não probabilísticas, os elementos foram definidos aleatoriamente.

4.1.1 Metodologia

Independentemente do estudo a ser elaborado, a utilização do método de pesquisa constitui uma ferramenta de extrema importância na aquisição de conhecimento ou compreensão da realidade que nos cerca. Segundo Minayo (2000 p. 15), a pesquisa é a atividade básica da ciência na sua indagação e construção da realidade. É a pesquisa que alimenta a atividade de ensino e a atualiza perante a realidade do mundo. Portanto, embora seja uma prática teórica, a pesquisa vincula pensamento e ação, ou seja, "nada pode ser intelectualmente um problema, se não tiver sido, em primeiro lugar, um problema da vida prática".

Richardson (1999) enfatiza em seu livro o que o método baseia-se numa investigação, baseada em método formal eficaz, que possa ser validado com relação aos seus resultados diante da comunidade científica.

Existem dois tipos de métodos: o quantitativo e o qualitativo. Eles se distinguem não só pela sistemática, pertinente a cada um deles, mas, sobretudo pela forma de abordagem do problema. O método a ser aplicado deve ser perfeitamente apropriado ao tipo de estudo em questão. O qualitativo difere, em princípio, do quantitativo à medida que não emprega um instrumental estatístico como base do processo de análise do problema a ser investigado.

Os estudos qualitativos se prestam a descrever prioritariamente a complexidade de determinado problema, analisar a interação de grupos sociais, contribuir no processo de mudança de determinado grupo e possibilitar mais profundamente o entendimento das particularidades do comportamento social ou dos indivíduos.

As pesquisas de campo exploram estritamente as técnicas de observação e entrevistas, dada a propriedade com que esses instrumentos atingem a complexidade do problema em estudo. As práticas documentárias exploram a análise de conteúdo e a análise histórica.

Analisando o que já foi exposto, pode-se concluir que este estudo é qualitativo, pois busca entender a natureza do fenômeno em questão, de maneira que possa gerar uma descrição que agregue conhecimento e compreensão em relação ao fenômeno estudado.

A proposta deste trabalho é a de realizar um estudo descritivo, uma vez que a intenção é apresentar os fatos e fenômenos da realidade estudada. Trata-se de uma pesquisa acerca de um ambiente específico.

4.2 Elaboração e Coleta de Dados

A estruturação de uma pesquisa qualitativa tem início na escolha do tema do trabalho, seguida da coleta de dados e análise das informações. A origem pode estar no exame da literatura existente sobre o assunto que se quer estudar.

A delimitação do estudo é importante para determinar os focos da investigação e estabelecer os contornos do estudo, e, assim, a seleção dos pontos relevantes é primordial para atingir os propósitos do trabalho. Pode-se chegar ao objetivo por meio de:

- levantamento (pesquisa) documental;
- visita em loco;
- questionários;
- entrevistas.

Os dados foram coletados com os consumidores (120), no ato da compra, em diversas lojas do segmento de materiais de construção. Foram ouvidos também os lojistas (60) e as indústrias (30). Foram realizadas ainda entrevistas pessoais, gravadas e transcritas pelos componentes do grupo.

4.3 Análise de Dados

Analisar os dados qualitativos significa trabalhar todo o material obtido durante a pesquisa, focando-se no *case*. O primeiro passo adotado foi o de organizar todo o material, segundo a descrição analítica. As entrevistas não-estruturadas foram direcionadas a profissionais ligados ao varejo de materiais de construção. E, posteriormente, realizou-se a amostragem dos resultados com gráficos e respectivos comentários (análises) das respostas. A fita gravada com as entrevistas pessoais realizadas com profissionais da área foi transcrita integralmente no corpo do texto.

5 Da Apresentação, Análise e Interpretação dos Dados

Os questionários aplicados foram entregues pessoalmente, e todos continham questões fechadas e de múltipla escolha. Realizou-se a pesquisa com o consumidor dentro das lojas Telhanorte, C&C, Dicico, Leroy Merlim, Joli, Peg & Faça e Center Castilho. Foram entrevistadas 120 pessoas, no momento da compra de materiais de construção, para facilitar a abordagem.

A pesquisa das lojas foi realizada pessoalmente com gerentes da C&C, Telhanorte, Dicico, com lojistas da Rede Construir e da Rede Okinawa; por meio de e-mail, também foram obtidas cerca de 60 respostas.

As indústrias foram pesquisadas por telefone e e-mail, num total de 30 organizações, entre elas: Suvinil, Coral, Docol, Papaiz, Porto Bello.

Este capítulo tem o objetivo de expor os resultados das pesquisas aplicadas junto aos clientes, lojistas, bem como às indústrias do segmento.

5.1 Resultados e Análise da Pesquisa 1 — Questionário Aplicado a Clientes em Lojas de Material de Construção

1 O que você acharia de comprar produtos já instalados?

Com base nas respostas obtidas com os consumidores, pode-se dizer que há um grande interesse em adquirir produtos ligados à reforma e construção já com a instalação oferecida pela loja, visto que a maioria achou muito boa ou excelente a idéia da prestação do serviço, como pode ser notado na Figura 1.5. Há notadamente um interesse nesse tipo de serviço e, assim, cabe aqui ressaltar que a direção da empresa precisa identificar ativamente as necessidades e os desejos dos clientes; o esforço deve ser contínuo, já que esses anseios mudam constantemente.

Com a constatação das necessidades, cabe às empresas adotar medidas necessárias para atuarem ativamente na prestação de serviços e, desse modo, ganhar uma "fatia" maior do mercado, em razão da agregação dos serviços às vendas.

A inovação, praticidade e satisfação fazem parte do cotidiano, e deve-se buscar um "caminho" que facilite a vida do consumidor; isso será bem visto e atrairá um contingente significativo de consumidores.

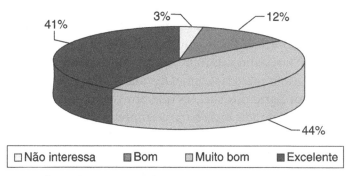

Figura 1.5   Compra de produtos já instalados.

Um dos recursos eficazes para a fidelização de clientes, indicados por Griffin (2001, p. 64), é a simples prática da publicidade boca a boca, considerada pelo autor: "[...] a ferramenta promocional mais poderosa e eficaz [...]". No seu entender, os clientes indicados por outros clientes, além de exigirem menos esforços de venda, tendem a ser mais fiéis devido ao referendo obtido e aos laços que se criam entre os clientes por gerarem temas de conversas que os unem mais.

2   Conhece alguma loja que oferece esse serviço?

Com base nas respostas expostas, pode-se dizer que há um grande mercado a ser explorado pelas lojas revendedoras.

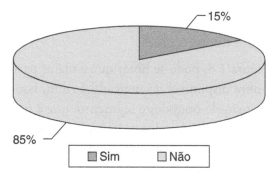

Figura 1.6   Conhecimento da venda e instalação.

Neste ponto, pôde-se observar que agregar o serviço à venda de forma ordenada e planejada, por parte das grandes empresas varejistas, levará o público, rápida e claramente, a dar respostas positivas para esse tipo de mão-de-obra.

3 Você já teve algum problema com mão-de-obra na sua reforma ou construção?

Os 19% que não tiveram problemas com mão-de-obra são profissionais ligados ao segmento de Arquitetura e Engenharia, bem como pequenos empreiteiros que conseguem contratar bons profissionais para a execução dos serviços em suas obras. Já os 81% restantes ficaram com a realização dos serviços, por terem buscado profissionais no mercado, sem a devida qualificação profissional.

A indicação por parte dos clientes que obtiveram seus anseios plenamente satisfeitos é de extrema importância para as empresas que procuram agregar valor às suas vendas por meio da prestação de serviços. Notoriamente, é sabido que a conquista de um novo cliente é mais cara do que mantê-lo sempre fiel e satisfeito. Cabe às empresas buscar a inovação e treinamento de sua equipe.

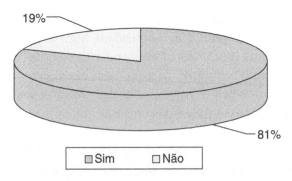

Figura 1.7 Problemas com a mão-de-obra em reforma/construção.

4 Como você classifica a mão-de-obra existente hoje no mercado?

Analisando a Figura 1.8, pode-se notar que a maior parte dos entrevistados acha que a mão-de-obra disponível no mercado é ruim. Isso se deve à precariedade da formação da mão-de-obra deste segmento, que é resultado da migração de uma parcela de desempregados dos mais variados setores da economia. O agravante, nesse ponto, é a não-qualificação profissional adequada, o que leva o consumidor final à insatisfação. Já a parcela que obteve uma boa experiência com profissionais deste segmento informou que ela foi fruto de indicações por vizinhos e amigos, que, por sua vez, tiveram também resultados positivos em suas obras/reformas.

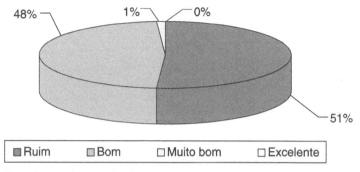

Figura 1.8 Classificação da mão-de-obra existente no mercado.

O quadro exposto na Figura 1.8 demonstra que há falta de profissionalização (treinamento capacitado) no setor da construção civil. A capacitação da mão-de-obra é de extrema necessidade nos serviços prestados à clientela de materiais de construção. A credibilidade e até a honestidade da empresa estarão nas mãos do funcionário (prestador de serviços).

Os clientes, ao comprarem um produto que agrega o serviço de colocação/instalação, compram também a satisfação e a necessidade de ter um serviço bem executado por profissionais qualificados. Dessa maneira, para que haja uma mudança no quadro exposto, o treinamento e a capacitação são o único caminho a ser seguido para a obtenção de sucesso, na prestação de serviços.

5 Você pagaria mais por um produto comprado e instalado pela loja?

A maioria, como se pode notar na Figura 1.9, está predisposta a pagar mais na compra de produtos para reforma e construção, pelo fato de ter tranqüilidade quanto à indicação do executor dos serviços; é perceptível que há uma expectativa negativa de como ficará a reforma, o que leva o consumidor a se questionar sobre a quem recorrer. Já a minoria que não aceita pagar mais por um serviço executado, na verdade, é formada por aqueles que sabem a quem recorrer.

Para uma boa parcela dos clientes, a satisfação em ter os serviços prestados com qualidade, agilidade presteza não tem um valor específico, varia conforme o desejo. Cada reforma ou construção tem sua particularidade, tempo certo para a sua realização.

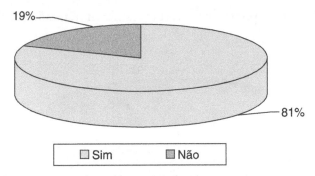

Figura 1.9 Pagamento a mais pelo produto e instalação

6 Você confiaria em um profissional credenciado pela loja para executar serviços dentro de sua casa?

Neste item, a quase totalidade dos entrevistados expressa credibilidade (confiança) nos profissionais indicados. Pode-se notar, neste ponto, que a indicação feita pelo revendedor dá uma garantia maior da qualidade nos serviços prestados.

No que se refere à credibilidade e satisfação, cabe aqui ressaltar Feigenbaum (1994, p. 6), que afirma que "a obtenção e a manutenção de níveis aceitáveis de satisfação do consumidor com a qualidade de produtos e serviços são, atualmente, determinantes fundamentais para a saúde, o crescimento e a viabilidade econômica dos negócios". Compreender a percepção do cliente é levá-lo a julgar com fidedignidade a qualidade do serviço percebido, na busca de alcançar a satisfação, gerando credibilidade para a empresa.

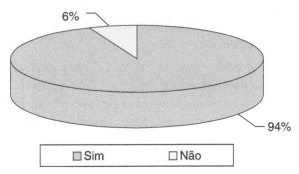

Figura 1.10 Confiança do profissional indicado pela loja de materiais de construção.

Considerando que o mercado está cada vez mais competitivo, o sucesso dos negócios depende basicamente da qualidade que cada empresa aplica nos seus serviços/produtos.

5.2 Resultados e Análise da Pesquisa 2 – Questionário Aplicado à Indústria

1 Qual a importância de conquistar novos mercados com a venda de produtos instalados via loja?

Na pesquisa, em que 40% das respostas foram na opção "média" e 60% na "grande", percebe-se que há interesse das indústrias em conquistar mercados por meio de produtos instalados via loja. Sabe-se que toda empresa tem como característica a busca por novos mercados, nichos de atuação, dentro de seu segmento ou não.

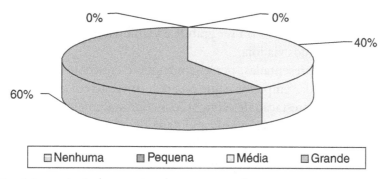

Figura 1.11 A importância da conquista de novos mercados.

A conquista de novos mercados é a razão da própria existência da empresa no contexto empresarial; ela só se desenvolve e cresce pela conquista de novos clientes e mercados.

2 Qual o possível interesse de treinar profissionais para desempenhar a aplicação dos produtos?

100% das indústrias pesquisadas têm interesse em treinar profissionais para desempenhar uma boa aplicação de seus produtos.

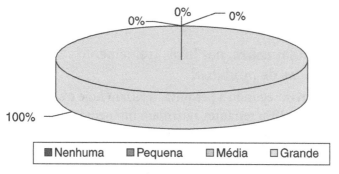

Figura 1.12 Interesse no treinamento de profissionais.

Uma das questões observadas, atualmente, é a preocupação generalizada de diversos setores da sociedade com a qualificação de pessoas; impõe-se, cada vez mais, a questão da qualificação de pessoas, por ser um tema de interesse essencial para o desenvolvimento humano, social e empresarial.

O treinamento tem importância significativa para o desenvolvimento das organizações diante da grande competitividade existente na atualidade. Na prestação de serviços, o treinamento e a qualidade são essenciais para a excelência no atendimento e fonte de fidelização e credibilidade para a empresa.

3   Qual o retorno com a venda de produtos aplicados via loja?

As respostas "bom" e "muito bom" somaram a maior porcentagem, representando 40% cada. Isso mostra ser grande a viabilidade de retorno com produtos vendidos e aplicados via loja.

Nas questões apresentadas, percebemos que é crescente a busca por novos mercados por parte das empresas e que elas têm interesse em treinar seus funcionários para atuar na prestação de serviços, concomitantemente com as vendas de seus produtos. Torna-se viável a aplicabilidade de tal serviço e, em curto prazo, de produtos vendidos com a devida colocação/aplicação (pisos, azulejos, portas, janelas, pinturas) que tenham retorno certo e viável.

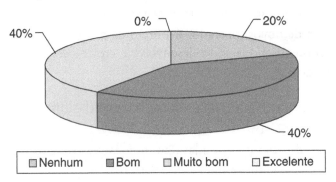

Figura 1.13   Retorno das vendas.

4   A sua empresa realiza, nas lojas, treinamento para aplicação de produtos?

80% das indústrias, segundo a pesquisa, realizam hoje treinamentos de aplicação de produtos, e os 20% restantes aguardam um pedido das lojas de material de construção. A aplicabilidade de treinamento nos diferentes níveis da economia é essencial para a prestação de serviços no setor de varejo de materiais de construção.

Com o devido engajamento do setor de varejo na agregação de serviços em produtos vendidos é certo que a percentagem restante também estará a caminho do treinamento, para aprendizado e aperfeiçoamento de diversos produtos dentro deste segmento.

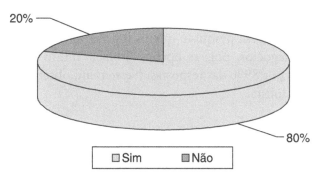

Figura 1.14 Treinamento para aplicação de produtos.

5 Qual o grau de dificuldade para vender, via loja, o produto aplicado?

Apurou-se, nessas respostas, que 80% das fábricas pesquisadas ainda têm um grau de dificuldade "grande", pois o conceito de vender produtos aplicados ainda é muito pouco utilizado. E os outros 20% não sentem "nenhuma" dificuldade, já que têm algum tipo de projeto encaminhado nesse sentido.

A dificuldade encontra-se na falta de mão-de-obra qualificada, bem como de divulgação de tais serviços, de suas garantias e qualidades que estariam relacionadas de forma harmônica.

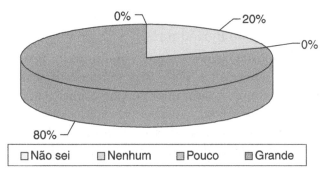

Figura 1.15 A dificuldade na venda e na aplicabilidade do produto via loja.

5.3 Resultados e Análise da Pesquisa 3 – Questionário Aplicado ao Lojista

1 Qual o valor agregado em vender produtos já aplicados para o seu consumidor?

Ficou claro, em nossa pesquisa, que os lojistas acreditam ser esta uma boa oportunidade de negócios, pois as opções "bom", "muito bom" e "excelente" foram responsáveis por 89% das respostas. Neste item, observa-se a junção entre cliente, indústria e lojista.

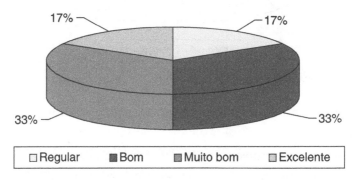

Figura 1.16 Valor agregado na venda de produtos já aplicados para o consumidor.

O cliente acha uma boa iniciativa agregar serviços a determinados produtos, a indústria está sempre em busca de novos mercados e o lojista, também, busca estar sempre em inovação para poder satisfazer sempre mais seus clientes.

2 Como você acha que reagiria o seu público com essa proposta inovadora?

Na opinião dos lojistas, seus clientes reagiriam muito bem, uma vez que a resposta "muito bom" obteve 45%. Os lojistas, por meio desse item, podem ter a visão clara do pensamento do consumidor que, no primeiro questionário aplicado aos clientes, achou a idéia boa.

A criação de mais essa prestação de serviço por parte do varejo de materiais vai de encontro às necessidades dos consumidores que estão ávidos por serviços de qualidade e com garantia.

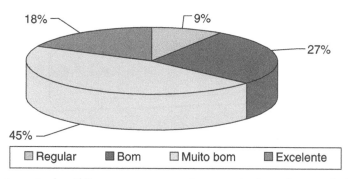

Figura 1.17 A reação do público com a proposta da agregação de serviços venda do produto.

3 Como classificaria o relacionamento com as empresas prestadoras de serviço, quanto à confiança?

Pelas respostas, conclui-se que o relacionamento com as empresas prestadoras de serviços têm muito a melhorar, já que 60% delas foi regular.

Neste item, acredita-se que o ideal para as empresas de varejo é dispor, em seu quadro de funcionários, pessoas gabaritadas e treinadas especificamente para determinada área/produto, assim eliminaria a participação de terceiros na prestação de serviços.

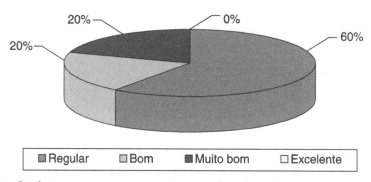

Figura 1.18 O relacionamento com a empresa prestadora de serviço.

4 Você já vende algum produto que inclua aplicação para o seu cliente?

Pelo fato de a proposta de vender produtos aplicados ainda ser muito nova, obteve-se 89% das respostas negativas, novamente mostrando a grande oportunidade que representa esse diferencial mercadológico.

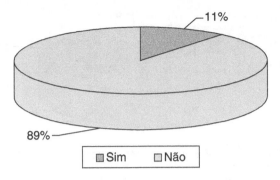

Figura 1.19 A venda de produtos já aplicados.

5 Qual a sua visão em relação a essa proposta de prestação de serviço?

Para 56% dos lojistas, trata-se de uma proposta muito boa, e para 22%, a proposta é excelente, o que demonstra um grande interesse na modificação, a curto prazo, do tipo de comercialização dos produtos em suas lojas.

O varejo poderia, a princípio, aprimorar seus produtos específicos de maior procura, como, portas, janelas e pinturas.

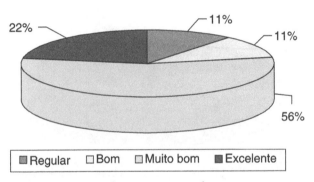

Figura 1.20 A visão da empresa em relação à prestação de serviços.

6 Você conhece alguma loja que presta este tipo de serviço?

89% das respostas foram negativas, exatamente pela escassez de oferta desse tipo de serviço pelas lojas de materiais de construção.

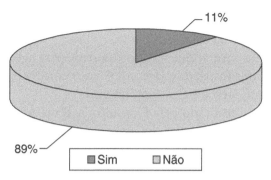

Figura 1.21 Conhecimento deste tipo de prestação de serviço.

7 Dê uma nota para como provavelmente estaria otimizando sua estrutura com a venda de produtos aplicados?

Grande parte dos lojistas otimizaria a estrutura de venda de suas lojas, para a venda de produtos aplicados, pois, nesta questão, obteve-se 50% das respostas na opção "totalmente".

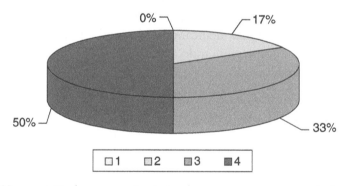

Figura 1.22 Nota e opinião de como estaria otimizando sua estrutura com agregação de serviços.

5.4 Considerações Preliminares dos Questionários Aplicados

Observa-se pelas análises do mercado de material de construção dos últimos 15 anos que seu crescimento depende da disposição do consumidor final em investir na construção e/ou reforma de sua residência.

Um dos principais fatores que dificulta esse crescimento é a insegurança quanto à qualidade de serviços prestados pelos profissionais da construção civil. De acordo com os consumidores entrevistados, no ambiente da loja de material de construção, 81% já tiveram algum problema com mão-de-obra e 51% dos pesquisados consideram-na ruim.

Esse fato permite afirmar que há oportunidade para agregar valor à loja, comercializando produtos instalados, já que 85% dos entrevistados desconhecem a existência de lojas que prestam esse atendimento.

Conforme estudo realizado pela Consultoria Booz Allen Hamilton em setembro de 2003, concluiu-se que a construção autogerida (movimento de construção gerenciada pelo proprietário da unidade residencial) representa 77% das habitações construídas no Brasil.

Essa constatação eleva a responsabilidade do varejo de material de construção pela sua capilaridade e por representar o maior canal de distribuição dos produtos para construção civil no Brasil.

Verifica-se, em pesquisa realizada com consumidores finais, que 94% dos entrevistados confiam em profissionais indicados pela loja e são favoráveis à compra de produtos instalados; e 81% pagariam mais por um produto instalado pela loja, demonstrando-se, com isso, as enormes oportunidades de elevação das vendas e geração de maior resultado financeiro. Vender produtos com serviços agregados de instalação amplia a satisfação dos consumidores.

Do ponto de vista da indústria, 82% dos entrevistados realizam treinamentos de qualificação profissional, dedicando-se individualmente e/ou por meio de associações de classe, e implementando ações.

Exemplos dessas ações são:

- Clube do pintor da basf Suvinil.
- Pintando com Tintas Coral.
- Pirelli Clube que utiliza a rede interativa da construção para qualificação profissional dos eletricistas nas lojas e o Instituto Brasileiro do Cobre (Procobre), em parceria com o Senai e a Anamaco.
- Associação Paulista das Cerâmicas de Revestimento (Aspacer), por intermédio do programa Construindo & Reconstruindo, qualifica assentadores cerâmicos para a construção civil.

Do ponto de vista do varejo, 78% dos entrevistados afirmam ser elevada a importância de vender produtos instalados, por agregar maior valor ao resultado da loja. Desse modo, a loja passa a garantir uma maior satisfação do consumidor e a obter uma maior fidelização.

Conclui-se que a agregação de valor no varejo de material de construção, via prestação de serviços, torna-se extremamente viável e oportuna para o desenvolvimento do setor da construção civil, criando empreendedores e gerando renda.

5.5 Entrevistas Pessoais Realizadas

As entrevistas realizadas com profissionais do setor varejista tiveram como características perguntas abertas que foram gravadas A seguir, será exposto seu conteúdo na íntegra, bem como a sua análise.

a) Entrevista com o diretor de marketing da C&C (Mauro Tadeu Flório):

1   Como a C&C encara a fidelização do cliente por meio da prestação de serviços?

Partindo do princípio que a C&C oferece mais de 40 mil itens aos consumidores, o que eles mais procuram é a variedade. Comprar só a mercadoria não deixa o cliente satisfeito, porque, na maior parte das vezes, ele precisa de algum tipo de serviço agregado, diferentemente da pessoa que vai comprar uma televisão. Quando ela chega em casa, facilmente instala, pois não requer nenhum tipo de serviço especializado. No setor de material de construção é diferente, a maior parte de nossas mercadorias ainda requer algum tipo de serviço agregado. Por exemplo, elas necessitam de instalação, ou que o cliente tenha algum tipo de especialização para montar. Ninguém compra tubulações hidráulicas, quebra a parede e vai instalando. Essas mercadorias necessitam de um serviço. E para esse serviço hoje, nós percebemos que no mercado existe uma grande variedade de profissionais, e muitos clientes já têm esses profissionais, mas, devido a experiências negativas, ficam com receio de contratá-los novamente. Nesse sentido, através de contratos com construtoras, a C&C oferece todo e qualquer tipo de serviço de instalação para ser usado na construção, reforma ou, até mesmo, na decoração. Significa que esse serviço pode ser usado desde o início da construção, fundação, concretagem, alvenaria, telhado, pintura, instalação de luminária, ventiladores e tudo aquilo que naturalmente vai agregando, para que a mercadoria seja usada da forma como o cliente imaginou. Naturalmente, a C&C só faz isso com construtoras nas quais temos confiança e garantia, porque quem dá a garantia do serviço é a própria construtora, já que é ela que executa o serviço e é detentora da mão-de-obra qualificada. A C&C indica essas construtoras, um serviço que já existe nas lojas, e é gratuito.

Através de uma pesquisa feita com clientes, obtivemos um retorno de 99% de satisfação, e aquele 1% restante não reclamou do serviço, mas do preço. Você me pergunta se isso agrega valor à marca, à fidelização do cliente, eu diria o seguinte, agrega e agrega muito. Primeiro porque hoje as pessoas gostam de fazer negócios com confiança, e uma vez que a C&C é uma marca consolidada no mercado, não oferece produtos e serviços que poderiam ser chamados de segunda linha. As construtoras indicadas são idôneas, e, através das pesquisas, percebemos que os clientes confiam na nossa indicação, tanto é que cada vez mais temos orçamentos convertidos em serviços.

2 Por que a C&C não oferece esses serviços diretamente, ou seja, por meio de profissionais próprios?

Em princípio, a C&C é uma empresa de comércio varejista, nós não fabricamos nada, não produzimos nada, somente revendemos, e esse é o foco com o qual a C&C quer continuar trabalhando; qualquer serviço que não seja desse foco a C&C pode até oferecer, mas vai repassar para quem é especialista. Para a mão-de-obra, ninguém é mais especializado que uma construtora.

b) Entrevista com o coordenador de serviços da C&C (Lauro Carvalho):

1 Em que consiste a mão-de-obra C&C?

A mão-de-obra da C&C consiste em parcerias com empresas especializadas em instalação de produtos, desde uma pequena instalação até uma grande reforma. A C&C, para isso, seleciona construtoras que, no início, atendiam apenas uma loja, e hoje já têm uma abrangência maior. Nós contamos também com eles os pequenos instaladores — que muitas vezes são indicados pelos fabricantes, já que eles indicam pessoas idôneas e que não são concorrentes — porque a C&C tem uma exigência de capital social, tempo de firma aberta. Isso se explica pelo fato de que, muitas vezes o instalador que revende produtos acaba interferindo na negociação do cliente com a C&C, oferecendo produto e serviço por um preço mais convidativo. Por isso, damos preferência a instaladores com equipes montadas, treinadas pelos fabricantes e que realmente não trabalham com revenda. Nós temos trabalhado bastante, para, cada vez mais, inserirmos novos produtos e serviços. Hoje temos uma tabela com cerca de 400 itens. Formamos um portfólio com vários instaladores e construtoras, para atender principalmente às vendas que envolvem itens como acessórios de banheiro e de cozinha, que necessitam de uma maior especialização.

2 O senhor acha que isso promove uma maior fidelização do cliente?

Sim, uma vez que, através de pesquisas mensais de indicadores de qualidade, obtivemos índices de satisfação que giram em torno de 97% e 98%, tudo isso confirmado por nossa auditoria. No formato atual, a mão-de-obra da C&C conta com estagiários de arquitetura e engenharia, que, além de esclarecerem dúvidas dos clientes, colaboram bastante com os vendedores em vendas mais especializadas.

c) Entrevista com o diretor geral da C&C (Jorge Gonçalves Filho):

1 Em que consiste a mão-de-obra oferecida pela C&C?

A prestação de serviço na C&C é algo que nós temos incrementado, pois cada dia as lojas são mais parecidas; os produtos, mais semelhantes; e os clientes, cada vez mais exigentes. Então a C&C tem criado serviços que fazem com que ela seja identificada, com diferencial, no mercado. Por exemplo, a mão-de-obra C&C oferece toda a orientação ao cliente sobre reformas, instalações, construções, entre outros, sem executar. Tudo é feito através de parceiros que nós contratamos. Temos também a recreação, que outros concorrentes não têm. Achamos que, agradando o filho, também estamos agradando a mãe e o pai que são os compradores. Temos também a paginação, com a instalação de pisos e revestimentos, que até então ninguém tinha, mas que, em breve, será comum, obviamente porque agrada muito ao cliente, orienta e agrega venda, pois você consegue colocar acessórios e fechar uma venda com mais qualidade. O serviço que gera custo também tem que vir acompanhado por uma evolução na qualidade na venda, a fim de compensar esse custo.

2 Por que a C&C não tem mão-de-obra própria?

Isso é uma questão de core business, *foco, nós pensamos da seguinte forma: serviço é uma mão-de-obra intensa, e o trabalho externo é um outro tipo de negócio. Você tem que ter uma equipe dedicada, criar uma estrutura, pensar muito no assunto. Se um dia a C&C vier a ter algo para ganhar dinheiro com serviço, eventualmente seria uma segunda empresa para fazer esse papel, porque senão começaremos a dividir a atenção, e isso não seria bom para o nosso negócio.*

d) Entrevista com o diretor geral da Telhanorte (Fernando de Castro):

1 Fale sobre agregação de valor:

A agregação de valor é essencial na distribuição e serviços. A função do distribuidor, como nós, é levar o produto do fornecedor ao consumidor, da melhor forma possível. A Telhanorte tem um elenco enorme de serviços. O fato de ter o produto bem exposto nas lojas, fácil de ser encontrado, também é um serviço; o fato de termos um controle de qualidade aos produtos comprados contribui para que só tenhamos produtos de boa qualidade. A entrega dentro dos prazos *devidos é um serviço; o atendimento especializado aos nossos clientes, o fato de que ele pode trocar produtos a qualquer momento, tudo isso, constitui-se em serviços. A questão da instalação seria um excelente serviço, porém ela passa por três ou quatro problemas maiores a serem resolvidos. O primeiro deles é a forma econômica de organizar esse trabalho. Uma empresa que estrutura uma equipe de profissionais para fazer instalação, tem que possuir profissionais altamente qualificados, muito bem orientados, atualizados tecnicamente e controlados. E, entre aspas, o concorrente desse serviço hoje é o profissional que, muitas vezes, não é formado, trabalha na informalidade fiscal e tem uma série de condições de redução de custo no seu trabalho. É muito comum o pedreiro ou o pintor, por exemplo, variarem o valor dos seus serviços de acordo com a demanda da semana. Com isso, a primeira necessidade é estruturar uma equipe treinada e capacitada, com o mesmo custo de um profissional despreparado e não habilitado. Quando um cliente recebe um orçamento de alguma empresa de R$ 100, aparece um desses profissionais avulsos — eu chamo de avulsos e não autônomos — e o orçamento é de R$ 20. Ao contrário do objetivo da empresa, o cliente tem a impressão de que há um exagero nos custos, abuso, e isso é um risco que pode se voltar contra a empresa. O segundo fator é a disponibilidade de profissionais habilitados no Brasil, e, aliás, esse é um problema mundial. Recentemente, cheguei da Europa, e lá, cada vez mais, há falta de profissionais especializados. A instabilidade desses profissionais é um problema a ser resolvido. O terceiro elemento é a questão da competitividade de preços para o cliente final. Ele gostaria muito de ter esse serviço, mas tem pouco dinheiro para pagar por eles. Esses são os maiores dificultadores de uma implantação desta operação no curto prazo. É evidente que seria ótimo para o distribuidor, seria espetacular. Seguramente, se nós resolvermos esses três problemas, o mercado vai se ampliar. Se hoje um dos grandes limitadores é o fato de que as reformas e as construções causam grande desgaste, quando conseguirmos fazer disso algo simples, esse será um fator que absolutamente alavancará o mercado.*

e) Entrevista com o diretor operacional da Telhanorte (Artur Machado):

1   O sr. diria que a prestação de serviços agrega valor?

A prestação de serviços agrega valor e fidelidade, porém temos um grande problema de mão-de-obra. Infelizmente, há pouco espaço nos estabelecimentos certificadores, e os que o fazem não dispõem ao menos de um registro de certificação para a consulta das empresas que queiram contratá-los. Projetos nesse sentido seriam muito bem-vindos, se garantissem extrema qualidade, pois as empresas poderiam garantir qualquer tipo de serviço, com tempo determinado, ou estender essas garantias em até cinco anos. Realmente, o serviço constitui-se em um grande diferencial competitivo, porém, não é o foco da empresa neste momento.

5.6 Análise das Entrevistas Pessoais

Pode-se constatar com clareza, nas respostas dos profissionais ligados à área, que os clientes buscam o produto mais serviços agregados. Nota-se também que a empresa do entrevistado, tem como política de atuação, não praticar diretamente a prestação de serviços, apenas repassa os serviços por meio de contratos de prestação. As empresas trabalham somente com indicações de construtoras habilitadas e confiáveis.

Nesse sentido, Téboul (2000) enfatiza que as empresas sempre consumiram serviços prestados por outras empresas. Mas, durante os últimos anos, a demanda de serviços cresceu consideravelmente, fator que está intimamente relacionado com:

- assegurar a qualidade;
- melhorar a flexibilidade da mão-de-obra;
- incrementar a especialização.

Esse serviço vem de encontro aos anseios dos consumidores que buscam empresas que tenham como diferencial a prestação de serviço nas construções/reformas.

A indicação de empresas gabaritadas e com garantia de bons resultados trilha caminhos inovadores que visa à satisfação dos clientes. A fidelização dos clientes é uma conseqüência natural, desde que seus anseios por serviços com qualidade e garantia sejam prestados por profissionais competentes e éticos dentro de sua área de atuação. Viu-se que a C&C se aprimorou em agregar serviços aos produtos com a finalidade de obter maior retorno de seus clientes.

Para Haskett et al (2001, p. 35), "a fidelidade do cliente é a pedra fundamental de um serviço bem-sucedido. Influencia na fidelidade de funcionários e fornecedores. E gera lucros". Os autores ainda relatam que a fidelidade do cliente e a lucratividade andam juntas. Os profissionais entrevistados demonstraram claramente que seus clientes ficam satisfeitos após a realização dos serviços contratados concomitantemente com as vendas dos produtos.

A satisfação do cliente é a "mola propulsora" das atividades comerciais e industriais em todos os segmentos; são eles que impulsionam o mercado. As empresas inovadoras são as que detêm um grau maior de credibilidade, por parte de seus clientes, diante dos serviços prestados com garantia e presteza.

O setor de varejo de materiais de construção, de modo geral, está passando por importantes e significativas mudanças. O século que se iniciou veio acompanhado de novos paradigmas, que precisam ser identificados e decodificados pelos empresários do setor.

E, nesse sentido, muitos varejistas já estão fazendo pesquisas, adaptando-se às novas demandas e procurando antecipar-se ao futuro, empreendendo um ritmo de constantes inovações em seus negócios, para conseguir a tão sonhada vantagem competitiva. Porém, a maior de todas as tendências parece ser a satisfação concreta dos consumidores, possível de identificar por meio de um estudo sobre a localização do ponto-de-venda; pela verificação de onde estão os clientes potenciais e suas características; por pesquisas sobre quais produtos e serviços eles desejam e se estão satisfeitos com a loja e com as pessoas que atendem.

6 Conclusão

Pela revisão bibliográfica, pode-se notar que o setor de material de construção cresceu sensivelmente após o Plano Real e que, com esse crescimento, ocorreram mudanças substanciais no varejo desse segmento. Não só o varejo mudou, os consumidores também mudaram e estão exigindo, cada vez mais, uma maior qualidade em suas aquisições. As empresas que desejam garantir-se no mercado precisam dar atenção a essa nova tendência, procurando melhorar a qualidade de seus produtos e serviços, pois a qualidade é um dos fatores diretamente relacionado com a satisfação do cliente.

Em razão dessas circunstâncias, a indústria aprimorou-se e buscou padronizações e especializações, segundo normas internacionais, visando um padrão de excelência na fabricação de produtos de setor da construção civil. Por sua vez, os lojistas buscam a diferenciação do mix de produtos comercializados em suas lojas, bem como treinamento do pessoal de vendas para que haja um bom atendimento aos seus clientes.

No decorrer do trabalho, ficou evidenciado que a busca pela qualidade é um dos pontos primordiais para a sobrevivência da empresa e que também o simples fato de ter qualidade não satisfaz plenamente os anseios dos clientes. Atualmente, agregar serviços aos produtos vendidos pode ser o grande diferencial para "galgar" e brilhar em novos caminhos.

Agregar serviços aos produtos pode elevar a vantagem competitiva das empresas que buscam por um novo nicho de mercado, pois a competitividade dentro do segmento é acirrada e os serviços podem vir a se tornar o grande diferencial do varejo de materiais de construção. Identificou-se também que há falta de credibilidade dos clientes em relação aos prestadores de serviços nesta área.

Portanto, além da qualidade do material/produto, deve-se buscar o treinamento para obtenção de pessoal qualificado e altamente profissional. Esse treinamento é de suma importância para que o varejo atue na prestação de serviços. No tocante ao treinamento, pode-se buscar parcerias entre a indústria e varejo, visando sempre o benefício final dos consumidores.

Por meio das parcerias poderíamos ter, por exemplo, a indústria de tintas que — para ressaltar a qualidade, durabilidade e economia na aplicação de seus produtos — poderia oferecer treinamento para pintores às empresas de varejo. Já a indústria de pisos e revestimentos pode instruir/capacitar profissionais para realizar uma melhor colocação do produto e assim sucessivamente. A qualidade deve incidir não só no produto, mas também na colocação, pois os clientes buscam, antes de tudo, a confiabilidade, responsabilidade, competência, segurança e credibilidade na prestação de serviços.

Para que fosse possível atingir o objetivo do trabalho, realizou-se uma pesquisa com os consumidores, os lojistas e as indústrias, visando evidenciar seu pensamento em relação à agregação de serviços aos produtos comercializados no varejo de material de construção. A pesquisa mostrou uma ampla aceitação por parte de todos os entrevistados no que se refere à prestação de serviços aos consumidores. Já as entrevistas realizadas com profissionais de uma grande empresa varejista ressaltaram a importância de tais serviços e enfatizaram o retorno positivo de seus clientes.

Os profissionais da empresa pesquisada responderam que ele já atua na agregação de serviços aos seus consumidores. Para tanto, mantém, como seus colaboradores, empresas idôneas, indicando-as para a prestação de serviços por meio de contratos.

Os pontos negativos referem-se exclusivamente à prestação de serviços e podem ser neutralizados com o devido treinamento/capacitação profissional de todos que atuam direta e indiretamente na colocação, procurando garantir a satisfação e a fidelização do cliente. A fidelização no varejo atualmente passa essencialmente pela prestação de serviços nos seus diferentes níveis.

Conclui-se que os consumidores estão à procura de praticidade e comodidade com garantia, o varejista busca ganhar novos mercados e a indústria está interessada no aumento das vendas. Esse conjunto demonstra que agregar serviços às vendas é viável e tem um mercado aberto e receptivo para todos.

7 Referências Bibliográficas

ALBRECHT, K. *Revolução nos serviços*. 5. ed. São Paulo: Pioneira, 1998.

BERGAMO FILHO, V. *Gerência econômica da qualidade através do TQC*: controle total da qualidade. São Paulo: Makron Books, McGraw-Hill, 1991.

BERRY, L. L. Serviços de satisfação máxima. Rio de Janeiro: Campus, 1995.

_____. *Descobrindo a essência do serviço*: os novos geradores de sucesso sustentável nos negócios. Rio de Janeiro: Qualitymark, 2001.

CAMPOS, V. F. *TQC — controle da qualidade total*. Rio de Janeiro: Bloch, 1992.

CAVALIERI FILHO, S. *Programa de responsabilidade civil*. São Paulo: Malheiros, 1996.

CHAROUX, O. M. G. *Manual de produção científica do conhecimento*. São Paulo, Fundação Armando Alvares Penteado, 2003. Apostila da Central de Cursos.

CHIAVENATO, I. *Recursos humanos*. São Paulo: Atlas, 1994.

COBRA, Marcos. *Marketing básico*. São Paulo: Atlas, 1997.

_____. *Marketing de serviço financeiro*. São Paulo: Atlas, 2000.

DENTON, K. D. *Qualidade em serviços*. São Paulo: Makron Books, 1991.

FEIGENBAUM, A. V. *Controle de qualidade total*: gestão e sistemas. 40. ed. São Paulo: Makron Books, 1994. v. 1.

FIESP-CIESP. *Agenda de política para a cadeia produtiva da construção civil*. Referências FIESP, São Paulo, set., 2004.

GALE, B. T. *Gerenciando o valor do cliente*. São Paulo: Pioneira, 1996.

_____. Análise setorial, varejo de material de construção. *Gazeta Mercantil*, São Paulo, v. único, out. 1999. Panorama setorial.

GIANESI, I. G. N. e CORRÊA, H. *Administração estratégica de serviços*: operações para a satisfação do cliente. São Paulo: Atlas, 1994.

GIL, A. C. *Como elaborar projetos de pesquisa*. São Paulo: Atlas, 1989.

GRIFFIN, J. Um programa de fidelização. *HSM Management*, São Paulo, p. 58-64, set./out. 2001.

HASKETT, J. L. et al. *Serviços revolucionários mudando as regras do jogo*. São Paulo: Pioneira, 2001.

KOTLER, P. *Administração de marketing*: análise, planejamento, implementação e controle. 2. ed. São Paulo: Atlas, 1991.

_____. *Administração de marketing*. São Paulo: Prentice Hall, 2000.

JURAN. J. M. *Liderança pela qualidade*. 3. ed. São Paulo: Pioneira, 1990.

LAKATOS, E. M. *Fundamentos de metodologia científica*. 3. ed. São Paulo: Atlas, 1991.

LEVY, M. e WEITZ, B. A. *Administração de varejo*. São Paulo: Atlas, 2000.

MARQUES, C. L. Contratos no código de defesa do consumidor. São Paulo, *Revista dos Tribunais*, 1992.

MINAYO, M. C. de S. *Pesquisa social*: teoria, método e criatividade. 16. ed. São Paulo: Vozes, 2000.

MOLLER, C. *O lado humano da qualidade*. São Paulo: Pioneira, 1992.

MORAES, M. T. R. de. Indústria da construção no Brasil: a utilização da força de trabalho no processo de produção. In: ENCONTRO NACIONAL DE EN-GENHARIA DE PRODUÇÃO. São Carlos. 1998. *Anais* — V3. São Paulo: EESC-USP, 1998.

OLIVEIRA, D. de P. R. de. *Estratégia empresarial*: uma abordagem empreendedora. 2. ed. São Paulo: Atlas, 1994.

PARENTE, J. *Varejo no Brasil*: gestão e estratégia. São Paulo: Atlas, 2000.

PICCHI, F. A. *Sistema da qualidade*: uso em empresas de construção de edifícios. 1993. Tese (doutorado em Engenharia). Departamento de Engenharia de Construção Civil, Escola Politécnica da Universidade de São Paulo, São Paulo.

PORTER, M. R. *Vantagem competitiva*: criando e sustentando desempenho superior. Rio de Janeiro: Campus, 1996.

SOARES, O. *Responsabilidade civil no direito brasileiro*: teoria, prática forense e jurisprudência. Rio de Janeiro: Forense, 1996.

RANGEL, A. *Momento da qualidade*. São Paulo: Atlas, 1993.

REICHHELD, F. F. Gerência baseada na lealdade. In: *Atuação espetacular*: a arte da excelência em serviços. Rio de Janeiro: Harvard Business Review Book. Campus, p.109-123, 2000.

RICHARDSON, R. J. *Pesquisa social*: métodos e técnicas. 3. ed. São Paulo: Atlas, 1999.

SANDHUSSEN, R. *Marketing Básico*. São Paulo: Saraiva, 2000.

TÉBOUL, J. *A era dos serviços:* uma abordagem de gerenciamento. São Paulo: Qualitymark, 2000.

WALKER, D. *O cliente em primeiro lugar:* atendimento e a satisfação do cliente como uma arma poderosa de fidelidade e vendas. São Paulo: Makron Books, 1991.

WHITELEY, R. C. *A empresa totalmente voltada para o cliente.* The customer driven company — do planejamento à ação. 18. ed. Rio de Janeiro: Campus, 1995.

Webgrafia

BARBOZA, N. Faturamento do varejo de material de construção amarga retração. *<www.folhaonline.com.br>*. Acesso em: 16 fev. 2005.

GRÖNROOS, C. From marketing mix to relationship marketing: towards a paradigm shift in marketing. Management Decision. 1994. v. 32, n. 2, p. 4-20. *<www.emeraldinsight.com>*. Acesso em: 15 fev. 2005.

INSTITUTO BRASILEIRO DE GEOGRAFIA E ESTATÍSTICA. Pesquisa anual do comércio, 2000. *<www.ibge.gov.br>*. Acesso em: 12 dez., 2004.

Bibliografia

AUGUSTO, T. Mão-de-obra. Como atender essa necessidade? *Revista Anamaco*. São Paulo, out. 2003.

RUDIO, F. V. *Introdução ao projeto de pesquisa científica*. Petrópolis: Vozes. 1996.

SERVIÇO BRASILEIRO DE APOIO ÀS MICRO E PEQUENAS EMPRESAS. Disponível em: <www.sebrae.com.br>. Acesso em: dez. 2004.

SEMINÁRIO ANUAL DA INDÚSTRIA DA CONSTRUÇÃO. Construbusiness — habitação, infra-estrutura e emprego. São Paulo, 1999.

YIN, R. K. *Case study research — design and methods*. USA: Sage Publications, 2001.

Capítulo 2

Prevenção de Perdas com Mercadorias no Varejo de Material de Construção no Brasil

Carlos Moriconi Jr.
Fábio de Almeida Pacheco
Mauro Tadeu Flório
Raquel Lima Tuma
Thomas Henrique Perez

AGRADECIMENTOS

Aos colegas, que muito colaboraram para o aperfeiçoamento deste trabalho.

Nosso agradecimento especial à professora Ana Lúcia Magyar, de Produção Científica, e ao professor Joaquim Ramalho de Oliveira Filho, de Gestão Financeira e coordenador do curso, por suas valiosas contribuições.

Resumo

O objetivo deste trabalho é demonstrar os meios ou as alternativas que possibilitam minimizar as perdas com mercadorias no segmento de materiais de construção no Brasil.

Como metodologia, foi utilizada a pesquisa exploratória com dados primários e secundários. Conclui-se que as principais formas para minimizar as perdas são: conhecer o próprio método e a qualidade do processo de mensuração das perdas, a relevância organizacional da prevenção de perdas, a atribuição clara dos papéis e responsabilidades, e o direcionamento estruturado e fundamentado de esforços para assumir a responsabilidade de prevenção de perdas.

Palavras-chave:

prevenção de perdas; varejo; material de construção.

1 O Mercado Brasileiro do Varejo de Material de Construção

O setor de varejo de materiais de construção está inserido em um amplo contexto, que leva em consideração toda a cadeia produtiva do setor da construção.

Conforme pesquisa e análise realizada pela empresa Trevisan, editada e distribuída pela Comissão da Indústria da Construção da Federação das Indústrias (CONSTRUBUSINESS, 1999), são cinco setores, divididos em:

- bens de capital para construção;
- edificações;
- construção pesada;
- serviços diversos.

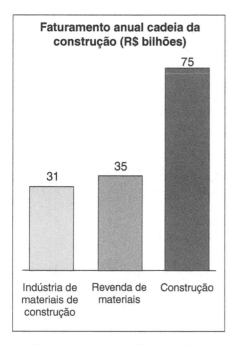
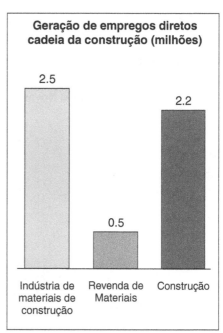

Fonte: Quinto seminário da indústria brasileira da construção. Disponível em: <www.anamaco.com.br/construbusiness/estudo da relevancia da cadeia da construção.htm>. Acesso em: 29 nov. 2004.

Figura 2.1 Faturamento anual (em bilhões de reais).

Figura 2.2 Geração de empregos diretos (em milhões de reais).

Essa cadeia, chamada de construbusiness, permite a análise de sua contribuição para a criação de habitações, de infra-estrutura e a geração de empregos. Mostra também a sua importância para a economia brasileira, os efeitos sofridos pela nova ordem, a relação entre o custo Brasil e seus efeitos multiplicadores no processo de desenvolvimento sustentado da economia brasileira. Essa análise permite destacar o varejo como peça importante e avaliar os impactos do ambiente nesse segmento.

1.1 Evolução do Mercado

O construbusiness representa 15% do Produto Interno Bruto (PIB) e, segundo dados do IBGE (CONSTRUBUSINESS, 2001), é o maior empregador do setor industrial; dos anos 1980 para cá, ele responde por cerca de 65% do investimento bruto brasileiro. Sua contribuição à economia pode também ser avaliada pelo efeito multiplicador que produz, ao envolver, nessa relação, desde a produção e comercialização do material específico até a ampla gama de serviços que o processo de construção necessita.

Fonte: Quinto seminário da indústria brasileira da construção. Disponível em: <www.anamaco.com.br/construbusiness/estudo da relevancia da cadeia da construção.htm>. Acesso em: 29 nov. 2004.

Figura 2.3 Edificações residenciais novas (# de imóveis).

Figura 2.4 Expansão e reforma de unidades residenciais (# de imóveis).

Se o perfil do construbusiness é expressivo pelo seu peso quantitativo, também o é pela ótica qualitativa, sobretudo no que se refere a sua vertente social, tanto do ponto de vista da criação de empregos, quanto da oferta de moradias populares.

O setor de materiais de construção, entre produção e comercialização, representa 4% do PIB e apresenta características distintas dos outros setores, principalmente em relação à segmentação de mercado e estrutura de consumo. Por isso, demanda políticas de desenvolvimento específicas. Esse setor sofre a conseqüência do efeito multiplicador das edificações e construções pesadas na ordem de R$ 48,05 bilhões, e impactando R$ 5,05 bilhões nas atividades imobiliárias, serviços técnicos da construção e atividades de manutenção (CONSTRUBUSINESS, 1999).

Segundo estimativas da Anamaco (CONSTRUBUSINESS, 1999), 72% da produção industrial do setor é escoada por meio do varejo de materiais de construção, que já faturou cerca de R$ 33 bilhões. É um setor que vem crescendo, em média, o dobro do que cresce o PIB do país nos últimos anos, e, apesar das turbulências econômicas, tem buscado a modernização e uma maior competitividade.

O comportamento do PIB do setor mostra uma relevante correlação com a evolução do PIB total. Nesse período, a maior volatilidade do setor prejudicou o seu crescimento. O desempenho da economia brasileira, em geral, e do setor da construção civil, em particular, tem-se mostrado muito sensível às oscilações das taxas de juros. Em particular, os juros extremamente elevados nos últimos anos afetaram de forma negativa as atividades produtivas. Considerando-se, por exemplo, a construção civil como o mais importante setor industrial da economia brasileira e que o construbusiness é ainda maior, verifica-se o quanto isto afeta o conjunto da economia brasileira.

No processo produtivo, o setor da construção civil é aquele que mais gera impostos indiretos líquidos e apresenta um dos mais baixos coeficientes de importação.

Em decorrência da desaceleração do PIB, o número de pessoas ocupadas no construbusiness diminuiu durante os últimos anos, caindo mais do que a média total do Brasil. Isso gera um impacto muito forte na questão da ocupação, visto que ele é o maior empregador do setor industrial (em torno de 13,5 milhões de pessoas, segundo Simulações Setoriais para a Economia Brasileira, 1998/2002, SP). Para cada 100 empregos gerados no setor, surgem indiretamente mais 285. (CONSTRUBUSINESS, 1999).

O Varejo de Material de Construção no Brasil

Outro aspecto importante na análise do setor é o déficit habitacional e de infra-estrutura. Por questões de especificidade regional, há uma disparidade geográfica grande. O déficit habitacional pode variar de 7,5%, em Porto Alegre, a 20,6%, em Belém, por exemplo. Em termos absolutos, o déficit variou de 43,7 mil domicílios, em Belém, para 410,5 mil, em São Paulo (CEI, 2001). As características da população (crescimento, urbanização, nível de escolaridade, faixa etária e rendimento) explicam o crescimento do déficit habitacional do Brasil. Ele é resultado do período de crise do setor da construção civil, durante os anos 1980 e início dos anos 1990. Pode-se defini-lo, considerando-se: coabitação, domicílios com paredes não duráveis (rústicos) e cômodos alugados ou cedidos (não rústicos). Em síntese, a falência do sistema de financiamento habitacional comprometeu significativamente a performance do setor, além de causar forte efeito diretamente no déficit habitacional. A superação desse estrangulamento é vital para a redução das desigualdades sociais do País. Além disso, um mercado que sempre conviveu com taxas de juros altas e escassez de recursos financeiros acaba inviabilizando linhas de financiamento. Dessa forma, a única saída é o autofinanciamento, provocando dilatação dos prazos de entrega, queda de escala e conseqüente obstáculo à racionalização e avanço tecnológico, com encarecimento dos produtos e perda de competitividade.

Sobre o custo Brasil, verifica-se que ele também interfere diretamente na organização do construbusiness, pois afeta as suas empresas (cada setor tem uma forma diferenciada). Para cada um, é fundamental a análise do ponto de vista custo-benefício, e os incentivos ao desenvolvimento podem contribuir para sua redução.

Dentro dessa análise de cenário e ambiente, os autores deste trabalho ponderam sobre os desafios e perspectivas, já que as forças motoras da nova ordem econômica estão impactando a forma como as empresas do setor organizam suas atividades, informações e recursos.

O reposicionamento estratégico dessas empresas torna-se fundamental para assegurar a continuidade do negócio, principalmente nos pilares da globalização, das alianças estratégicas, da privatização e concessão, das inovações tecnológicas, da competitividade/produtividade/qualidade e atendimento ao cliente. Tudo isso parte da necessidade de as empresas serem mais competitivas e ofertarem produtos e serviços com maior qualidade e menor preço. Uma empresa competitiva tem mais chances de sobreviver, e seu diferencial pode estar em vender para compradores mais sofisticados e exigentes (necessidades mais difíceis), estabelecer diretrizes para superar as exigências de normas técnicas e legais, comprar de fornecedores mais avançados ou ampliar a capacitação técnica de seus profissionais.

O Brasil ainda carece de instrumentos indispensáveis à execução de uma política de competitividade internacional, cuja ausência pode causar um efeito negativo no construbusiness, pois o País ainda não acompanha e combate práticas desleais de mercado, tem restrições orçamentárias para investimentos em infra-estrutura e indefinições relativas ao programa de privatização/concessão. Além disso, não dispõe de instrumentos de incentivo à concorrência no mercado doméstico em áreas críticas para a competitividade nacional, o que se traduz em custos excessivos. Não equaciona o problema custo Brasil e, em particular, as reformas tributárias e previdenciárias. Não dispõe de um sistema de crédito e de seguro abrangente e barato e, por fim, possui uma legislação trabalhista desatualizada.

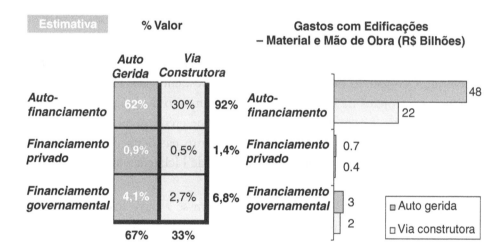

Fonte: PNAD, 1997.
Figura 2.5 Segmentação da construção.

Os estrangulamentos limitam a contribuição do construbusiness para o desenvolvimento sustentado do País e, em particular, para a geração de emprego. Pode-se citar como estrangulamentos as altas taxas de juros, insuficiência de financiamentos, alta carga tributária, custo de encargos trabalhistas, custo da burocracia, baixa segurança jurídica, alta informalidade, tendência à desnacionalização e óbices à racionalização e industrialização do processo produtivo. As conseqüências negativas para o País são o déficit habitacional e de infra-estrutura, perda de empregos e aumento da dívida social e do custo Brasil. Para o Construbusiness, tem-se a retração do nível de atividade com perda de competitividade e aumento de desemprego.

Os principais fatores condicionantes do crescimento do setor estão relacionados com a oferta e a demanda de produtos e serviços, além da disponibilidade de recursos.

Em resumo, as construções autogeridas respondem por 67% do mercado, e o autofinanciamento é utilizado em 92% dos casos. A construção autogerida e a autofinanciada correspondem a 62% do mercado.

No campo das soluções para produtividade e competitividade, pode-se citar a criação de instrumentos de fomento a requalificação profissional, durante o período de desemprego dos trabalhadores; a criação de mecanismos que permitam diminuir a rotatividade e aumentar o compromisso entre capital e trabalhos; a isonomia fiscal entre produtos pré-fabricados; o estímulo à normalização e certificação dos processos e produtos; o estímulo à exportação de produtos e processos, e a eliminação de restrições à adoção de processos construtivos industrializados.

Para as soluções de infra-estrutura pode-se citar a aceleração dos projetos de privatização e concessão nos setores de transportes; energia e telecomunicações, bem como os projetos de saneamento e abastecimento de água, coleta de lixo e sistemas prisionais; a securitização e habilitação de créditos com o governo, que poderiam ser utilizados como meios de pagamento nas licitações de concessões de serviços públicos; e o aperfeiçoamento da Lei de Licitações, sem dispensa para o setor público.

Para as soluções no campo da habitação, tem-se a ampliação de novos programas com fixação de uma clara política habitacional; a adoção de normas que estimulem e assegurem o desenvolvimento de sistemas alternativos de produção; a revisão tributária com criação de mecanismos indutores da redução dos custos de produção; a adoção de regras de proteção aos investidores, capazes de assegurar o indispensável equilíbrio econômico-financeiro nas diversas operações de *funding* para a produção e a comercialização de imóveis; além do permanente aprimoramento dos mecanismos indutores de capital para o mercado imobiliário e a adoção de política de concessão de benefícios fiscais para quem adquirir Verifica-se que a questão central deste estudo — perdas — tem impacto direto na competitividade do setor de varejo de materiais de construção e conseqüentemente no construbusiness. A prevenção de perdas, combinada com outras ações já sugeridas, pode criar, num dos setores mais importantes da economia brasileira, maior produtividade e conseqüente incrementação dos resultados para o próprio negócio e para a sociedade.

1.2 A Tecnologia e o Setor de Material de Construção no Brasil

O setor de construção de edifícios habitacionais no País tem apresentado, historicamente, uma lenta evolução tecnológica, comparativamente a outros setores industriais. As características da produção, no canteiro de obras, acarretam baixa produtividade e elevados índices de desperdícios de material e de mão-de-obra. Essa condição, associada às altas taxas de inflação verificadas até os anos 1980, fez com que a lucratividade do setor fosse obtida mais em função da valorização imobiliária do produto final do que da melhoria da eficiência do processo produtivo.

A partir da década de 1990, devido a vários fatores — como o fim das altas taxas de inflação, os efeitos da globalização da economia, a redução do financiamento, a retração do mercado consumidor e o aumento da competitividade para as empresas, entre outros — tem havido uma modificação desse cenário. A partir de então, as empresas construtoras começaram a tentar viabilizar suas margens de lucro por meio da redução de custos, do aumento da produtividade e da busca de soluções tecnológicas e de gerenciamento da produção para aumentar o grau de industrialização do processo produtivo.

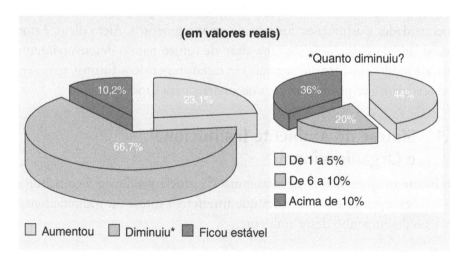

Fonte: Quinto seminário da indústria brasileira da construção. Disponível em: <www.anamaco.com.br/construbusiness/estudo da relevancia da cadeia da construção.htm>. Acesso em: 29 nov. 2004.

Figura 2.6 Faturamento das lojas de materiais de construção em 2003 *versus* 2002.

Porém, vários são os fatores que impedem a alavancagem desse movimento e o início de uma nova fase de evolução sustentada do setor, entre os quais podem ser citados:

- Baixa produtividade do setor, em que pese a evolução recente, estimada em cerca de um terço da de países desenvolvidos.
- Ocorrência de graves problemas de qualidade de produtos intermediários e finais da cadeia produtiva e os elevados custos de correções e manutenção pós-entrega.
- Desestímulo ao uso mais intensivo de componentes industrializados devido à alta incidência de impostos e conseqüentes encarecimentos desses produtos.
- Falta de conhecimento do mercado consumidor, no que diz respeito às suas necessidades em termos de produto a ser ofertado.
- Falta de capacitação técnica dos agentes da cadeia produtiva para gerenciar a produção com base em conceitos e ferramentas que incorporem as novas exigências de qualidade, competitividade e custos.
- Incapacidade dos agentes em avaliar corretamente as tendências de mercado, cenários econômicos futuros e identificação de novas oportunidades de crescimento.

Percebe-se, com essa rápida apresentação, a importância de um diagnóstico baseado em uma visão sistêmica da cadeia produtiva, que propicie a identificação das necessidades e aspirações dos seus diversos segmentos. Além disso, é notória a necessidade da construção de uma visão de futuro para o desenvolvimento da cadeia, de modo a se identificar quais são os fatores críticos futuros ao desempenho da cadeia e a se propor as ações necessárias para superá-los.

1.2.1 Síntese do Ambiente Institucional e Organizacional

O ambiente institucional e organizacional da cadeia produtiva é constituído de organizações, agentes e instituições que interferem direta ou indiretamente nas ações e no desempenho desse ambiente.

A constituição preliminar desse ambiente é relacionada como segue:

a) Ambiente institucional:

- Normalização técnica.
- Legislações municipais, estaduais e federais.
- Código de defesa do consumidor.
- Política tributária.
- Política macroeconômica.
- Política científica e tecnológica.
- Política energética.
- Políticas de crédito imobiliário.
- Programas institucionais do tipo Quali-Hab, PBQP-Habitat.
- Políticas de desenvolvimento urbano.

b) Ambiente organizacional:

- Associações de fabricantes de materiais e componentes para construção.
- Associações de construtores e incorporadores.
- Associações de agentes de comercialização.
- Associações de projetistas.
- Associações de representação profissional.
- Associações de defesa de consumidores.
- Agentes de certificação.
- Centros de P&D.
- Universidades (sistema educacional).
- Centros de capacitação e treinamento.
- Laboratórios de ensaios.

1.2.2 Síntese das necessidades e aspirações dos elos e segmentos

São consideradas necessidades as demandas de natureza mais imediatas e de curto prazo, enquanto as aspirações são demandas de prazo mais longo de atendimento e configuram visões de futuro desejado do elo ou segmento da cadeia produtiva.

Uma primeira hipótese do conjunto de necessidades e aspirações da cadeia produtiva é apresentada, a seguir, para cada elo.

a) Insumos:

- Aumento da produtividade e melhoria da qualidade.
- Aumento do valor agregado ao produto.

b) Sistema produtivo:

- Aumento da produtividade.
- Redução do preço dos insumos e aumento da conformidade dos insumos.
- Aumento do conhecimento tecnológico sobre insumos e sistemas construtivos.
- Diminuição dos custos de vendas e pós-vendas.
- Aumento do financiamento da produção.
- Modificação da legislação tributária.
- Reciclagem e capacitação técnica e de gestão.

c) Comercialização:

- Aumento do atendimento da demanda.
- Aumento do financiamento.
- Melhoria da qualidade do produto produzido.
- Redução de venda direta e do autofinanciamento.

d) Consumidor final:

- Redução do preço e melhoria da qualidade.
- Aumento do financiamento à aquisição.
- Aumento das garantias contratuais.

1.2.3 Síntese dos objetivos da cadeia produtiva

Tendo em vista o conjunto de necessidades e aspirações da cadeia, a seguir é apresentada a formulação da síntese dos objetivos da cadeia produtiva e do estudo prospectivo.

a) Objetivos da cadeia produtiva:

- Produzir e comercializar de Unidades Habitacionais (UH) urbanas, atendendo à demanda social com redução de custos do produto e melhoria da produtividade e da qualidade.
- Transformar a tarefa de construir edifícios em operações de montagem de sistemas racionalizados e industrializados.
- Propor ações na própria cadeia e nos ambientes institucional e organizacional, visando o aumento da eficiência da cadeia e da competitividade dos seus segmentos, e a melhoria da qualidade dos produtos intermediário e final.

b) Análise de desempenho da cadeia produtiva:

O desempenho de uma cadeia produtiva necessita de referência para estabelecer sua avaliação. Essa referência é construída por meio da formulação de critérios e indicadores de desempenho.

No setor da construção civil, existe escassez e precariedade de indicadores de desempenho. Geralmente, apenas os grandes agregados estão disponíveis, faltando, em geral, riqueza de detalhes necessária para permitir a avaliação de processos da cadeia produtiva, tipos de empresas, regiões e áreas tecnológicas.

Torna-se necessário selecionar indicadores que tenham relevância e propósito:

* Importância do fator crítico relacionado ao indicador.
* Homogeneização da quantidade de indicadores entre os elos.
* Consistência e facilidade de quantificação do indicador.
* Possibilidade de dados para comparação.

1.3 O Varejo de Material de Construção no Brasil

O mercado de materiais para construção no Brasil é formado por, aproximadamente,105 mil lojas e tem um faturamento estimado em R$ 34 bilhões por ano, cerca de 4% do PIB brasileiro. Esse mercado faz parte do segmento do Construbusiness que representa mais de 12% do PIB do País e emprega aproximadamente 3 milhões de pessoas. A atratividade do segmento no Brasil é elevada devido ao altíssimo déficit habitacional existente, que é estimado em 14 milhões de moradias, sendo 6,5 milhões de déficit sem moradia e mais de 7,5 milhões de moradias inaptas para o uso humano. A abertura de novas lojas, ano após ano, comprova esse cenário (BOROLOTTO, 2004).

Embora nos últimos anos o poder de compra e o PIB do setor tenham diminuído, grandes *players* mundiais do varejo da construção civil se instalaram no Brasil desde 1995. Mas o varejo da construção civil no país ainda é pouco explorado: 84% das lojas têm até $1.000m^2$, 58% do total têm faturamento de até R$ 100 mil mensais e 53% têm até 10 funcionários, sendo, na sua maioria, empresas familiares.

O mercado americano do segmento é estimado em US$ 365 bilhões, e os dois maiores varejistas detêm cerca de 24% do mercado e estão presentes em todos os estados americanos. Comparando esses dados com o mercado nacional, os dois maiores varejistas no Brasil detêm aproximadamente 5% do mercado estimado e estão presentes somente em São Paulo e Rio de Janeiro (BOROLOTTO, 2004).

O que tem prejudicado o setor nos últimos anos é a falta de uma política habitacional consistente e duradoura por parte do governo, além da diminuição drástica de investimentos, na última década, em infra-estrutura, como saneamento básico, e, por último, a diminuição do poder de consumo da população, que não consegue investir na melhoria ou na construção de novas unidades.

Pesquisas diversas, realizadas todos os anos, comprovam que o grande sonho das famílias é a casa própria. Por isso, não temos dúvidas de que um pequeno aumento sustentável da renda da população aqueceria o varejo de materiais para construção.

No segundo semestre de 2002, antes das eleições presidenciais, a expectativa em relação ao futuro governo levou os brasileiros a investir em bens concretos, e houve uma bolha de consumo, concentrada em quatro meses, que superou a expectativa dos varejistas e da própria indústria, chegando a faltar produtos nas gôndolas (BOROLOTTO, 2004).

Para se comprovar a relevância e a peculiaridade desse setor no Brasil, pode-se citar o caso do mercado de cimento que movimenta 40 milhões de toneladas/ano, sendo a revenda representada como o canal mais importante na distribuição, correspondendo a 68% do volume total do mercado.

A partir do ano 2000, ocorreu uma movimentação no setor, com a entrada de grandes grupos estrangeiros, varejistas não especializados e associações de pequenas e médias lojas.

1.3.1 Características e dados do setor

- 43% das lojas de materiais de construção comercializam cimento.
- Cerca de 20% das vendas do setor varejista de materiais de construção são destinadas às construtoras, enquanto o restante é adquirido por consumidores para pequenas edificações e/ou reformas residenciais (conhecido como "consumo formiga").
- A entrada no mercado dos grupos franceses Castorama e Leroy Merlin acelerou o processo de reestruturação do varejo da construção civil. Fora das regiões urbanas, o mercado continua sendo dominado pelas pequenas lojas, no entanto, nos centros urbanos (inclusive cidades de médio porte), há um movimento de fusões e aquisições, como o nasci-

mento da C&C — Casa e Construção (resultado da fusão das líderes do varejo Madeirense e Conibra e, posteriormente Uemura, e a própria Castorama) e a associação do grupo Markinvest com a Di Cicco, formando a Construdecor. Há também a promessa da chegada ao País da norte-americana Home Depot e da chilena Sodimac — duas gigantes mundiais no comércio varejista da construção civil.

- Recentemente, tem-se observado uma expansão das vendas de material de construção por varejistas não especializados, especialmente por hipermercados, o que contribui para aumentar o nível de concorrência do segmento.

- Para sobreviverem à acirrada concorrência, as lojas e redes de pequeno e médio porte nos centros urbanos estão se organizando em redes associativas (exemplos: rede Okinawa e rede Construir) que têm como objetivo aumentar o poder de negociação com os fornecedores, por meio de compras em conjunto, além de ratear despesas com treinamento e publicidade.

- Altos níveis de estoque, rupturas nas gôndolas, mix de produtos inadequados ao perfil dos consumidores são problemas crônicos que atingem todo o varejo de material de construção, um dos setores mais prejudicados pela ineficiência que atinge a cadeia de abastecimento.

- Empresas do segmento vêm perdendo competitividade e correndo também o risco de perder a preferência dos consumidores. Um dos problemas do setor está no fato de o cliente entrar na loja para fazer uma compra e não encontra determinado produto. Como geralmente os clientes têm uma lista de produtos para comprar, a falta de apenas um item pode provocar a perda total da venda, pois o consumidor prefere ir a outro estabelecimento em que possa comprar tudo de uma vez. Em resposta a isso, grandes redes começam a investir no conceito denominado Efficient Consumer Response (ECR), que vem sendo aplicado pelos supermercados, com resultados bastante positivos.

- 70% das vendas no mercado de materiais de construção são feitas com algum tipo de financiamento (crediário ou cartão).

- Segundo estudos da Anamaco,[1] o setor de varejo de materiais de construção deve encerrar o ano de 2004 com queda de 5% no faturamento, repe-

---

[1] Todas as referências à Anamaco, estão disponíveis em <www.anamaco.com.br>. Acesso em Nov./Dez., 2004

tindo o desempenho negativo de 2003, em que o setor movimentou cerca de R$ 32 bilhões (queda de 4% em relação à receita verificada em 2002). O aumento do preço da cesta básica de materiais e a queda da renda da população contribuíram para o resultado negativo do segmento.

1.3.2 Varejo de pequeno e médio porte

Como citado, uma tendência do varejo pequeno e médio é de se organizar em centrais de compras. A idéia é obter ganho de escala que facilite as negociações e acesso aos fornecedores, além da padronização do ponto-de-venda, maior exposição na mídia e participação conjunta em promoções. Segundo o jornal *Diário do Comércio*, essas associações têm crescimento 50% ao ano.

As centrais são criadas para alavancar e incrementar a competitividade de pequenas e médias empresas. Realizando compras centralizadas de diversos produtos, ganha-se volume e redução dos custos transacionais, além da diminuição da burocracia na emissão de faturas e renegociação de contratos. O varejo de material de construção acompanha essa onda, e já existem no Brasil mais de 50 dessas centrais (Anamaco, 2004).

A aplicação de tal conceito é alternativa viável para que os lojistas atuem de maneira mais sólida no mercado. As indústrias também perceberam a importância dos micros, pequenos e médios varejos para a sua estratégia de comercialização, conquistando novas fatias de mercado. No entanto, o sucesso da iniciativa depende do desenvolvimento e envolvimento de todos os elos da cadeia de suprimentos.

1.3.3 Varejo de grande porte

Já para os *home centers* ou as grandes lojas, o primeiro passo para o desenvolvimento é a adoção da automação comercial, considerada aqui um conjunto de ferramentas que auxiliam no registro, controle e extração de informações de compra, venda e movimentação de mercadorias e, inclusive, no controle de perdas. A sua utilização no segmento de material de construção é importante para facilitar o acesso às informações que trafegam diariamente no negócio, permitindo a gestão mais eficiente dos processos administrativos e operacionais. Com todas as particularidades do setor, como o elevado volume de itens, somadas às necessidades da organização em centrais de compra, torna-se mais do que necessário o investimento.

O processo deve ser planejado e exige o comprometimento da direção da empresa. A escolha da solução adequada de *hardware* e *software* deve ser muito criteriosa, considerando a existência de soluções para todos os bolsos. A utilização da automação comercial nas lojas de material de construção proporciona muitos benefícios: controle de estoques, redução de perdas, controle de vendas, eficiência administrativa, além da agilidade no atendimento, no qual o vendedor pode fazer consultas, elaborar orçamentos e registrar a preferência dos consumidores. O registro das vendas é uma qualidade comum a todas as lojas que automatizam suas operações, pois também atende aspectos legais, como a emissão de cupom fiscal.

Os processos automatizados são fundamentais para que o varejista conheça melhor o seu negócio, saiba o que tem maior e menor giro e o que apresenta maior rentabilidade, dedicando seu tempo às operações fundamentais da empresa, como compras e atendimento às necessidades dos clientes. Com base nas informações geradas, o lojista economiza ao optar pela compra do mix ideal para o perfil dos seus consumidores e agrega argumentos que facilitam as negociações com os fornecedores. Com os mercados cada vez mais competitivos, torna-se essencial à sobrevivência das empresas adotar a automação como instrumento de gestão e ferramenta para a efetivação do relacionamento entre a loja e os seus clientes.

1.4 Principais Problemas no Setor de Material de Construção

Altos níveis de estoque, rupturas nas gôndolas, mix e sortimento de produtos inadequados ao perfil dos consumidores são problemas crônicos que atingem não apenas um segmento, mas todo o setor de varejo. É o caso do setor de materiais de construção, um dos mais prejudicados pela ineficiência da cadeia de abastecimento.

As empresas do segmento perdiam competitividade e corriam o risco de também perderem a preferência dos consumidores. No caso das revendas de materiais de construção, a situação é ainda mais grave se o consumidor for adquirir uma linha de produtos como, metais sanitários. A falta de apenas um item (mesmo uma simples peça) chega a provocar a perda da venda por completo, pois o cliente prefere ir a outra loja em que possa comprar tudo de uma única vez.

Para reverter essa situação, a automação é fundamental, pois o principal objetivo é reduzir custos, eliminando e reduzindo as ineficiências da operação, para, em seguida, buscar novas oportunidades de negócios. Esse sistema permitirá maior integração com fornecedores e benefícios ao consumidor final.

A redução de custos pela prevenção de perdas e informações mais abertas sobre os estoques e as vendas permitirá não só compartilhar informações, mas atuar efetivamente do processo, comprometendo-se com os resultados. Metodologias de reposição eficiente (para a racionalização dos níveis de estoque) e o gerenciamento por categorias, para a adequação do sortimento, e mix de produtos ao perfil dos consumidores são outras ações possíveis com a automação. Além da questão técnica, o importante é a mudança na visão de negócios. Deixar de focar apenas preço e volumes para se preocupar com outros aspectos importantes, como o reabastecimento, nível dos estoques e rupturas nas lojas. Perceber que o ganho obtido em uma negociação com o fornecedor não é tão relevante se o produto não gira ou não se encontra disponível na área de vendas.

Com base no gerenciamento por categorias, podem-se realizar ações de *cross-merchandising*, com o objetivo de criar soluções para o consumidor, agrupando produtos relacionados na área de exposição. Uma tática simples e bem-aceita pelos clientes.

1.4.1 Desperdício na construção civil

Em um país em desenvolvimento, como o Brasil, com alarmantes índices de desemprego e uma distribuição de renda inaceitável para os padrões humanos, é notória a carência de moradias para a população pobre. Isso nos impulsiona, independentemente da péssima distribuição de renda, a uma análise da atuação da construção civil, dado que ela tem papel fundamental na questão habitacional brasileira.

Os autores deste trabalho examinaram as características da construção civil que interferem na organização das diferentes sociedades humanas, tanto nas questões econômicas quanto nas sociais, evidenciadas no Brasil pela carência de moradias para seus cidadãos. Fundamentados nesses pressupostos, voltaram suas reflexões ao pouco uso e ao desenvolvimento insuficiente de novas tecnologias, ao desperdício de materiais aliado à baixa qualificação profissional e, em grande parte, à qualidade de vida dos trabalhadores, percebendo tais características como uma das fontes dos problemas relacionados à moradia.

O desperdício não pode ser visto apenas como o material refugado no canteiro (rejeitos), e sim como toda e qualquer perda durante o processo. Portanto, qualquer utilização de recursos, além do necessário à produção de determinado produto, é caracterizada como desperdício, classificado conforme: seu controle, sua natureza e sua origem. De acordo com o controle, as perdas são consideradas inevitáveis (perdas naturais) e evitáveis. Segundo sua natureza, as perdas podem acontecer por superprodução, substituição, espera, transporte ou no próprio processamento, nos estoques, nos movimentos, devido a elaboração de produtos defeituosos e outros motivos, como roubo, vandalismo, acidentes etc.

De acordo com a origem, as perdas podem ocorrer tanto no próprio processo produtivo quanto nos que o antecedem, como fabricação de materiais, preparação dos recursos humanos, projetos, planejamento e suprimentos. Observe-se que, em todos os casos, a qualificação do trabalhador está presente.

Antonio Sergio Itri Conte (presidente do Lean Construction Institute, no Brasil) corrobora essa última afirmação, ao dizer que a grande causa do desperdício na construção, hoje, é o estoque de mão-de-obra, devido à pouca clareza do plano de produção, que leva os engenheiros a elevar o número de trabalhadores para não correr o risco de que a obra pare por falta de pessoal (CONTE, 1999).

Apesar disso, as perdas de material são destaque quando se trata de desperdício na construção civil, por ser a parcela visível e também porque o consumo desnecessário de material resulta numa alta produção de resíduos, causa transtornos nas cidades, reduz a disponibilidade futura de materiais e energia, e provoca uma demanda desnecessária no sistema de transporte, além da alta participação dos materiais na composição do CUB (70%).

São muitas as causas das perdas na construção civil, como pode ser constatado nos estudos de Skoyles (1976), Pinto (1989), Picchi (1993), Grupo de Gerenciamento UFSC (1997), Moraes (1997) e tantos outros.

Mais recentemente, o desperdício na construção foi estudado por uma investigação bastante abrangente em nível nacional, em que foram pesquisados 85 canteiros de obras de 75 empresas construtoras em 12 estados, medindo o consumo e perdas relativos a 18 tipos de materiais e diversos serviços.

A pesquisa, coordenada pelos professores Ubiraci Espinelli Lemes de Souza e Vahan Agopyan, do Departamento de Engenharia de Construção Civil da Escola Politécnica da USP, constatou uma variedade grande de desempenho entre uma e outra organização, como perdas mínimas (2,5%), comparáveis aos melhores índices internacionais, ao mesmo tempo que um desperdício alarmante (133%), devido às muitas falhas cometidas na empresa. Também foram constatadas diferenças dentro de uma mesma organização e de um serviço para outro. O estudo mostrou, principalmente, que o desperdício, em média, é menor que o legendário e divulgado desperdício de 30%, ou de uma casa a cada três construídas. Por exemplo, no caso do concreto usinado, a maior perda registrada foi de 23,34%, a média ficou em 9,59%, e a mediana em 8,41% (SOUZA e AGOPYAN, 1999).

Deve-se ter consciência de que a construção civil não é a grande vilã do desperdício. Os demais setores da indústria e também de serviços têm uma grande participação nisso, porém, como a maioria não gera entulho, acaba não sendo percebida pela população em geral.

Ainda que não seja a única indústria a ter um alto desperdício, que as perdas de materiais não atinjam o índice de 30%, há que se ter consciência de que o desperdício na construção é grande e envolve diversos outros fatores. Na citada investigação, destaca-se um fator de maior relevância que a quantificação das perdas, ou seja, a detecção de onde e o motivo pelo qual as perdas ocorrem, gerando um banco de dados com essas informações.

Disso, percebe-se emergir a possibilidade de criação de um banco de dados das possíveis melhorias dos diversos fatores que geram as perdas, pois entende-se que não basta medir, saber quanto se perde, ainda que isso seja importante, mas sim, com base em estudos já realizados, de buscar alternativas para a solução. As alternativas devem ser partilhadas com todo o setor, e não ser apenas solução para uma só empresa. Ainda que cientes das especificidades locais, percebe-se, também, a possibilidade de pensar em nível estratégico na busca da solução ou minimização do problema e de suas implicações sociais.

1.4.2 Identificando o problema

A engenharia civil é um ramo de grande amplitude dentro da engenharia, desenvolvendo diversas atividades em benefício da civilização. Talvez por esse aspecto exerça significativa influência na organização da sociedade.

Baseando-se nessa afirmação, e para citar alguns exemplos que comprovam a relação entre construção civil e sociedade, pode-se pensar na rede de transportes de um país e na complexa interferência que ela proporciona nos mais diversos aspectos envolvidos.

A construção de uma estrada, por exemplo, interfere fortemente no ambiente em função da alteração direta que sua presença pode provocar em qualquer território. Esse aspecto é corroborado pelo movimento de terras e de materiais que se produz nesses locais. Muito mais que isso, a construção de uma estrada implica reorganização urbana e realocação de contingentes populacionais. Assim, é possível perceber a rede de interferência causada por um complexo viário, chamando a atenção também para inúmeras outras obras que ela arrastará consigo após a sua construção. É também possível imaginar a complexidade envolvida no setor de edificações que, sem dúvida, modifica, com o passar do tempo, a organização de uma cidade, devido aos diferentes estilos arquitetônicos que vão aleatoriamente se processando, e também na distribuição e utilização destas construções.

Ao se deter mais sobre os objetivos da análise aqui desenvolvida, o leitor pode ser levado a pensar no trabalho da construção civil, cujas características — como o pouco uso, o desenvolvimento insuficiente de novas tecnologias, o desperdício de materiais, a baixa qualificação profissional e a qualidade de vida dos trabalhadores — são expressivas e de significativa importância na interferência do setor na sociedade. A tentativa de analisar essa complexidade é a razão deste trabalho.

1.4.3 Dados sobre a construção civil

Para maior interação com o tema e até para a caracterização deste trabalho como de cunho interdisciplinar, os autores consideraram necessário buscar alguns dados sobre a construção civil que podem ilustrar o entendimento sobre o assunto.

Segundo a Fundação João Pinheiro (apud DACOL, 1996, s.p.), em diagnóstico da indústria da construção civil brasileira, esse setor tem papel importante no processo de desenvolvimento do Brasil:

> [...] a atividade construtora é uma das responsáveis pela criação das próprias bases da moderna sociedade industrial, assumindo a função de montagem da infra-estrutura econômica e social indispensável ao prosseguimento do processo de industrialização.

O setor ainda serve de maneira eficaz para retomar o crescimento e diminuir o desemprego, dada sua capacidade de gerar vagas diretas e indiretas no mercado de trabalho, absorvendo uma boa percentagem da mão-de-obra nacional.

A indústria da construção pode contribuir, de modo decisivo, para a solução de diferentes problemas estruturais que afligem o Brasil, ou seja, como forma de suprir o déficit habitacional. Clareia-se, assim, o papel estratégico desse setor em dois aspectos importantes de nossa sociedade, o déficit habitacional e o desemprego, que fazem parte de nossas preocupações.

A importância da indústria da construção fica evidente quando se atenta para algumas características estruturais: ela tem significativa participação no PIB, sendo de 3% a 5% nos países em desenvolvimento, e de 5% a 10% nos países desenvolvidos; é altamente absorvedora de mão-de-obra, independentemente do nível de desenvolvimento econômico.

No Brasil, apesar de ser supostamente um país subdesenvolvido, segundo Nascimento e Macedo-Soares (1996), a indústria de construção representa "aproximadamente 7% do Produto Interno Bruto (PIB), 65% da Formação Bruta de Capital Fixo, absorve 6,5% da População Economicamente Ativa (PEA), exercendo um forte papel indutor na economia".

A indústria da construção civil também apresenta grande variabilidade tecnológica, em que coexistem processos produtivos dos mais tradicionais aos mais modernos; apresenta-se como um setor em que a hegemonia do capital privado nacional o distingue de outros ramos dinâmicos da economia, que tem maior participação de capital estrangeiro e/ou estatal. Isso nos remete com mais urgência a uma análise sociológica que possa incrementar essa parte da economia nacional, como altamente comprometida com a retomada do crescimento.

No Brasil, segundo a Fundação João Pinheiro (CEI, 2001), no setor da construção civil, constata-se a existência de milhares de empresas de frágil organização empresarial. Já não é o que acontece nos países desenvolvidos, onde esta atividade conta com grande número de pequenas e médias empresas.

Cozza (1997) mostra que até há pouco tempo os profissionais brasileiros não investiam diretamente no setor, preocupando-se mais com o mercado financeiro do que com o desenvolvimento técnico e administrativo da construção civil. Por esse motivo, os fornecedores de serviços e materiais têm queixas quanto à baixa qualidade exigida pelos construtores, em contraponto à grande exigência por preços módicos.

A indústria da construção, mais especificamente no setor de edificações, apresenta particularidades singulares que a diferencia da indústria de transformação. Tais particularidades criam obstáculos para que se processe uma introdução mais agressiva de máquinas e equipamentos nos canteiros de obras.

Destacam-se nessas características: o caráter não homogêneo e não seriado de produção, devido à singularidade do produto, feito sob encomenda; a dependência de fatores climáticos no processo construtivo, o período de construção relativamente longo; a complexa rede de interferências dos participantes (usuários, clientes, projetistas, financiadores, construtores); uma ampla segmentação da produção em etapas ou fases que imprime um dinamismo centrado no princípio de sucessão e não de simultaneidade; o parcelamento da responsabilidade entre várias empresas, em que o processo de subcontratação é comum; a significativa mobilidade da força de trabalho; além do nomadismo do setor (tanto em relação aos produtos finais quanto ao processo de produção); e o caráter semi-artesanal (manufatureiro) do processo construtivo.

Essa última característica, que parece vir ao encontro da análise proposta neste trabalho, segundo Moraes (1988), tem como marcas: a nítida separação entre concepção e execução; a não-objetivação completa do trabalho; trabalhador que detém controle sobre gestos e movimentos inerentes ao trabalho que exige elevados níveis de destreza e habilidade; atrelamento do trabalhador a tarefas específicas em uma ampla divisão técnica do trabalho, o que o leva a perder a percepção do processo global de produção; hierarquia de funções, como os mecanismos de controle; presença de tarefas que não puderam ser substituídas pela máquina, tendo como conseqüência, na dinâmica da produção, a importância da mão-de-obra que determina o ritmo do trabalho.

Sérgio Leusin (1996), refletindo sobre a existência de inovação nas edificações, afirma que no Brasil, como em outros países, o subsetor de edificações freqüentemente é apresentado como atrasado tecnologicamente, tendo sido, inclusive, objeto de diversas reportagens que ressaltavam seus desperdícios crônicos de materiais e mão-de-obra. No entanto, ao analisar suas características mais detidamente, pode-se verificar que, embora lentas, as inovações estão presentes e correspondem a formalizações teóricas genéricas destes processos de modernização. Encontram-se a prática de melhoramentos incrementais e o caráter cumulativo na apreensão do conhecimento e formulação das inovações.

Vidal (1989) mostra que a inovação tecnológica na construção, seguindo os percursos "do projeto arquitetônico", "dos sistemas construtivos" e "da organização do trabalho", pode ser sistematizada em três gerações:

- A primeira seria uma opção técnica por ciclo fechado, modelo Taylor-fordista na organização do trabalho, e uma projeção em sistema fechado que compreende movimentos de racionalização dos sistemas construtivos, sob o ponto de vista da organização espacial com sistemas de comando por áreas definidas.
- A segunda caracteriza-se por uma opção técnica em ciclo aberto, processo de divisão espacial da produção que pouco avançou em organização do trabalho.

- A terceira geração pode ser representada por um sistema aberto com incorporação de novas filosofias de organização do trabalho, em que o canteiro de obras volta a ser uma unidade produtiva, alvo final de uma série de processamentos antecedentes, realizados por outras empresas.

Dacol (1996) afirma que, do ponto de vista tecnológico, o processo produtivo no Brasil mescla o processo tradicional (artesanal) com o convencional (mecanização parcial e divisão do trabalho). A mecanização no processo produtivo da construção geralmente é vista como a substituição do homem pela máquina nas operações mais pesadas. No entanto, como afirma Agopyan (1999), um dos pontos que se precisa observar na construção desenvolvida no exterior é o uso de equipamentos, ou melhor, ferramentas simples que facilitam a vida do operário para ele trabalhar direito, o que muitas vezes as pessoas não encontram em suas obras.

Agopyan mostra, ainda, que a construção no Brasil não é pior que a desenvolvida em outros países; afirma que as duas apresentam pontos positivos e negativos. Destaca, porém, que, para a industrialização do setor, deve-se atentar para três aspectos fundamentais: a mão-de-obra, que em geral é pouco ou nada qualificada, fazendo-se necessário investir na qualificação, inclusive dos engenheiros; os materiais e os componentes, que devem ser especificados e comprados por profissionais e não por leigos; e os equipamentos, não necessariamente equipamentos sofisticados, mas ferramentas que auxiliem o trabalhador no melhor desenvolvimento de seu trabalho, como andaimes simples que facilitam a montagem até pequenas ferramentas que permitem o trabalho mais rápido e melhor (AGOPYAN, 1999).

Outro aspecto, que conduz a uma análise de cunho importante nesta abordagem CTS (Ciência, Tecnologia e Sociedade), é trazido pela consultora do Centro de Tecnologia em Edificações (CTE), Maria Angélica Covelo Silva, quando diz que, no Brasil, constrói-se tradicionalmente usando os mesmos materiais e componentes, projetando da mesma forma que há muitos anos. "Não incorporamos ainda uma série de aspectos conceituais que são da maior importância para a qualidade, do ponto de vista do usuário final" (SILVA, 1999, p. 24-26). Por exemplo, não se projeta pensando em economia de água e energia ou desempenho térmico do edifício. Isso no Brasil é algo recente ou simplesmente tema de pesquisa universitária, e lá fora são detalhes incorporados à forma de construir.

Desse apanhado geral, como tentativa de identificação da indústria da construção civil, pode-se resumidamente dizer que ela se caracteriza pela baixa produtividade; precária organização da produção; incipiente base técnica e imprevisibilidades de tempos e custos. Esses são motivos mais que suficientes para que se possa atentar ao fato de que a análise de tal problema, num enfoque CTS, pode trazer contribuições que não redundarão apenas em aumento de produtividade visando lucro, mas, acima de tudo, a possibilidade de um programa habitacional que proporcione a abrangência de uma parcela mais significativa da população brasileira.

1.4.4 A construção civil no contexto brasileiro

Como mencionado, a indústria da construção civil, tanto no Brasil quanto no exterior, apresenta particularidades que a caracterizam como diferente dos demais setores industriais. E, dentre elas, a característica mais marcante, preocupante e conhecida do setor é a sua baixa produtividade. Nesta indústria fundamental para o desenvolvimento do Brasil, ainda que, ao se contar com a junção de todos os setores envolvidos no processo de construção (construbusiness), o nível de produtividade tenha aumentado, nos canteiros de obra (processo construtivo), continua muito aquém do desejado, principalmente fora dos grandes centros. Só para se ter uma idéia dessa afirmação, de acordo com dados da empresa de consultoria McKinsey, a produtividade brasileira equivale a 32% da norte-americana (MAWAKDIYE, 1999).

Reforçando a afirmativa, Maués (1996), em seus estudos, afirma que a construção civil no Brasil apresenta baixos índices de produtividade em relação a outros países.

Segundo Picchi (1993), a produtividade no Brasil é menor que um quinto da produtividade dos países industrializados.

A produtividade, no entender dos autores deste trabalho, é influenciada por diversos fatores distintos e independentes, mas que precisam ser vistos de uma perspectiva sistêmica, englobando todas as atividades da organização. Esse raciocínio vai ao encontro da visão de Fontes, Gottschalk e Borba (1982) quando dizem que o aumento da produtividade resulta dos efeitos combinados de um grande número de fatores, como: equipamento empregado, melhoramentos técnicos, ambiente físico, circulação da matéria-prima, eficácia da direção, utilização eficaz das unidades de produção e utilização adequada de recursos humanos qualificados; fatores geralmente classificados como ambientais, humanos e tecnológicos. Baseados nesse entendimento de produtividade e dado o peso dessa característica no desempenho da indústria da construção, é fundamental buscar e procurar amenizar, quem sabe anular, os fatores determinantes da baixa produtividade.

Schmitt, Formoso, Molin e Bonin (1992) afirmam que a indústria da construção civil, e em particular o subsetor de edificações, é freqüentemente criticada pela sua baixa eficiência produtiva, pela imprevisibilidade de suas operações e pela qualidade de seus produtos aquém das expectativas, mostrando que os principais obstáculos ao desenvolvimento da construção civil no Brasil são: falta de cultura voltada para o desenvolvimento da qualidade e da produtividade nas operações do setor; crescente descompasso entre as capacidades da mão-de-obra, disponível no setor da construção civil, em relação às exigências do seu processo tecnológico; carência de informações e garantias sobre o real desempenho de produtos e serviços na construção civil, devido à escassez de textos normativos e sistematização dos conhecimentos.

Se produtividade é o "resultado de todo esforço pessoal e organizacional associado à produção, ao uso e/ou à expedição de produtos e prestação de serviços", como afirma Smith (1993, s.p.), entende-se que esta problemática, na construção civil, está relacionada principalmente a suas mais fortes características: a baixa qualificação do trabalhador, a pouca utilização de novas tecnologias (equipamentos e processos produtivos) e a um alto grau de desperdício, problemas que exigem mudança cultural e esforço conjunto para serem solucionados.

1.4.5 A qualificação do trabalhador

De acordo com Mawakdiye (1999), a empresa de consultoria McKinsey afirma que a qualificação da mão-de-obra não influencia de modo direto a produtividade, a despeito do menor nível de instrução dos trabalhadores brasileiros, sugerindo que produtividade advém mais dos métodos utilizados do que da execução do trabalho em si. Ao mesmo tempo, afirma que algumas empresas nacionais têm atingido melhorias expressivas de produtividade, utilizando a mão-de-obra hoje disponível, por meio de treinamento e avanços organizacionais. As duas afirmações, ainda que um pouco contraditórias, demonstram a importância da qualificação do trabalhador. Afinal, o que seriam os métodos utilizados se não o modo pelo qual o trabalho é desenvolvido ou executado pelo trabalhador?

A mesma empresa afirma que a palavra de ordem, nos grandes centros, é "reduzir custos e investir na qualidade, isto significa alto planejamento e gerenciamento, técnicas modernas de construções, treinamento de operários e respeito aos direitos trabalhistas" (MAWAKDIYE, 1999, s.p.), o que vai ao encontro das idéias de outros autores abordados anteriormente e, também, com a maneira de refletir sobre a questão dos autores deste trabalho. Isso mostra que não basta investir em novas tecnologias, sejam equipamentos ou técnicas de gerenciamento da produção, é preciso também investir naquele que mais diretamente desenvolve o trabalho. Se o aprimoramento e a capacitação contínua do trabalhador já são considerados importantes na indústria de transformação, deveriam ser ainda mais na indústria da construção, que tem a força de trabalho como preponderante na dinâmica produtiva.

Percebe-se que a qualidade dos trabalhos e a produtividade de um trabalhador estão relacionadas à sua qualidade de vida, e isso tudo como resultado da sua maneira de ver o mundo. Em pesquisa sobre a qualidade de vida de trabalhadores da construção civil, constatou-se que eles apresentam com uma visão muito limitada da sua vida, de sua atividade, do mundo. Conforma-se com a situação em que se encontram, percebendo esse trabalho como a única possibilidade que possuem. Ficou evidenciado, ainda, que tal percepção está relacionada à baixa escolaridade dos envolvidos na profissão, visto que os trabalhadores com maior nível de escolaridade apresentavam percepções e expectativas amplas em termos de ambientes e inter-relações (COLOMBO, 1999).

Disso emergem questionamentos que precisam ser analisados. Como se pode esperar acréscimo da qualidade, produtividade, redução de desperdício, melhor competitividade em uma indústria que possui, como produtores, indivíduos que apenas sobrevivem às necessidades do mundo trabalho-família (COLOMBO, 1999), que não vêem a vida como algo que vai além de ter forças para trabalhar e receber o salário no final do mês, que não têm motivos para se abrir para mudanças? Corroborando essas constatações, Silva (1999, s.p.) afirma que, já nos anos 1970, Dorothea Werneck dizia que se a indústria da construção civil não mudasse a estratégia de geradora de empregos à mão-de-obra não qualificada, estaria fadada a se tornar um setor de baixa produtividade e, assim sendo, de pouca competitividade.

Dessa maneira, caracteriza-se fortemente a importância de se buscar desenvolver a qualidade de vida do trabalhador, a qualidade das atividades e a produtividade da empresa por intermédio de educação e qualificação profissional que permitam o desenvolvimento do funcionário como ser humano integral.

Lima (1995) afirma que na construção civil, além de condições de trabalho adequadas às necessidades físicas e psíquicas dos trabalhadores, é necessário propiciar o desenvolvimento do indivíduo como pessoa integral, por meio de aperfeiçoamento e atualização de potencialidades, não exploradas nas tarefas rotineiras.

Assim como a sociedade, as empresas precisam mudar a concepção de que é melhor trabalhar com pessoas alienadas e tomar consciência de que a ação conjunta é muito maior que a soma de ações individuais. É perceber que os sujeitos têm muito mais a oferecer que a força de seus braços, e que um indivíduo com discernimento, mais consciente das inter-relações da vida, será mais produtivo dentro da empresa e na sociedade, desenvolvendo-se e desenvolvendo continuadamente os ambientes onde vive, num processo sinergético (COLOMBO, 1999).

Por sua vez, os trabalhadores precisam compreender que, buscando melhor qualificação, poderão ampliar suas oportunidades de trabalho, alargando, também, as possibilidades de uma melhor remuneração, o que leva a melhorias na sua qualidade de vida. Isso poderá ser obtido por iniciativa própria, não apenas por uma oferta do empresário. Dessa nova visão em relação à qualificação do trabalhador, pode-se desenvolver uma espiral crescente de melhoria para o setor produtivo, para o próprio trabalhador e conseqüentemente, para a sociedade.

1.4.6 Tecnologias da construção civil

Autores como Kline, Acevedo, Hickson, Pugh, Pheysey, Vico Mañas e Pacey ajudam no entendimento da tecnologia como uma construção social, abrangendo, além de aperfeiçoamentos de processo produtivo e de produtos, a gestão do conhecimento tecnológico, do conhecimento empresarial, do conhecimento operacional e do conhecimento das relações interpessoais.

Com Rodrigues, Schumpeter, Rogers, Toledo, Tornatzky e Fleischer, dentre outros, pode-se entender inovação como um produto, processo ou conhecimento novo para a unidade empresarial que o adota e não necessariamente uma novidade no mercado. A inovação tecnológica pode ser aceita como um processo de criação, adoção e difusão de produtos, processos e serviços baseados em novas tecnologias, uma vez que a tecnologia seja percebida como apropriação de conhecimento.

A inovação tecnológica na construção civil no Brasil e em outros países, como já observado, é incipiente, de modo que o setor é com freqüência apontado como tecnologicamente atrasado, ainda que apresente, lentamente, a prática de melhoramentos incrementais e a acumulação do conhecimento e formulação das inovações. Isso parece lógico pelo próprio comportamento cultural, pois, como visto, até pouco tempo, a lógica econômica não era favorável ao desenvolvimento técnico e administrativo da construção. Segundo Maria Angélica Covelo Silva (1999), consultora do CTE, a construção civil tinha uma lógica de produção de grande empreendedora, em que o custo de produção não determinava a competitividade da empresa. Portanto, não havia razão para o emprego de tecnologias novas, racionalizadoras, de alta produtividade, permanecendo-se, então, com a tecnologia tradicional.

No entanto, esse quadro mudou radicalmente, afirma Silva (1999). Com a falta de financiamento da produção, as empresas tiveram de procurar saídas alternativas; por meio da abertura do mercado, as pressões sobre os preços tornaram-se crescentes; com o Código de Defesa do Consumidor, o mercado ficou mais exigente. Pressionadas por essa série de fatores que exigem ganhos contínuos de eficiência, as organizações passaram a ter de ser viáveis pelo lado da produção, e assim buscar novas tecnologias e criar as condições gerenciais e de gestão para usá-las.

A consultora diz que não há tempo para sonhar com o desenvolvimento de tudo o que se necessita em termos de tecnologia, dado o atraso em que o país se encontra. Tem-se que importar tecnologia, fazendo adequações para o seu uso, além disso, deve-se ter consciência de que o desempenho, em termos de produtividade, será condicionado por vários fatores, como legislação, qualificação da mão-de-obra etc. No entanto, é preciso perceber que o processo não é assim tão simples, não é apenas o desempenho que é afetado pelas diferenças. Há que se ter consciência que emergem outras conseqüências da adoção de tecnologias produzidas em contextos diferentes.

As diferenças estão relacionadas principalmente à cultura daquele que fará uso da tecnologia, seja o trabalhador que a utilizará no desenvolvimento de seu trabalho, seja o usuário final da obra, pois, em muitos casos, a diferença não é só do processo construtivo, mas do material utilizado, resultando em um tipo de construção diferente daquele a que se está habituado.

No que tange ao uso de novas tecnologias pelos trabalhadores, o que se percebe, em geral, é uma substituição dos trabalhadores por equipes especializadas, e não um treinamento para aqueles que já são trabalhadores dessa indústria. Isso agrava ainda mais o desemprego entre os que não têm oportunidades de requalificação.

Ao despertarem para a necessidade de melhoria de seus produtos, as empresas do setor da construção civil começaram a buscar a racionalização do seu processo de trabalho. Sem uma clara definição de racionalização, empreenderam uma aproximação com a indústria de transformação, procurando tornar o processo construtivo semelhante a um ambiente fabril. Nessa tentativa, seguiram diversos caminhos, como: a implantação de processos construtivos inovadores; a implantação de medidas de aperfeiçoamento do próprio processo convencional; a pré-fabricação fechada ou total; a pré-fabricação aberta ou por componentes; a externalização de etapas produtivas a montante do canteiro de obras, dentre outras (MAUÉS, 1996).

Mas, como essa semelhança com o ambiente fabril reduz a flexibilidade, que já era característica da construção e é hoje muito requerida no mercado, percebeu-se a necessidade de uma coordenação geral do processo de produção da edificação, como uma condicionante da flexibilidade, e assim compreender a racionalização com maior amplitude, como uma "racionalidade do sistema", em que a coordenação entre projeto, planejamento, execução, obra, central de componente e comercialização substitui a racionalização parcial, apenas enfocando as atribuições envolvidas com o processo de produção.

Desse modo, torna-se evidente que a natureza industrial da construção civil deve estar ligada a uma articulação produtiva mais ampla que a aplicação do conceito de repetição e produção em série, em que se tornam mais relevantes os aspectos relacionados às possíveis formas de gestão. Segundo Rocha (1989) e Vidal (1989), industrializar a construção talvez um dia deva ser entendido como gestão e articulação e, eventualmente, repetição.

Percebe-se a necessidade de buscar novas tecnologias para a indústria da construção, como uma tentativa de melhorar os trabalhos e os seus resultados, mas sem tentar igualar-se a outras realidades, procurando desenvolvê-las para a realidade que a requer.

A descontextualização das tecnologias da construção civil, aliada a um comportamento cultural equivocado de que essa indústria pode sempre ser suprida por mão-de-obra desqualificada, revela um problema crucial: para um país tão carente de habitação, isso implica maiores desperdícios no processo como um todo, aumentando sobremaneira a falta de materiais que poderiam minimizar o déficit em relação às moradias para as populações de baixa renda.

1.5   Uma Visão Social da Construção Civil

Até aqui, pensou-se no desperdício voltado às suas causas e quantificações, visando a questão econômica e técnica. A partir de agora, o interesse dos autores deste trabalho assume, com maior ênfase, o caráter social da construção civil. Por meio de algumas inserções nas questões discutidas neste artigo, pode-se unir à questão capitalista (lucro) uma questão que já passa a não ser apenas de caráter altruísta, mas de sobrevivência neste modelo que está posto. Não é uma postura ideológica dos autores defender o modelo vigente na sociedade contemporânea. Muito ao contrário. Seu posicionamento está em tentar mostrar que, com uma abordagem voltada para essas preocupações, pode-se começar a diminuir a desumana distribuição de renda que impera no Brasil, propiciando, ao menos, perspectivas de moradia para a legião de trabalhadores da própria construção civil.

Se o mercado vem exigindo das empresas uma outra qualidade dos produtos finais, se o desperdício de materiais na indústria da construção civil, ainda que não seja de 30%, é bastante alto, e se há relação entre os fatores qualidade e produtividade e os fatores qualificação e qualidade de vida do trabalhador, emerge a necessidade de uma mudança de foco dessas empresas. Ou seja, cada vez mais é necessária uma mudança da consciência coletiva, uma mudança nos paradigmas que guiam a trajetória das organizações. É preciso haver mudanças de valores, considerando a conservação, a qualidade e a parceria em lugar simplesmente da expansão, da quantidade e da dominação. É preciso substituir a ideologia do crescimento econômico pela idéia do desenvolvimento econômico e social e da sustentabilidade ecológica, pois, como indivíduos e parte da sociedade, as pessoas estão encaixadas nos processos cíclicos da natureza, por fazerem parte de uma rede que forma a vida no planeta.

Nesse novo paradigma, evidencia-se que as empresas têm também um papel social e ecológico, não podendo permanecer desvinculadas da sociedade onde se inserem e do ser humano que nelas trabalham. Como vem acontecendo com empresas de outros setores produtivos, a indústria da construção civil precisa mudar o foco, centrando suas ações no trabalhador e no ambiente que o envolve. Precisa investir na melhoria do seu potencial humano, vendo-o inserido na sociedade e em seus problemas. Precisa também focar sua atenção na interferência que provoca no ambiente quando opta por uma construção ou quando a executa, devido a questão do desperdício, caracterizado pelo consumo de insumos além do necessário e pela geração de poluição.

Os trabalhadores desse setor constituem significativa parcela da população brasileira que vive em condições habitacionais precárias. Além disso, têm no trabalho da construção civil, independentemente das condições que ele apresenta, a única possibilidade de não piorar suas condições de vida. Esses aspectos nos conduzem ao resgate de algumas questões já formuladas. Por exemplo: como esperar qualidade e produtividade no trabalho de quem constrói moradias para outros se ele nem sequer possui a sua ou, quando possui, é algo em precárias condições? Como esperar qualidade no trabalho de pessoas que não vêem perspectivas de melhoria na sua qualidade de vida?

Essas questões devem ser colocadas em discussão e seguramente não terão as mínimas possibilidades de solução se não contarem com mudanças de comportamento do empresário. Quando esse empresário deixar de ver a baixa qualificação e qualidade de expectativa do trabalhador como uma vantagem e também perceber a rede intrincada que essas questões formam com as questões de desperdício, qualidade e produtividade, ele será capaz de atacar o problema educacional e habitacional do trabalhador da construção civil sob a perspectiva da competitividade de sua empresa. Ele será capaz de desenvolver seu trabalho com enfoque econômico e social ao mesmo tempo.

Acredita-se na possibilidade de três grandes problemas sociais — educacional, habitacional e ambiental — serem atacados pelas empresas na perspectiva de ganhos em termos de competitividade, e que resultariam também em ganhos para toda a sociedade. Entende-se que, por meio de um processo de educação/capacitação do trabalhador, é possível, por exemplo, alcançar a redução do desperdício pela melhoria obtida nos serviços e nas expectativas do trabalhador. Além disso, nesse processo, o problema habitacional dos trabalhadores poderia ser atacado, utilizando-o como motivador para a redução do desperdício à medida que a empresa aplicasse parte dos ganhos obtidos pela economia de materiais em moradia para seus trabalhadores.

Para que tal intento seja alcançado, acima de tudo, é necessário "um querer" por parte do gerenciamento do setor. Mesmo que se atente apenas para a questão do desperdício, é nele que está o centro da questão e a possibilidade de mudança, pois, como já foi visto, a causa das perdas está muito mais na ação da gerência que no trabalhador (operário). Sucintamente, seria possível dizer que o que falta, para mudar a realidade atual do setor, é uma decisão do empresário para reduzir/eliminar as perdas e também investir na mão-de-obra da construção civil, sob a perspectiva de uma vantagem competitiva — porém com uma consciência nova, uma ideologia voltada ao desenvolvimento econômico e social — e da sustentabilidade ecológica, um desenvolvimento que atenda aos interesses do homem, da sociedade e da natureza.

Sob essa perspectiva de mudança, a filosofia da Gestão da Qualidade Total, que envolve vários agentes internos e externos à organização, pode ser entendida como um instrumento eficaz na promoção da competitividade das empresas, agindo sobre os diversos aspectos que se refletem diretamente na produtividade (inovação tecnológica, qualificação do trabalhador, desperdício), pois aborda a questão de forma ampla na busca de um aperfeiçoamento contínuo de processos, produtos, pessoas e da empresa como um todo, ou seja, num cuidado amplo dos fatores que formam a empresa. Assim, a Gestão da Qualidade Total pode também ser um caminho para a solução dos problemas sociais relacionados com o setor produtivo, dado que possibilita a promoção da necessária mudança cultural abordada pelos autores deste trabalho.

É possível destacar que as organizações, como toda a humanidade, precisam assumir o desafio de mudar os paradigmas que aí estão para modelos que possibilitem outras formas de pensar-fazer o mundo, especialmente de repensar as formas de produção. Dentre essas organizações, as empresas de construção civil precisam, mais do que nunca, pensar sobre "o que", "como", "para que" e "para quem" estão produzindo, ou qual o significado de sua produção para a sociedade, para a natureza e para a vida humana.

Sem abandonar o que já está posto, como outra forma de pensar, uma abordagem CTS se insere nesse novo paradigma, propondo uma nova visão, que vai além do caráter eminentemente técnico e econômico que ainda predomina no setor da construção civil. Mas deixa claro que adotar uma abordagem CTS não implica abandonar o que já se assumiu em termos de gestão da produção, mas sim somar a isso uma visão sobre as implicações sociais e ambientais do que será produzido, sob a perspectiva da sustentabilidade e da qualidade de vida.

2 Prevenção de Perdas

2.1 Definição de Perdas e Quebras

Perdas no varejo de material de construção estão relacionadas ao lucro, ocasionadas por descuido, erros ou omissões no controle das instalações e equipamentos, assim como pelo próprio processo administrativo, além do elemento humano.

As perdas e quebras no varejo, pela própria natureza, são de difícil identificação, pois são produtos da negligência, imprudência ou má fé. Tem como origem os furtos internos, quando executados por funcionários; furtos externos, quando praticados por clientes, e não por funcionários; quebras operacionais não registradas; fraudes; erros administrativos e as quebras operacionais que são mercadorias sem condições de vendas e devidamente identificadas.

Perdas e quebras, portanto, podem resultar do mau gerenciamento dos ativos da empresa, especialmente os estoques, quer na área de vendas, quer na área de estocagem.

Torna-se importante salientar a diferença entre perdas e quebras. Perdas representam as diferenças não-identificadas entre o estoque físico e o contábil, oriundas de furtos internos e externos, fraudes de fornecedores, erro administrativo e baixo esmero com o inventário.

Já as quebras operacionais, são as mercadorias, devidamente identificadas, danificadas por ação de terceiros ou pela possibilidade de uma gestão imprópria de produtos na empresa.

A quebra contábil ou quebra total é o resultado da somatória da quebra operacional e as perdas de estoque (ECR-BRASIL, 2004).

A figura, a seguir, apresenta a composição da Quebra Contábil ou Total (Quebra Contábil = Quebra Operacional + Perdas):

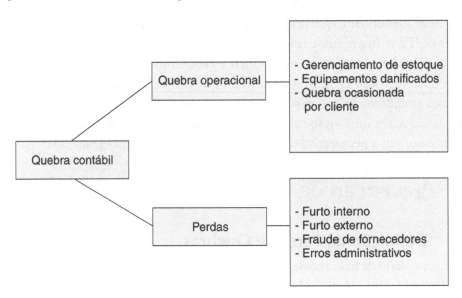

Fonte: ECR-BRASIL, 2004.
Figura 2.7 Quebra contábil e operacional.

Segundo a ECR-Brasil (2004), as perdas e quebras ocorrem durante a operação varejista, de acordo com:

- Recebimento (avarias de embalagens no embarque e desembarque).
- Palletes montados de maneira incorreta na área de estocagem.

- Erros no processamento das informações.
- Armazenamento (empilhamento deficiente ou em locais impróprios).
- Falta de gerenciamento do prazo de validade.
- Negligência quanto à segurança percebida em loja.
- Inexistência de sistemas que coíbam furtos, como circuito fechado de TV (CFTV) ou alarmes.

Avaria parcial ou total de mercadorias na área de venda por clientes, funcionários ou prestadores de serviços.

Definida a origem das perdas e quebras, é possível desenvolver estratégias que envolvam a aplicação de melhores práticas preventivas nas áreas de recursos humanos, logística, qualidade e tecnologia.

O sucesso na implementação da política de prevenção de perdas dependerá da participação permanente da alta direção para fomentar a "cultura da prevenção", criando uma sinergia entre todos os departamentos da empresa. Essa "cultura" agregará valor à empresa, tornado-a competitiva via aumento de rentabilidade, podendo oferecer preços atraentes aos seus consumidores e benefícios (prêmios e incentivos) para os colaboradores que são os vetores primordiais na condução eficaz de todas as políticas empresariais.

2.1.1 Produtos de alto risco

Outra categoria crítica são os Produtos de Alto Risco (PAR), aqueles que apresentam a relação valor (alto) x tamanho (pequeno).

Procedimentos específicos devem ser aplicados a esses produtos, como conferência total no recebimento, armazenamento em locais segregados no depósito, extinção de caixas abertas e redução dos locais com baixa circulação na área de estocagem. Tais cuidados devem ser estendidos à área de vendas, com o monitoramento das gôndolas, proteção mecânica e eletrônica, identificação de produtos similares evitando a troca de preços e verificação do conteúdo de produtos ou embalagens.

As figuras 2.8 e 2.9, a seguir, mostram uma vitrine com chave para produtos de alto risco e a imagem de um produto com etiqueta eletrônica e cabo de aço, respectivamente.

Figura 2.8 Vitrine com chave para produtos de alto risco.

Figura 2.9 Produto com etiqueta eletrônica e cabo de aço

2.1.2 Os quatro pilares da prevenção de perdas

Um modelo de combate às perdas deve estar fundamentado em três políticas, aqui chamado de "pilares" da Prevenção de Perdas. São eles: tecnologia de segurança; recursos humanos e processos/procedimentos operacionais.

Um quarto pilar pode ser adicionado a esse modelo, o monitoramento, para que os procedimentos descritos sejam verificados e, se necessário, corrigidos, como declara Ângelo Rubio, diretor do Grupo de Prevenção de Perdas, do grupo Pão de Açúcar, "[...] o mais importante é o monitoramento para se atingir as metas pretendidas" (BAFFA, 2002).

Os quatro pilares devem estar sustentados por uma base fundamental: o comprometimento de toda a empresa.

O trabalho em equipe deve ser a tônica dessa atividade. A implantação da Prevenção de Perdas em uma empresa acabará exigindo de todos os departamentos e colaboradores eficiência nas operações; se houver qualquer desvio nessa sincronia, os resultados obtidos serão prejudicados e as ações de Prevenção de Perdas não serão completas.

A seguir, descrevemos as principais características de cada um dos pilares da Prevenção de Perdas.

2.1.3 Tecnologia

Não é somente essencial para a prevenção de perdas, a tecnologia é fundamental também para a gestão da empresa varejista de pequeno, médio ou grande porte. A informação sobre perdas e quebras é um subproduto da automação existente, são dados que têm como origem as áreas: operacional, financeira e contábil. A automação de frente de caixa e o recebimento de mercadorias controlam a saída e a entrada de produtos, gerando um conjunto de dados que poderão contribuir para a mensuração do percentual de quebras totais sobre o faturamento, produzindo assim os dados históricos, que orientarão a empresa em suas decisões futuras.

Outras tecnologias, criadas especialmente para prevenir as perdas, completam os recursos que a empresa poderá disponibilizar, como o sistema de etiquetas antifurto (EAS) e os *softwares* de controle de perdas.

A utilização da tecnologia como instrumento de identificação de Prevenção de Perdas é muito ampla, podendo ser utilizada de forma antecipada à chegada da mercadoria, muitas vezes, partindo do fabricante até o ponto-de-venda.

A seguir, a descrição das principais tecnologias utilizadas para o controle de perdas no setor de materiais de construção.

- Circuito fechado de televisão (CFTV): podem ser dois tipos, domes giratórios e câmeras fixas. O CFTV pode ser utilizado na área de venda, principalmente onde estão localizados os produtos de alto risco (PAR); nas áreas internas, para monitoramento de funcionários; e na área de armazenagem.

- Segundo a terceira Pesquisa Nacional de Prevenção de Perdas no Varejo Brasileiro (PROVAR, 2004), o emprego do CFTV está direcionado, principalmente, para os aspectos de segurança associados aos alarmes de mercadorias e etiquetagem eletrônica que, mesmo não apresentando uma larga utilização, é muito importante para coibir perdas, em especial os furtos.
- Sistema EAS (Electronic Article Surveilance) ou Proteção Eletrônica de Mercadorias: criado há mais de 30 anos como resposta ao problema de furtos em lojas, são etiquetas que permitem as exposições agressivas de produtos, contribuindo para o aumento das vendas. Tem o objetivo de criar o efeito inibição, tornando o furto difícil e arriscado. Para que o sistema seja efetivo, são necessários três componentes básicos: etiquetas eletrônicas, desativadores de etiquetas e detectores. Conta com três tipos de tecnologias: eletromagnético, acústico-magnética e de radiofreqüência.

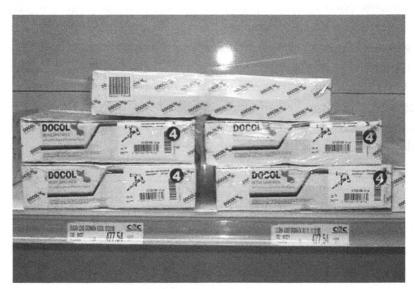

Figura 2.10 Produtos com etiquetas antifurto.

Figura 2.11   Antenas com dispositivos de rádio freqüência.

- *Software*: são ferramentas que têm como objetivo principal controlar possíveis erros ou fraudes na operação de uma loja. Um exemplo de *software* utilizado na Prevenção de Perdas é o Fraudwatch que atua na área de vendas, detectando fraudes e violação de política coorporativa, monitorando todos os registros no ponto-de-venda e fornecendo relatórios instantâneos: cancelamentos, notas de devoluções, cupons de presentes, diário de caixa, cupons fiscais etc.
- Automação e gestão de estoques: a automação e a gestão de estoques, além de possibilitar a diminuição de perdas, provoca ganhos de eficiência, redução de rupturas e custos, rapidez, confiabilidade e capacidade de rastreabilidade. Nesse contexto, estão os modelos de reposição baseados em informações, que visem compartilhar dados de vendas e estoques, para que a ação de reposição seja eficiente e ágil. Existem, para tanto, modelos como o Vendor Managed Inventory (VMI), ou Estoque Gerenciado pelo Fornecedor, e o Collaborative Planning Forecast and Replenishment (CPFR), ou Planejamento Colaborativo na Previsão de Vendas e Reabastecimento, que visam, no primeiro caso, compartilhar dados de venda e estoque para que a ação de reposição seja mais eficiente e ágil, e, no segundo, o plano de negócios para que haja um gerenciamento das promoções e sazonalidades — é o gerenciamento da demanda da cadeia de estoque de todos os elos envolvidos (ECR-BRASIL, 2004).

- A automação, sem dúvida, é uma ferramenta valiosa e necessária, possibilitando a coleta de informações desde o recebimento até o pagamento pelo cliente no *check-out*, contribuindo significativamente para o controle das perdas no varejo. Os benefícios derivados da automação podem ser elencados como: satisfação do cliente pela melhor disponibilidade de produtos; maior receita; produtos de melhor qualidade; redução das perdas por obsolescência; otimização de mão-de-obra; menores taxas de erros nos processos de registro e controle das informações.
- Etiquetagem na origem: considerado um avanço tecnológico do sistema EAS, o conceito de etiquetagem na origem consiste na introdução ou fixação de etiquetas antifurto, pelo fornecedor, na embalagem ou no próprio produto no momento em que ele passa pelo processo de acondicionamento. As vantagens são inúmeras, entre elas: aumento da venda devido à possibilidade de uma exposição mais agressiva e com um visual mais atrativo para o cliente; menor risco de rupturas; menor perda com maior controle dos furtos.

Figura 2.12   Cintas de segurança.

- Etiqueta Inteligente (Smart Tag) ou Código Eletrônico de Produtos (Electronic Product Code, EPC): testada por diversos fabricantes em vários países, a etiqueta inteligente está prestes a se tornar uma realidade. Composta por um chip capaz de armazenar grande quantidade de informações que pode ser lida automaticamente a uma distância de até 1,5m por um leitor de radiofreqüência, a etiqueta pode provocar grande impacto em todos os integrantes da cadeia de abastecimento. No varejo será possível realizar o inventário do produto etiquetado automaticamente em poucos segundos, conferir instantâneamente as mercadorias descarregadas, monitorar a necessidade de reposição de produtos na área de venda e detectar as possíveis tentativas de furtos (ECR-BRASIL, 2004).

- Outras tecnologias: as tecnologias de base não podiam passar despercebidas, como a utilização de consultas a cheque e cartões, coletores de dados, alarmes contra arrombamentos, espelhos, cintas de proteção etc.

2.1.4 Recursos humanos

É imprescindível o envolvimento, a motivação, o treinamento e a capacidade de todos os colaboradores no processo de prevenção de perdas.

A prevenção de perdas inicia-se já no processo de recrutamento e seleção que deverá, de maneira minuciosa, checar antecedentes criminais, obter informações de empresas empregadoras anteriores e órgãos creditícios.

Treinamentos para colaboradores recém-contratados devem incorporar a "cultura de prevenção" e planos de reciclagem para a sedimentação de conhecimentos, "relembrando" conceitos acerca da prevenção de perdas.

Conceitos básicos de prevenção de perdas, procedimentos adequados realizados no setor onde ficam as operadoras de caixa — designado comumente de "frente de caixa" — e setor de portaria de recebimentos devem sempre ser temas presentes no cronograma de treinamento para os funcionários de Prevenção de Perdas e de Operações.

Definição do perfil para o colaborador do Departamento de Prevenção de Perdas:

- Conhecimento: deter conhecimentos técnicos em prevenção de perdas e informática.
- Habilidades: facilidade de comunicação e trabalho em equipe.
- Atitudes: ser ético, ter iniciativa, ser disciplinado, honesto, líder, estar motivado e possuir capacidade para negociar.

A colaboração entre o Departamento de Prevenção de Perdas e a operação da loja deve ser constantemente incentivada, especialmente pela diretoria da empresa, e difundida entre todos os funcionários. Sem comprometimento, haverá grande possibilidade de não se alcançar o sucesso desejado. Para existir o comprometimento, um excelente recurso é a adoção de política de metas, que, se alcançada, poderá reverter em benefícios (cesta básica, vale-compras, participação do lucro naquela perda etc) para os colaboradores.

A divulgação de informações sobre a prevenção de perdas para a empresa — por meio de boletins, jornais, revistas, murais, vídeos e outros instrumentos de comunicação interna — é essencial para que a loja possa se situar em relação à meta estabelecida e definir correções nas ações até então colocadas em prática.

Para uma política de Prevenção de Perdas eficaz, a comunicação interna deve ser utilizada ostensivamente, devendo apresentar, como conteúdo, os principais procedimentos, os mecanismos de redução de quebras, as metas a serem alcançadas, alterações em procedimentos, situação atual da empresa e produtos ou seções merecedoras de atenção.

2.1.5 Processos

Descreve detalhadamente todos os procedimentos a ser seguidos pela empresa de mercadoria e insumos até o pagamento pelo cliente no *check-out*.

A descrição de procedimentos é importante para a Prevenção de Perdas, pois fornece a imagem perfeita do ponto estudado (processo), facilitando o entendimento do contexto em que determinada demanda, ou problema, está inserida. Diagnosticado o problema, é possível saná-lo e preveni-lo, com ações focadas (operacionais) e medição dos resultados (monitoramento e tecnologia de informação).

Descrevendo o processo de Prevenção de Perdas, é possível atribuir responsabilidades às pessoas envolvidas em cada atividade e apresentar sua execução, facilitando o entendimento.

a) Inventário

Dentre os vários processos que o varejo pode disponibilizar para a apuração de perdas, o inventário é o expediente mais eficaz à medida que permite mensurar as diferenças entre os estoques físico e contábil de forma precisa, dependendo evidentemente dos métodos empregados para sua realização, como terceirização, recontagens e nível de automação empregada.

Segundo a pesquisa Realização de Inventários nas Empresas Varejistas Brasileiras, realizada pelo Programa em Administração do Varejo (PROVAR), em

1998, para dez empresas varejistas supermercadistas/atacadistas com faturamento bruto total de mais de R$ 6 bilhões, totalizando 446 lojas, conclui-se que:

- 90% dos inventários são realizados com recursos próprios.
- 66,7% possuem geração de fichas automatizadas.
- 80% possuem manual de procedimentos para o inventário.
- 50% fazem a contagem duas vezes, por pessoas diferentes.
- 55,6% fazem recontagem se houver diferença.
- 65,2% fazem a recontagem manualmente.
- 60% não terceirizam.
- 73,9% retransmitem o dado eletronicamente.
- 20% dessas empresas implantaram prevenção de perdas no ano anterior e 60% pretendem futuramente implantar prevenção de perdas.
- 90% realizam inventário devido às exigências legais e também ao fato de conhecerem suas perdas.

Com base nesse estudo, pode-se concluir que o varejo percebe o valor proporcionado pelo inventário, apesar de poucas empresas ainda adotarem esse procedimento regularmente.

À medida que os custos totais envolvidos forem paulatinamente reduzidos, tanto no acesso à tecnologia quanto na disseminação de empresas terceirizadas, esse movimento fará com que um maior número de empresas possam mensurar suas perdas e direcionar seus esforços na redução do índice, atingindo um nível de competitividade ainda muito distante no varejo brasileiro.

b) Procedimentos de prevenção de perdas mais comuns, utilizados pelas empresas varejistas supermercadistas:

- Abertura e fechamento de loja:
    - definição dos responsáveis;
    - definição de horários.

- Portaria pessoal:
    - definição dos responsáveis pela área;
    - etiquetagem de produtos adquirida por funcionários;
    - revista de funcionários;
    - identificação de visitantes.

- Recebimento (conferência)/portaria:
  - definição dos responsáveis para verificação de recebimento de mercadorias;
  - amostragem para conferência;
  - verificação do lixo e caixas de papelão;
  - identificação de fornecedores/promotores.

- Armazenamento:
  - definição dos responsáveis pela verificação de rotina (organização e limpeza);
  - sistema PEPS (Primeiro que Entra, Primeiro que Sai), utilizado para produtos com data de validade;
  - nível de empilhamento máximo.

- Tesouraria:
  - definição dos responsáveis pelas chaves;
  - acompanhamento de sangrias.

- Áreas de vendas:
  - técnicas de abordagem;
  - verificação da data de validade dos produtos;
  - responsáveis pelo monitoramento; definição de procedimentos corretos (exposição de produtos, empilhamento, sistema PEPS.

- Frente de caixa:
  - sangrias (definição da quantidade);
  - anulados e cancelamento de venda;
  - batida de caixas;
  - lacra volumes.

- CFTV (Circuito Fechado de TV):
  - definição dos responsáveis pela operação;
  - técnicas de utilização.

- PAR (Produtos de Alto Risco):
  - definição dos responsáveis pela administração dos produtos;

- definição da lista de PAR;
- segregação na área de vendas e áreas externa (no depósito);
- transferências internas;
- definição dos responsáveis pelos controles e registros.

2.1.6 Monitoramento

O monitoramento verifica a execução dos procedimentos preestabelecidos pela Prevenção de Perdas e deverá ser completo e realizado em toda a cadeia, com o objetivo de verificar e manter padronizados todos os processo descritos.

Para garantir que todo o procedimento descrito esteja sendo seguido, o monitoramento deve valer-se de listas de checagem (*check-list*), bem como dos padrões de tempo e produtividade estabelecidos pela empresa.

Pode-se citar dois exemplos de técnicas para o monitoramento: o disque-denúncia e o cliente oculto. A seguir, a descrição de algumas de suas características:

- Disque-denúncia: é uma ferramenta que tem o objetivo de averiguar possíveis fraudes e problemas de conduta de funcionários, além de detectar problemas ocorridos na operação.
- Para o sucesso da ferramenta, é necessário que todos os funcionários tenham conhecimento desse canal, utilizando, para tanto, correspondências, e-mails ou qualquer veículo de comunicação. É imprescindível que as informações sejam tratadas confidencialmente, protegendo a integridade dos denunciantes. Todas as denúncias deverão ser tratadas com sigilo, realizando-se uma investigação minuciosa para a verificação de sua veracidade.
- Cliente oculto: esta é outra forma de monitoramento que verifica se o processo de abordagem a um suspeito, pela equipe de Prevenção de Perdas, está sendo conduzido de maneira adequada.
- O cliente misterioso ou oculto pode ser um funcionário da própria empresa ou terceirizado que trabalhará sem identificação na loja (à paisana), e suas atribuições são:
  - Simular furtos.
  - Entrar na área interna sem identificação.
  - Reconhecer e valorizar os funcionários que estão atuando corretamente no processo de Prevenção de Perdas.

- Identificar onde é possível reduzir quebras.
- Identificar reações de funcionários que poderiam estar atuando de maneira diferente.

Após a sua atuação em loja, ele deverá realizar um relatório, no qual apontará os procedimentos corretos e incorretos utilizados pela operação da loja, cabendo ao monitoramento corrigir e alertar sobre o episódio.

É imprescindível que se nomeie um ou mais representantes para o monitoramento dos procedimentos de prevenção de perdas, podendo ser um funcionário que acumula várias tarefas ou uma pessoa exclusivamente ligada à Prevenção de Perdas.

Reuniões coordenadas por esses funcionários devem ser realizadas freqüentes e contar com a presença do gerente da loja, das chefias das seções e das pessoas responsáveis pela operação da loja. Tudo isso para que sejam discutidas as ações de melhorias, situação atual das perdas, metas, entre outros.

2.2 Administrando as Perdas

Há alguns anos, quando as taxas de inflação atingiam cifras de até três dígitos, as aplicações no mercado escondiam as perdas geradas nas operações comerciais. O acúmulo de estoques impediam que as perdas fossem percebidas. Nesse cenário, os empresários preferiram concentrar seus esforços na área financeira.

A estabilidade da moeda e a implementação da automação de loja (otimizando o controle de estoque) trouxeram realismo às atividades comerciais. A redução substancial das taxas de evolução dos preços diminuiu significativamente os ganhos inflacionários. Por outro lado, a automação dos sistemas permitiu a obtenção de informações mais rápidas e acuradas sobre todas as etapas da operação varejista.

Segundo Angelo e Leote (2004), o varejo hoje desenvolve suas atividades em um ambiente de economia aberta. Em tais condições, os consumidores conseguem estabelecer comparações mais nítidas para a aquisição de bens e a contratação de serviços.

No Brasil, não há muita preocupação com as perdas na atividade varejista, tornando difícil a obtenção de dados nesse campo. Não há consenso quanto à forma de expressar a redução indesejada de estoque: como uma porcentagem do faturamento ou do próprio estoque. Isso já é um indicador da precariedade da prevenção de perdas em nosso país.

As empresas vêm procurando se ajustar às novas condições. Um avanço importante consiste no aperfeiçoamento das técnicas de prevenção de perdas, cujos resultados afetam sensivelmente a rentabilidade das organizações comercias.

Na fase atual da prevenção de perdas no Brasil, é importante buscar dados de outros países que possam orientar futuras comparações.

A evolução das perdas nos varejos americano, inglês e mexicano pode ser observada na Figura 2.13, a seguir. Tão importante quanto saber a perda média de todo o varejo é conhecer o índice do segmento específico em que cada empresa atua. Com esses dados, é possível avaliar o desempenho do sistema de prevenção de perdas da organização, bem como fixar metas.

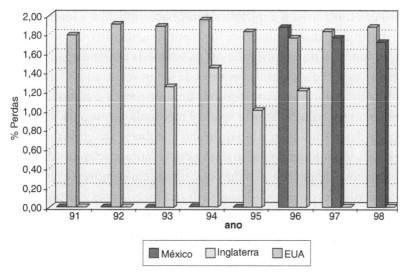

Fonte: ANGELO e LEOTE, 2004.

Figura 2.13 Evolução das perdas no varejo: Estados Unidos x Inglaterra x México.

As organizações, dada a sua capacitação e as características específicas dos diferentes mercados, têm associado determinado grau de aproveitamento das oportunidades. Algumas organizações, mais eficazes e eficientes, são capazes de superar os competidores pelo melhor aproveitamento de suas competências internas. Assim, pode-se qualificar a distância entre os resultados alcançáveis e os efetivamente realizados como perdas estratégicas.

Guerreiro (2004, p. 37), de acordo com Cecília Leonte, afirma que o ponto-chave da redução de perdas é o funcionário: "Tecnologia ajuda, mas o principal é o colaborador. É preciso trabalhar junto com o funcionário, com treinamento e a criação de uma cultura de redução de perdas e desperdícios". Dele também dependerá o sucesso de qualquer sistema eletrônico ou método de controle.

O comprometimento com o combate às perdas deve ser de todos os colaboradores — não somente na questão dos furtos, mas também no manuseio das mercadorias — e provê-los desta capacitação é função da empresa. O funcionário não tem muito conhecimento sobre o que representa a perda para empresa e, conseqüentemente, para ele próprio.

2.3 O Funcionário

Segundo Amsel (2004), a definição mais comum utilizada para descrever o fenômeno é: furto por funcionários.

Furto por funcionários é qualquer apropriação indébita e intencional de propriedade do empregador. Entretanto, furto por funcionários não se refere apenas à apropriação indébita de propriedade ou mercadorias do empregador, inclui também o *skimming* (vendas embolsadas antes de serem registradas); falsificação de recibos (cobrar um valor do cliente, registrar um outro valor e embolsar a diferença); registro nulo ou em valor menor (a venda é registrada como nula, fazendo parecer que o cliente devolveu a mercadoria); recibo encoberto (reter dinheiro e recibos); furto de mercadoria; folha de pagamento fictícia (autorização de salários para empregados fictícios); despesas superfaturadas; fraude em compras (os funcionários, às vezes, declaram-se fornecedores de mercadorias inexistentes e depois reembolsam a si mesmos); fraude de tempo (tratar de assuntos pessoais durante o trabalho); suborno; desfalque; venda de informações internas etc.

A existência de um adversário interno não ocorre na organização sem ser notada. Alguns dos sinais de alerta são:

- discrepâncias entre os registros do inventário e as contagens físicas;
- número excessivo de documentos anulados;
- fotocópias de faturas nos arquivos;
- discrepâncias no caixa;
- depósitos bancários diários que não correspondem aos recibos;
- cheques sem fundos que são aceitos com freqüência ou aprovados por um funcionário específico;
- despesas de frete inadequadas;
- negociações sem fins econômicos aparentes;
- uma notável alta porcentagem de reembolsos ou crédito;
- muitas transações relacionadas, feitas pela mesma pessoa.

Sinais de alerta são detectáveis na empresa e podem ser notados também no comportamento do criminoso.

Uma série de circunstâncias pode afetar a vida de uma pessoa a ponto de mudar valores e atitudes mantidos durante muito tempo e, conseqüentemente, podem levá-lo à mudança de comportamento.

A respeito de funcionários que foram pegos e confessaram terem cometido um ato ilícito, seguem algumas razões:

- Vingança — por serem tratados injustamente pela gerência.
- Ganância — sempre se pode usar um determinado produto e/ou dinheiro extra.
- Necessidade — despesas pessoais que excedem o salário.
- Oportunidade — foi fácil e acessível.
- Pressão dos colegas — todo mundo na empresa faz o mesmo.
- Falta de política clara — definição do que é certo e errado.
- Imitação — o empregador rouba dos clientes.
- Benefícios adicionais — é a maneira como o empregador "dá" um aumento de salário.
- Falta de comprometimento — será pedida logo a demissão.
- Falta de moral entre os funcionários.
- Maus-tratos — o funcionário é mal pago.

Segundo Amsel (2004), todos esses motivos pertencem a uma só denominação: um ato de "intenção maliciosa".

Surpreendentemente, a maioria dos funcionários que foram pegos cometendo um ato ilícito não se considera criminosa. Além disso, é socialmente aceitável cometer alguns dos atos dos quais esses funcionários são acusados. Eles se consideram funcionários honestos, que cometeram violações disciplinares, e, portanto, não são ladrões. A razão para essa cegueira repentina pode ser encontrada no mecanismo de defesa psicológica humana, que racionaliza o ato. Para superar o conflito interno entre trair o seu gerador de renda e o ato ilícito cometido pela pessoa, o mecanismo simplesmente se estabelece para superar a ansiedade resultante do conflito.

Instintivamente, a explicação comum do leigo para a desonestidade do funcionário é a falta de valores morais sólidos, atribuída ao baixo nível de educação ética. Entretanto, a explicação é muito mais complexa, e o comportamento é influenciado por vários fatores:

- Julgamento moral: o que molda o comportamento moral ainda está sendo discutido pelos psicólogos. Os pensamentos humanos são irrelevantes, apenas seu comportamento importa. O comportamento é um resultado da experiência na infância. Os seres humanos nascem como uma tábula rasa e, com base em sua experiência pessoal, tornam-se "bons" ou "maus", isto é, "honestos" ou "desonestos". Ao crescer, adquiri-se a experiência pela reação social ao próprio comportamento. Haver recompensa por um certo ato significa que se é bom, se houver punição, significa que o ato é errado. De acordo com esse conceito, honestidade e desonestidade são resultados de comportamentos e não de julgamento moral ou fontes psicológicas.
- Fatores que influenciam a integridade: apesar de o julgamento moral ser o principal fator influenciador do comportamento de um funcionário, há elementos adicionais que provocam um efeito no seu comportamento moral:
  - Comprometimento: um funcionário comprometido evitará agir contra o seu empregador simplesmente porque ele se importa com a sua empresa e seu empregador.
  - Motivação: para evitar danos à sua reputação, um profissional, e/ou uma pessoa motivada pela carreira, manter-se-á afastado de qualquer ato desonesto.
  - Motivo: a existência de um motivador para agir desonestamente.

O fenômeno da desonestidade de funcionários e do comportamento criminoso no local de trabalho produz um grande impacto financeiro e moral para o negócio. Os fenômenos transcendem culturas e etnias e parecem ser um motivo de preocupação para qualquer economia no mundo. As estatísticas — que se referem a apenas um aspecto de crime no local de trabalho: furto por funcionários — são alarmantes: de acordo com um estudo do Departamento Americano de Comércio, de 2001, a desonestidade de funcionários resulta anualmente em um custo excedente de US$ 50 milhões a empresas americanas. A Câmara Americana de Comércio estima que 75% de todos os funcionários furtam pelo menos uma vez e que metade deles reincide. Executivos de Prevenção de Perdas, em resposta à 2001 National Retail Security Survey, da Universidade da Flórida, atribuem 45,9% de suas perdas ao furto por funcionários (AMSEL, 2004).

O furto interno constitui um problema ainda maior que o demonstrado por esses números.

Para contextualizar o problema, seguem alguns fatos amplamente aceitos por especialistas, de acordo com Amsel (2004):

- A maior parte dos furtos por funcionários não é detectada pela gerência.
- Quase todo o negócio é vítima de furto por funcionários em algum nível.
- A maioria dos funcionários honestos prefere não tomar conhecimento de furto por funcionários e não relata o fato.
- Funcionários desonestos roubam o máximo possível, à medida que o sistema permite, e não param até serem pegos.
- Mesmo funcionários bem pagos se envolvem em crimes no local de trabalho.

3 A Experiência do Setor Supermercadista

Esta seção tem o objetivo de averiguar quais são os procedimentos de prevenção de perdas praticados pelos pequenos e médios estabelecimentos supermercadistas.

Os supermercados, que participaram da amostra, estão circunscritos à zona sul da Grande São Paulo e à Baixada Santista. As empresas foram abordadas por meio de questionário (Anexo A, deste trabalho) sobre suas práticas de prevenção de perdas, condensadas em quatro grupos, originados de análise bibliográfica: Emprego de Tecnologia, Recursos Humanos, Procedimentos Operacionais e Técnicas de Monitoramento.

Foi observada a quase inexistência de práticas preventivas, associadas ao desconhecimento dos índices setoriais de perdas, muito embora parte da amostra apresentasse condições de exercê-las. A falta de informação sobre o tema remete à necessidade do preenchimento dessa lacuna por parte das entidades de classe e dos órgãos de apoio às pequenas e médias empresas.

O pequeno e o médio varejo supermercadista desconhecem o nível de quebras que ocorrem em seus estabelecimentos, pois não possuem instrumentais técnicos (automação, pessoas habilitadas, monitoramento e processos), ou não os utilizam adequadamente. Esses mesmos varejistas estão alheios aos índices setoriais, que poderiam parametrizar na implantação de um departamento de prevenção de perdas, e não percebem a relação de causa e efeito entre as práticas de prevenção de perdas e a possibilidade de aumento da rentabilidade.

As informações, sobre o assunto, que chegam até essas empresas, são difusas e não conduzem à sensibilização do varejista para a implantação de uma política de prevenção de perdas.

3.1 Método Empregado

Diante dos objetivos do estudo, foi utilizada a abordagem empírico-analítica, sendo os dados coletados por meio de questionário. Uma vez definida a abordagem, passou-se a considerar qual a população de interesse, identificada por empresas de pequeno e médio porte que atuam no varejo supermercadista brasileiro.

A definição de pequeno e médio porte está associada ao faturamento anual do ano de 2002, entre R$ 1.200 e R$ 50 milhões, segundo a Associação Comercial de São Paulo (SUMITA, 2003).

As empresas selecionadas são aquelas associadas à Associação Paulista de Supermercados (APS) da distrital zona sul da grande São Paulo, somadas a estabelecimentos dos municípios de Taboão da Serra, Itapecerica da Serra, Embu-Guaçu e Baixada Santista, devidamente apartadas segundo o faturamento do ano de 2002, perfazendo o total de 114 empresas (total da amostra), escolhidas por conveniência, em um universo de 237.

Outro grupo de respondentes, grandes supermercadistas (dez empresas), considerado representativo, detinha, no ano de 2002, cerca de 30% do faturamento do setor. Essas organizações foram abordadas por meio de correio eletrônico ou pessoalmente. Uma rede de lojas foi considerada uma única empresa, já que os procedimentos de prevenção de perdas, em tese, são os mesmos para todas as unidades de negócio desse varejista.

Os dados, uma vez coletados, foram digitados e tabulados; todas as informações cedidas pelos supermercadistas foram mantidas em sigilo.

A análise e interpretação dos dados contaram com o auxílio do *software* SPSS. A pesquisa de campo foi realizada entre outubro e novembro de 2003.

3.2 Análise e Interpretação dos Dados

A amostra foi dividida em três grupos, segundo o número de *check-outs*, com o objetivo de comparar as práticas de prevenção de perdas entre os grupos.

O primeiro grupo, chamado de grupo A, é formado pelas empresas que possuem entre 1 e 4 *check-outs*. O segundo grupo, chamado de grupo B, representa as empresas que possuem entre 5 e 9 *check-outs*. O terceiro grupo, chamado de grupo C, constitui as empresas que possuem acima de 9 *check-outs*.

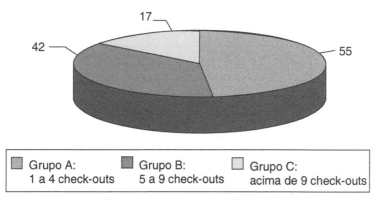

Fonte: SUMITA, 2003.
Figura 2.14 Número de empresas por grupo.

As análises foram realizadas para cada um dos três grupos, procurando estabelecer relações entre as variáveis relevantes acerca do tema Prevenção de Perdas. As variáveis que compuseram a análise e interpretação foram as seguintes:

- Automação.
- Conhecimento do percentual de quebras da empresa.
- Realização de inventários.
- Identificação de quebras.
- Processos e tecnologia antifurto.
- Recursos humanos.
- Perecíveis

a) Automação

Foi considerada empresa automatizada aquela detentora de automação na frente de caixa e retaguarda, simultaneamente. Como item fundamental para o controle e a identificação das quebras no varejo, constatou-se que o nível de automação é muito incipiente nos grupos A e B, sendo de 11,8% e 33,0%, respectivamente. Existe uma relação direta entre o aumento do nível de automação e o número de *check-outs*.

É possível perceber que as empresas do grupo C apresentam maior nível de automação, 70,9%, portanto, possuem controles de entradas e saídas de produtos, tendo assim maiores condições de controle e aferição do índice de quebras.

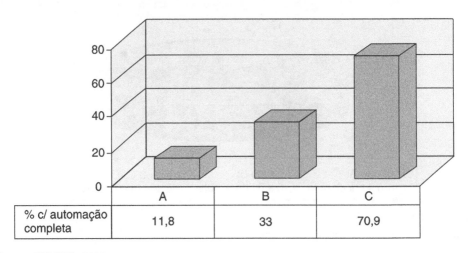

Fonte: SUMITA, 2003.
Figura 2.15 Nível de automação (retaguarda da loja e frente de caixa).

b) Conhecimento do percentual de quebras

O item conhecimento de quebras refere-se à existência de um índice de quebra total apurado pela empresa, por qualquer mecanismo operacional. Ao relacionarem as variáveis de níveis de automação (tecnologia) com o conhecimento de quebras, constatatou-se a existência de uma relação positiva, ou seja, quanto maior o nível de automação, maior o conhecimento da quebra.

Pode-se verificar que o percentual de empresas que conhecem seus índices de quebras é muito pequeno — 9,2% para o grupo A e 18,3% para o grupo B — em função do baixo nível de automação apresentado por elas. As organizações pertencentes ao grupo C apresentam o maior índice de conhecimento de quebras, 35,3%, porém, esse nível não é satisfatório em função da capacidade latente dessas empresas em gerar informações, pois dispõem de tecnologia suficiente para a tarefa (70,9%).

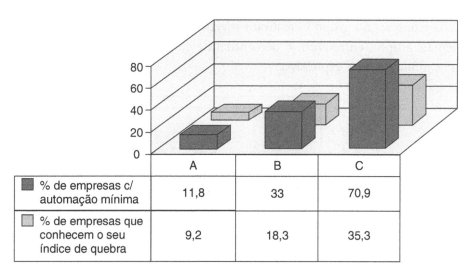

Fonte: SUMITA, 2003.
Figura 2.16 Nível de automação *versus* conhecimento de quebras.

c) Realização de inventários

O processo de inventário foi abordado na pesquisa para checar a existência de um cronograma, bem como a regularidade de sua execução. Realizado de modo freqüente, o inventário deve apresentar um ótimo nível de acurácia, já que o seu resultado indicará o índice de perdas da empresa por meio da diferença entre os estoques físico e contábil. A Figura 2.17 mostra que não existe a prática de realização consistente de inventários nas empresas pesquisadas.

Ao serem analisados os resultados, verifica-se que 80% das empresas do grupo A não realizam inventários em seus estoques ou o fazem anualmente, impossibilitando qualquer ação rápida e eficaz para a redução e a mensuração das perdas. Já as empresas do grupo C apresentam maior regularidade na realização de inventários, sendo capazes de avaliar seus índices de perdas. Dados da pesquisa mostram que as empresas do grupo C realizam seus inventários com a seguinte freqüência:

- Mensalmente = 23,5%.
- Bimestralmente = 17,6%.
- Trimestralmente = 11,8%.
- Semestralmente = 17,6%.
- Nunca = 29,4%.

As empresas do grupo C realizam inventários com regularidade maior que os demais grupos, entretanto, o percentual de empresas que nunca o realizam, 29,4%, ainda é muito expressivo.

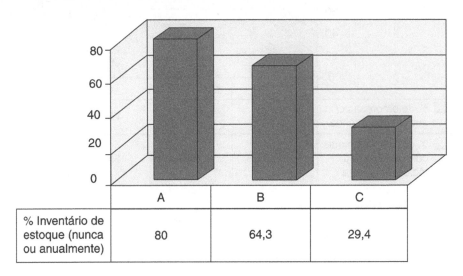

Fonte: SUMITA, 2003.
Figura 2.17 Freqüência de inventários dos estoques (nunca ou anualmente).

d) Identificação de quebras

Cecília Leote, coordenadora do Grupo de Prevenção de Perdas (GPP), do PROVAR é enfática ao afirmar que o primeiro passo para a prevenção de perdas é a mensuração. "Só é possível controlar aquilo que se pode medir" (apud ANGELO e LEOTE, 2004), resume. Nesse aspecto, a automação comercial desempenha um papel decisivo, já que proporcionará informações precisas e confiáveis.

A identificação das quebras, portanto, deve ser o primeiro procedimento a ser implantado, associado a automação mínima e a prática regular de inventários. A identificação das quebras indicará quais são os principais motivos, em que momento elas ocorrem e em que quantidade, servindo como sinalizador e norteador de soluções precisas no local certo e no tempo esperado, evitando assim retrabalhos.

A Figura 2.18 representa o nível de identificação e classificação de quebras nos diferentes grupos de empresas.

Foi detectado que apenas 25% das empresas do grupo A identificam e classificam as quebras, os demais grupos apresentam um índice de 40%.

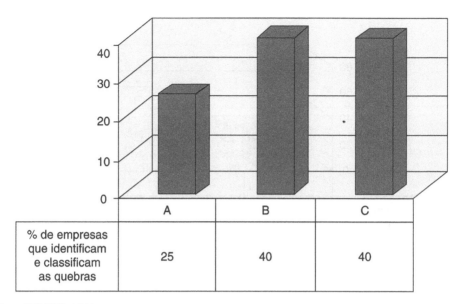

Fonte: SUMITA, 2003.
Figura 2.18 Nível de identificação e classificação de quebras.

A seguir, a Figura 2.19 relaciona o percentual das empresas que identificam e classificam suas quebras com o nível de automação. Analisando de forma isolada as organizações do grupo C, conclui-se que apresentam potencial para identificar suas perdas, pois detêm automação satisfatória, entretanto, apenas 40% o fazem.

A pesquisa contemplava a identificação e classificação das quebras; essa última, entretanto, foi apenas o 3º item citado (31%) como o mais importante para evitar as quebras, indicando a falta de informação sobre o assunto. Foi citado como item mais importante para evitar quebras o treinamento para gerentes e encarregados (50,6%) e, em seguida, o treinamento para a base (34,2%). Essas indicações revelam o reconhecimento da necessidade de investir na capacitação dos colaboradores, mas cometem o equívoco de priorizar as tarefas para a implantar a prevenção de perdas.

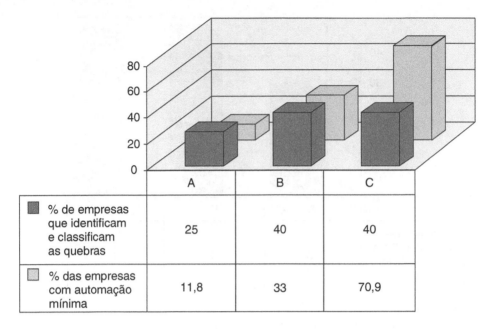

Fonte: SUMITA, 2003.
Figura 2.19 Percentual de identificação de quebra *versus* nível de automação.

Tabela 2.1 Itens de maior importância para evitar as quebras.

Itens de Importância	%
Treinamento para gerência e encarregados	50,6
Treinamento para base	34,2
Identificação das quebras	31,0
Softwares de controle	17,0
Campanhas de incentivo	10,3
Maior conhecimento de gestão de loja e estoques	8,6
Auditoria externa	7,4

Fonte: SUMITA, 2003.

e) Utilização de Circuito Fechado de TV (CFTV) e segregação de Produtos de Alto Risco (PAR) na área de vendas

Visualizando os dados da pesquisa de forma agrupada (grupos A, B e C), verifica-se que alguns resultados apresentaram o furto e a degustação como as maiores causas de perdas e quebras. É fato que, ao responder a essa questão, o entrevistado levou em consideração apenas sua percepção do quesito.

Tabela 2.2 Tipos de quebras mais observadas em loja.

Tipos de Quebra	%
Furtos (por agentes externos e internos)	40,1
Degustação e violação (por agentes externos e internos)	33,0
Deterioração	9,8
Devolução ou acidental (clientes)	9,8
Acidental (funcionários)	0,8
Falha no equipamento	0,8
Outros	0,8

Fonte: SUMITA, 2003.

Devido à percepção de que as principais causas de perdas e quebras têm como origem o furto ou a violação de produtos, pode-se verificar na Figura 2.20 a utilização ostensiva do CFTV na área de vendas, associada à segregação de PAR, apontada pela Figura 2.21. Pode-se observar também uma relação positiva entre a utilização de CFTV e o número de *check-outs*.

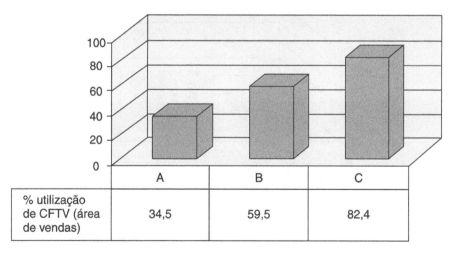

Fonte: SUMITA, 2003.
Figura 2.20 Utilização de CFTV na área de vendas.

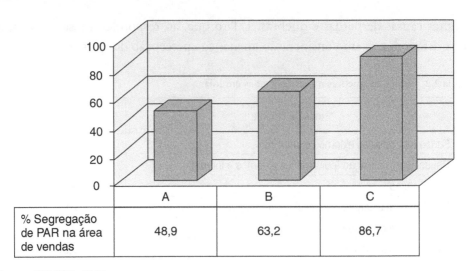

Fonte: SUMITA, 2003.
Figura 2.21 Segregação de PAR na área de vendas.

Conclui-se que o "pilar" tecnologia para os pequenos e médios supermercadistas está voltado principalmente para a questão da segurança de loja, não sendo um instrumento complementar na prevenção de perdas. Na Figura 2.22, pode-se constatar que o percentual de utilização de CFTV é sempre maior em relação à automação mínima.

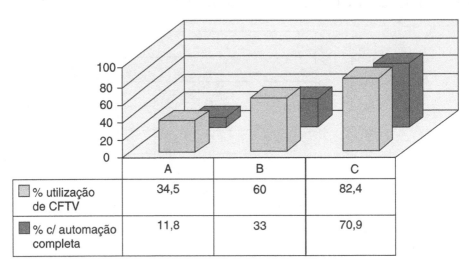

Fonte: SUMITA, 2003.
Figura 2.22 Utilização de CFTV *versus* automação mínima.

f) Treinamento

A pesquisa procurou avaliar qual o percentual de empresas que dispõem de pessoas para um programa de prevenção de perdas e a existência de treinamento para essa função. Os resultados revelaram que quase metade da amostra possui funcionários dedicados à prevenção de perdas, muito embora, os autores desse trabalho acreditam ser esse um colaborador que acumula várias atividades dentro da empresa, e a prevenção de perdas é apenas mais uma de suas atribuições.

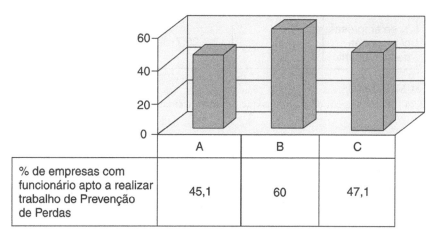

Fonte: SUMITA, 2003.

Figura 2.23 Empresas que possuem funcionários aptos a realizar prevenção de perdas.

Analisando os dados de treinamento na prevenção de perdas, observa-se que no grupo C, é oferecido treinamento para a prevenção de perdas em 62,5% das empresas respondentes, enquanto no grupo A este percentual cai significativamente para 12,0%. A premissa de que um único funcionário acumula várias funções dentro da pequena empresa parece ter fundamento, segundo os índices obtidos.

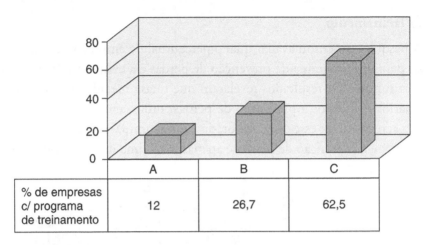

Fonte: SUMITA, 2003.
Figura 2.24 Porcentagem de empresas que possuem treinamento para prevenção de perdas.

g) Perecíveis

Ao questionar as empresas sobre quais seriam os setores responsáveis pelos maiores índices de quebra, as respostas atribuíram às seções de perecíveis a responsabilidade, somando-se 79,2%. Essa percepção é alinhada ao resultado da Pesquisa Nacional de Prevenção de Perdas no Varejo Brasileiro, em que os perecíveis representam 57% das quebras do setor supermercadista (PROVAR, 2004).

Tabela 2.3 Seções que mais contribuem para a quebra da empresa em porcentagem.

Seções	%
FLV	50,8
Açougue	20,5
Frente de caixa	8,0
Frios	6,25
Mercearia	0,8
Padaria	0,8
Recebimento	0,8
Outros (perfumaria)	0,8
Não sabe/não respondeu	5,0

Fonte: SUMITA, 2003

3.3 Grandes Empresas Supermercadistas

Embora o foco desta seção esteja direcionado às empresas de pequeno e médio porte, a seguir apresentaremos alguns dados de grandes empresas do setor.

As empresas respondentes possuem 9.083 de *check-outs*, 102.246 funcionários e participaram da pesquisa utilizando o mesmo questionário. As grandes empresas, incontestavelmente, possuem todas as informações sobre o assunto, e trabalham de maneira equilibrada os quatro pilares de sustentação da prevenção de perdas.

Todas elas apresentam um nível de automação excelente, com controle de retaguarda, frente de caixa, financeiro, marketing, recursos humanos e logística.

3.3.1 Os números

Ao serem questionadas sobre a identificação e classificação das quebras, 80% delas afirmaram realizar este procedimento, enquanto entre as pequenas e médias empresas esse índice foi de apenas 33%.

- 44,4% das grandes empresas consideram a identificação e classificação das quebras como o principal procedimento para diminuir as quebras, contra 31% das pequenas e médias.
- 70% das empresas possuem funcionários treinados em prevenção de perdas e realizam algum tipo de treinamento, com o intuito de diminuir as quebras.

A realização de inventários como prática de verificação de divergências nos estoques ocorre regularmente. Todas as empresas pesquisadas possuem um cronograma de inventários, seguido rigorosamente, e:

- 20% realizam o inventário de seus estoques mensalmente;
- 40% realizam o inventário de seus estoques trimestralmente;
- 40% realizam o inventário de seus estoques semestralmente.

Verifica-se que as empresas entrevistadas analisam os seus índices de quebra com a seguinte regularidade:

- 30% analisam diariamente;
- 20% analisam semanalmente;
- 50% analisam mensalmente.

As metas são informadas aos funcionários em 70% dos casos, com premiação em 66,7% das empresas. O nível de procedimentos em prevenção de perdas varia muito de organização para organização.

A Tabela 2.4 apresenta os principais procedimentos de prevenção de perdas realizados por essas empresas.

Tabela 2.4   Procedimentos de prevenção de perdas nas grandes empresas.

Procedimentos	Não	Sim, em todas as lojas (%)	Sim, em algumas lojas (%)
Utilização de CFTV na área de vendas	0	40	60
Utilização CFTV na área interna	0	40	60
Identificação e classificação de quebras	20	80	—
Utilização de coletor de rádio freqüência	50	50	—
Software de redução de quebras	60	0	—
Segregação de PAR na área de vendas	30	70	—
Segregação de PAR na área interna	10	90	—
Exposição de PAR de maneira cautelosa	30	70	—
Exposição somente de embalagens consideradas PAR	40	60	—
Existência de programa de qualidade nas seções perecíveis	20	80	—
Etiquetas antifurtos e antenas	50	50	—
FLV (frutas, legumes e verduras) são etiquetados para evitas troca de PLU	50	50	—
Revista na saída dos funcionários	20	80	—
Revista nos armários dos funcionários	30	70	—

Fonte: SUMITA, 2003.

A prevenção de perdas é um assunto recente também para o varejo supermercadista e está muito longe de ser praticada em sua plenitude pelos pequenos e médios estabelecimentos, pois, nas empresas pesquisadas, percebe-se sempre a ausência de um dos pilares do procedimento, em particular na formalização de processos, e um monitoramento consistente, o que impede a efetivação do programa.

Todas as empresas pesquisadas são familiares, e os entrevistados, em geral, são os próprios donos ou gerentes que têm um bom nível de conhecimento sobre o varejo em geral, mas desconhecem as práticas da metodologia e seus benefícios.

Com a pesquisa, constatou-se que muitos entrevistados não sabiam o índice de quebra setorial e de sua empresa, bem como sua representatividade em relação ao faturamento, o que pode explicar a falta de importância que os entrevistados dão ao assunto.

Muitas vezes, observou-se que o entrevistado tinha interesse em aprofundar seus conhecimentos sobre a prevenção de perdas, e os autores deste trabalho, em suas entrevistas, foram consultados sobre como realizar certos procedimentos.

A prevenção de perdas para o pequeno e médio varejista está associada a práticas ilícitas e fraudulentas, o que explica o alto índice de utilização de CFTV e PAR. Programas amplos de qualidade e treinamento são privilégios, segundo os entrevistados de grandes corporações.

Para que pequenos e médios varejistas possam implantar um programa de Prevenção de Perdas é preciso de infra-estrutura mínima em sua operação. Inicialmente, é necessário um nível de automação que contemple sua frente de caixa e retaguarda. A partir desse ponto, a identificação e a classificação das quebras, associadas a um programa consistente de inventários, são vitais (inventários trimestrais, por exemplo).

A análise dos inventários e a detecção das causas de perdas e quebras fazem parte desse processo que identificará as seções e os produtos e chegará ao índice de quebra da empresa, para então montar um plano estratégico que possa paulatinamente reduzir os índices de perdas inicialmente percebidos. É preciso que a prevenção de perdas seja operada de maneira expandida, não devendo focar somente os atos ilícitos, como furtos ou fraudes. É necessário, também, o desenvolvimento de atividades, como a manutenção da qualidade dos alimentos perecíveis, monitoramento das transferências internas e externas, controle no recebimento e armazenamento adequado dos produtos, entre outras funções.

A prevenção de perdas deve ser exaustivamente explorada pelas entidades de classe como a Apas, Abras ou o Sebrae, para viabilizar ao pequeno varejista a possibilidade de rentabilizar seu negócio por meio da eficiência que ele pode gerar, pois nota-se que a ignorância sobre o assunto é generalizada.

O pequeno e o médio varejo têm a intenção de investir nos próximos dois anos em programas de prevenção de perdas, segundo 73,2% dos entrevistados, o que ratifica a necessidade de investimentos por parte das entidades representativas na adoção de estratégias que divulguem e promovam a prevenção de perdas.

4 A Prevenção de Perdas no Brasil, segundo Enfoques e Procedimentos da Grande, Média e Pequena Empresa

Esta seção trata da visão de prevenção de perdas com mercadorias sob o ponto de vista das empresas do comércio varejista de materiais de construção, de acordo com seus diferentes tamanhos (pequena, média e grande), para o combate aos prejuízos provocados por essas perdas.

A classificação por ordem de tamanho, ou seja, pequena, média e grande empresa, recebe, neste trabalho, uma abordagem métrica quantitativa, ou seja, da metragem quadrada da área de vendas de cada uma, e não baseada no seu faturamento bruto.

O atual panorama de vendas e redução das margens, resultante das condições macroeconômicas e acirramento da concorrência, faz com que os varejistas busquem a diminuição de seus gastos, até como um fator de sobrevivência, todavia, a redução desses gastos deve ser realizada de forma criativa, visando, na medida do possível, a preservação dos postos de trabalho, ou seja, sem encolher a empresa, impedindo-a de reagir rapidamente ao promissor cenário de crescimento econômico.

Cabe à prevenção de perdas estabelecer, em conjunto com as demais áreas, um programa específico, com uma proposta perenizada e integrada à cultura interna da organização. Além da experiência dos profissionais de prevenção de perdas, a criatividade e o conhecimento dos colaboradores que atuam nas demais áreas é fundamental para a obtenção de bons resultados.

Segundo Margareth Candossim, arquiteta e sócia-gerente do escritório de arquitetura, Candossim & Cabana,[2] pode-se fazer a seguinte classificação em relação ao tamanho da empresa:

- Empresa de varejo pequena A — área de vendas abaixo de 800m².
- Empresa de varejo média B — área total de vendas situada entre 801m² e 2000m².
- Empresa de varejo grande C — área total de vendas acima de 2001m².

---

[2] Entrevista realizada, em 11 de dezembro de 2004. A transcrição foi feita pelos autores deste trabalho.

Para Waldir Rodrigues de Abreu, diretor de Negócios de Varejo e administrador da loja-escola da Anamaco,[3] 2% das empresas brasileiras de materiais de construção mantêm algum tipo de registro de perdas com mercadorias. Esses registros originam-se de procedimentos que apuram as diversas causas que contribuem para as perdas:

- Mercadorias perdidas por furto, desvio ou fraude na aquisição.
- Mercadorias perdidas por erros de administração.
- Mercadorias perdidas por quebras diversas.
- Mercadorias perdidas por obsolescência.

4.1 Enfoque da Empresa de Grande Porte

Para Francisco José Pereira de Carvalho, gerente de Auditoria Interna e do Departamento de Prevenção de Perdas da C&C Casa e Construção[4], a empresa de grande porte tem consciência do efeito danoso que as perdas com mercadorias causam à sua saúde financeira. Portanto, os procedimentos que levam à sua mensuração são contundentes para a tomada de decisão quanto às atitudes a tomar, visando a prevenção de perdas com mercadorias.

Carvalho acrescenta que provavelmente a tarefa mais difícil na implantação e continuidade desse e de qualquer outro programa na C&C, como também nas outras grandes empresas, que impliquem mudança de atitudes e de processos operacionais, é a de convencer os colaboradores da necessidade de transformações para, entre outras coisas, buscar a perpetuidade da organização, mantendo-a competitiva. Por outro lado, não se deve aceitar prontamente novas idéias, sob pena de eliminar o contraditório e gerar falta de imaginação, ou não se encontrar a melhor solução para determinado problema. Por outro lado, a equipe de Prevenção de Perdas deverá saber enfrentar eventuais rejeições ou resistências ao programa.

Portanto, uma campanha ou programa interno de conscientização deverá alertá-los para o fato de que eles são os principais responsáveis pelos resultados alcançados pela organização.

---

[3] Entrevista realizada, em 13 de dezembro de 2004. A transcrição foi feita pelos autores deste trabalho.

[4] Entrevista realizada, em 13 de dezembro de 2004. A transcrição foi feita pelos autores deste trabalho.

A tarefa de divulgação do projeto e disseminação de suas propostas se tornará mais difícil à medida que a organização for composta por uma cadeia de lojas, com razoável capilaridade, todavia, a formação de "multiplicadores", compostos por líderes dos diversos departamentos da administração central, lojas e centros de distribuição, será um facilitador dessas ações. O papel do multiplicador é o de absorver todo o escopo do projeto, disseminando-o em sua área de atuação.

A formação de multiplicadores também é indispensável para o sucesso de todo e qualquer programa de treinamento, portanto, a unidade deverá indicar o associado com habilidades que favoreçam a transmissão de conhecimento. Um multiplicador não necessita ser um gerente ou supervisor, entretanto, deverá ter potencial para assumir a posição de liderança.

As grandes empresas, ainda segundo o entrevistado, Francisco Carvalho, consideram os seguintes objetivos básicos da PPM: posicionamento como *benchmarking* no setor de materiais de construção; destaque de soluções técnicas aplicáveis nos processos de PPM e indicação de tendências futuras.

De acordo com Carvalho, em média, 51% das grandes empresas possuem algum tipo de registro de PM. Para tanto, existe um tratamento específico, mesmo que seja compartilhado com outros departamentos da empresa, no que se refere a recursos aplicados na PPM.

Segundo o Grupo de Prevenção de Perdas do PROVAR (2004), em médias e grandes empresas aplica-se 0,46% de seu faturamento bruto em PPM, que pode ser dividido em:

- 48,4% = salários de funcionários.
- 21,1 % = salários de empresas terceirizadas.
- 23,0 % = aquisição de bens e equipamentos.
- 5,4 % = manutenção dos sistemas instalados.
- 2,1 % = atividades internas.

Destaca-se também, para essas empresas, uma grande preocupação de custo-benefício em relação aos trabalhos executados.

Com a evolução das tecnologias, principalmente as relacionadas à informática, os trabalhos, com o tempo, ganharam produtividade no que se refere à coleta, processamento e impressão dos relatórios para informação e tomada de decisões, o que até há pouco tempo era um serviço quase todo manual.

a) Tecnologias usadas nas grandes empresas

Dentre as novas tecnologias, e as não muito novas, mas que receberam grande atualização em *performance*, pode-se citar o sistema eletrônico de coleta de dados, o sistema de circuito fechado de monitoramento por câmeras de televisão e sensores de detecção de mercadorias em trânsito. Equipamentos esses que, pelo alto custo de aquisição e manutenção, somente são suportados pelas grandes empresas.

Os coletores de dados são máquinas portáteis que substituem os antigos apontamentos para verificação e contagem de mercadorias. O uso dessa prática substitui a contagem manual dos itens e elimina os prováveis erros de interpretação em relação a quais mercadorias estão contidas no interior das caixas. O processo é monitorado pela leitura do código de barras das embalagens, evitando possíveis erros de interpretação do funcionário contador.

O circuito fechado de monitoramento por câmeras de televisão é um recurso utilizado há muitos anos, porém, recebeu melhorias técnicas que permitem o monitoramento constante e concomitante, isto é, vários quadros na mesma tela, seqüência nas imagens das câmeras, aumento e aproximação das imagens etc.

As antenas de detecção de saída de mercadorias constituem-se em sofisticados equipamentos eletrônicos que captam a presença de produtos previamente selecionados, neles são afixados sensores, permitindo o monitoramento de deslocamento. Esse sistema só se desativa quando os clientes adquirem a mercadoria, possibilitando assim que ela transite para fora da loja, sem que haja indicação de sua saída.

b) Práticas comuns nas grandes empresas

No que se refere às práticas utilizadas, segundo Carvalho, da C&C, estão os Programas Internos de Prevenção de Perdas com Mercadorias, a fiscalização ostensiva no interior das lojas, auditorias rotativas, inventários gerais e parciais, revista de saída na portaria de funcionários, comunicação visual e sonora, e verificação de crédito de clientes.

c) Programas internos de prevenção de perdas com mercadorias

Procuram conscientizar os funcionários sobre o efeito danoso das perdas e o que eles representam nas finanças da empresa. Os quadros 2.1 e 2.2 refletem de forma simplificada o impacto da perda com mercadorias. Utilizou-se, para exemplificação, um dos produtos de alto risco (PAR) mais ambicionados para ser furtado ou compra fraudada (cheque roubado, por exemplo): furadeira profissional — preço de venda — R$ 370,00.

Supondo que a empresa tenha projetado uma taxa de 4% de lucro líquido, livre de imposto, tem-se: Preço de venda x 4% = Lucro líquido, ou seja, R$ 370,00 x 4% = R$ 14,80. Para cada furadeira vendida, o lucro líquido esperado é de R$ 14,80.

Se uma furadeira nas condições citadas for furtada, o cálculo para repor o prejuízo será: Preço de venda dividido pelo Lucro líquido = Quantidade, ou seja, R$ 370,00: R$ 14,80 = 25. Portanto, para cada furadeira furtada/vendida por fraude, a empresa terá de vender 25 novas furadeiras para reparar o prejuízo decorrente da perda.

Assim sendo, quanto menor for a eficiência das operações da empresa, maior será o impacto negativo das perdas com mercadorias.

d) Fiscalização ostensiva

As grandes empresas, como foi citado, gastam em média 21,1% do valor aplicado em perdas de mercadorias com salários pagos a terceiros, na fiscalização e guarda de seus ativos.

Segundo Carvalho, da C&C, quanto mais ostensiva for essa fiscalização, mais intimidadora será a presença de infratores, o que limita as ações dos ladrões e estelionatários, tanto para os que planejam o golpe (quadrilhas ou ladrões profissionais) quanto para aqueles que resolvem fazê-lo quando estão no estabelecimento (amadores ou cleptomaníacos).

e) Auditorias rotativas

Essas auditorias são ações programadas de fiscalização de procedimentos internos diversos, executadas de maneira aleatória e em datas incertas. Visam principalmente a correção de erros que eventualmente estejam sendo cometidos, como também alertar que possíveis intenções de furtos/fraudes internas sejam planejadas e executadas, pois podem a qualquer momento ser descobertas pelo sistema. Na C&C, esse procedimento chama-se Acompanhamento de Processos e Padrões Operacionais (APPO).

f) Inventários gerais e parciais

São contagens de mercadorias que têm como objetivo a perfeita correspondência dos dados constantes nos livros de registro de entrada e saída de mercadorias com o existente fisicamente na loja.

Quadro 2.1 Procedimentos comentados da questão dos inventários.

Procedimento	Comentários
Inventários Rotativos	A implantação e a intensificação (para quem já implantou) dos inventários rotativos, que compreendem contagens diárias de produtos, propiciará à organização conhecer, de forma rápida e sem a necessidade de ter de aguardar a realização de inventários gerais (contagem integral da loja ou do centro de distribuição), as eventuais divergências entre as posições escritural e física de seus estoques. Com base na identificação das divergências, pode-se, então, promover pesquisas para a identificação das causas das quebras. Para selecionar os produtos que serão inventariados diariamente, pode-se aplicar "curvas abc" dos principais fornecedores, dos produtos de maior valor monetário etc.
Identificar e pesquisar as divergências entre a posição existente no sistema mercantil e a encontrada fisicamente	Depois de identificadas as divergências, pode-se, então, promover pesquisas para a identificação das causas das quebras. As causas poderão variar desde problemas sistêmicos e operacionais até furtos praticados por elementos internos e/ou externos à organização. Podemos desmembrar as perdas em dois grandes grupos: Perdas geradas por problemas sistêmicos e operacionais — Originadas por deficiências no sistema mercantil, podendo provocar informações distorcidas, as quais acarretam tomada de decisões e ações indevidas; erros na operação; erros administrativos etc. Este grupo de perdas indica que os recursos saíram pelo "exaustor"; ou seja, a mercadoria, mesmo que avariada, provavelmente ainda se encontra no interior da empresa, entretanto, seu giro pode ter sido afetado, compras desnecessárias eventualmente foram realizadas etc. Perdas geradas por furtos — neste segundo grupo, pode-se elencar as perdas originadas por furtos de autoria interna, praticados por empregados; ações de autoria externa, provocadas por clientes na degustação de alimentos e na violação de embalagens no interior da loja; furtos praticados individualmente ou por quadrilhas especializadas, as quais estão ligadas a receptadores para posterior revenda; fraude do fornecedor pelo envio de mercadorias em quantidade inferior ao da nota fiscal, que poderá ainda ocorrer sem o conhecimento do fornecedor, sendo praticada pelo motorista da transportadora (terceirizada). A identificação das causas das perdas permitirá a adoção de medidas mais adequadas para reduzi-las ou até mesmo eliminá-las.

Do resultado desses procedimentos, várias decisões são tomadas no sentido de se prevenir futuros problemas com divergências. Por exemplo: caso se constate uma diferença grande nas contagens de determinadas mercadorias, pode-se tomar cuidados especiais, como segregá-las da área de vendas para compartimentos fechados e trancados, exposição somente da embalagem e, no ato da aquisição, entrega-se o conteúdo, etc.

g) Revista de saída de funcionários

Este procedimento é preventivo, deixando claro a todos que trabalham no interior do estabelecimento que terão seus volumes, pertences e até compartimento em suas roupas investigados para a constatação de que nada que não pertença à pessoa saia pela portaria de saída de funcionários. Esse procedimento está amparado na Consolidação das Leis Trabalhistas (CLT) e é parte integrante dos contratos de trabalho, relata Carvalho, da C&C.

h) Comunicação visual e sonora

No interior das lojas são afixadas mensagens cujo objetivo é prevenir tentativas de atos ilícitos de maneira não agressiva, para que aqueles que não tenham a intenção não se sintam constrangidos.

Um bom exemplo são as frases do tipo "Sorria, você está sendo filmado", com a observação explícita da lei que prevê o uso e divulgação de imagens.

Na comunicação sonora, mensagens pelo sistema interno de som previnem quanto à possibilidade de se chamar um funcionário antes de qualquer ato de abertura de embalagens, dúvidas do conteúdo etc., para que se evitem perdas por danos nas mercadorias, entre outras razões.

i) Verificação de crédito de clientes

Procedimento que visa resguardar a qualidade das vendas no sentido de que se consiga receber os valores compromissados por meio de cheques e cartões de crédito.

4.2 Combate aos Prejuízos Gerados pelas Devoluções de Cheques e Fraudes com Cartão de Crédito

Algumas das sugestões elencadas neste item já são conhecidas e adotadas em alguns estabelecimentos comerciais de grande porte e integradas ao Programa de Prevenção de Perdas.

- Limite de alçada para a aprovação de cheques, em que os valores são aprovados, obedecendo a uma escala hierárquica, conforme mostra a Tabela 2.5.

Tabela 2.5 Exemplo de limites de alçadas para a liberação de pagamentos em cheques.

Função	Limite para aprovação (R$)	
	Retirada	Entrega
Operadora de caixa	200,00	400,00
Líder de caixa	500,00	1.000,00
Gerente de departamento	1.500,00	3.000,00
Gerente geral da loja (ou quem estiver substituindo-o)	4.000,00	8.000,00

Para os cheques acima de R$ 4.000,00, as mercadorias serão liberadas após a repectiva compensação.

No caso de liberação das mercadorias após a compensação do cheque de valor elevado, apesar de ser uma medida antipática, não implica a não-aceitação do cheque por parte do lojista ou gerente da loja, não lhe acarretando qualquer transtorno de caráter legal, pois o cliente poderá mudar a forma de pagamento para cartão de débito, de crédito ou aguardar a mencionada compensação para receber as mercadorias em sua residência. Por outro lado, caso seja um consumidor com bom histórico de pontualidade em suas compras anteriores (também de valores elevados), o lojista ou gerente poderá liberar a entrega imediata das mercadorias.

Nesse exemplo, os limites para liberação de cheques para as vendas, cujas mercadorias serão entregues pelo lojista no local indicado pelo cliente (entrega em domicílio), são maiores em razão do prazo de entrega permitir a realização de consultas adicionais para a verificação de fundos e identificar eventuais ações fraudulentas e até mesmo para aguardar a compensação bancária (nesse caso, sempre com a ciência do cliente).

- Treinamento para os aprovadores de cheques, os quais podem ser ministrados no próprio local de trabalho por entidades que monitoram a situação cadastral de clientes que utilizam o crédito. Normalmente, as orientações possibilitam ao associado a identificação de eventuais documentos falsos, cheques adulterados etc.

- Sugestão ao cliente para substituir o pagamento em cheque pelo cartão de débito de sua respectiva conta corrente.

- Treinamento ministrado pelas administradoras de cartões crédito aos associados, apesar de todo mecanismo *on-line*, atualmente existente, que possibilita, na maioria dos casos, a identificação de eventuais estelionatários; ainda há a possibilidade de prejuízos, sobretudo quando acontece a queda de linha telefônica para a transmissão de dados, forçando a passagem manual do cartão. Geralmente, o treinamento especializado prepara o associado para identificar cartões "clonados", cartões furtados ou roubados e demais situações que possam provocar perdas.

Sobre os procedimentos das empresas de grande porte, pode-se dizer que — apesar de representarem um montante expressivo, quando comparado com as vendas brutas ou ainda com a receita líquida e até mesmo com o Custo da Mercadoria Vendida (CMV) — os valores correspondentes às perdas com mercadorias, também conhecidas como quebras de estoque, podem impactar de forma significativa o resultado da empresa, sobretudo considerando-se que as margens líquidas (lucro líquido/receita líquida de vendas) dificilmente superam os índices de 3%. Portanto, trata-se de um assunto merecedor de toda a atenção por parte da organização de grande porte. Algumas cadeias de lojas, a exemplo da C&C Casa e Construção, já criaram áreas exclusivas para tratamento e prevenção das perdas.

Para combater as perdas, a organização deverá conhecê-las detalhadamente, identificando valores, quantidades, seus principais agentes provocadores, deficiências em seus controles internos etc. As informações relativas às quebras nos inventários (diferença entre a posição contábil e a existência física das mercadorias), caso não estejam disponíveis, deverão ser prospectadas pela Controladoria ou ainda pela Auditoria Interna, se não houver uma área de Prevenção de Perdas. Uma vez identificadas as quebras, o passo seguinte é o seu detalhamento por loja, centro de distribuição, tipo de produto, período e, caso seja possível, por motivo (furto interno, furto externo, dano, extravio etc.). Após o levantamento inicial, a manutenção e a disponibilização dessas informações deverão ser habituais, para permitir a adoção de ações preventivas, as quais deverão sofrer uma análise financeira (custo-benefício), verificando a viabilidade do emprego de capital e seu respectivo retorno.

Quadro 2.2   Ações complementares desenvolvidas por grandes empresas.

Agendamento de recebimento de produtos de alto valor agregado	O agendamento das entregas de determinados fornecedores, responsáveis pelo abastecimento de produtos de alto valor agregado, os quais geralmente despertam maior interesse para furto, proporcionará a concentração de esforços para uma conferência extremamente rigorosa no recebimento, permitindo a adoção de medidas, como o reforço da equipe de segurança e o acompanhamento por parte de supervisores, evitando eventuais desvios praticados por motoristas, transportadoras, fornecedores e associados eventualmente desonestos.
Desenvolvimento de programa de qualidade para os fornecedores	Parte das perdas tem como origem problemas relacionados à embalagem frágil e que não protege devidamente a mercadoria, produtos com grande percentual de defeitos de fabricação ou com manual de instruções falho e insuficiente, que geram devoluções e insatisfação de clientes. Dessa forma, cabe à área de compras desenvolver e habilitar somente fornecedores que produzam produtos com qualidade, que ofereçam assistência técnica e que promovam a substituição dos produtos que eventualmente apresentem problemas.
Admissão de associados após rigoroso processo de seleção	Além das avaliações psicológicas e técnicas, a organização deverá realizar a investigação social de seus candidatos, verificando a existência de eventuais aspectos negativos de ordem criminal ou financeira e comportamento em empregos anteriores, e conferindo a exatidão de seu endereço residencial e, na oportunidade, sua situação familiar.
Organização, armazenagem e exposição de produtos, de acordo com a ordem cronológica de recebimento	Adotar o método PEPS (Primeiro a Entrar, Primeiro a Sair) faz com que a organização não mantenha produtos com prazos de validade próximos de expirar, propiciando, por exemplo, ao cliente, retirar da prateleira os produtos mais antigos.
Negociação com fornecedores sobre a reposição de produtos com prazos de validade vencidos	Muitas vezes, mesmo ao se aplicar o método PEPS, alguns produtos acabam tendo seus respectivos prazos de validade vencidos. Nessas situações, cabe à área de compras negociar a reposição dos produtos, mediante colocação de pedidos livres de débito ou ainda um percentual de abatimento sobre o montante da negociação de compra.

4.3 Enfoque da Empresa de Médio Porte

A empresa de médio porte também tem consciência do efeito danoso que as perdas com mercadorias causam a sua saúde financeira. Porém, devido às dificuldades orçamentárias, os procedimentos que levam a sua mensuração são mais limitados, o que compromete, em parte, a tomada de decisão quanto às atitudes que visam a PPM.

Segundo, Waldir Rodrigues, da Anamaco, 95% dessas empresas são administradas de forma familiar, com pouca visão de administração de negócios, pois seus proprietários, a maioria, administram com poucos recursos acadêmicos, ficando o negócio sujeito mais ao "tino" comercial de cada um.

Mesmo assim, existe sempre a preocupação de contenção dos prejuízos com perdas de mercadorias, mesmo que seus sistemas e processos sejam mais simples que os sistemas de grandes empresas.

Daniela Colgnaghi, gerente do Depósito Sideral,[5] afirma que existe a preocupação com perdas de mercadorias, porém, restringe-se bastante a ações de prevenção, o que significa que eles não têm processos e meios eficazes de registro, contabilização e ações corretivas.

Mesmo assim, salienta Daniela, há um grande interesse dessas empresas em iniciar, prática e eficientemente, uma atualização quanto aos processos mais comumente utilizados pelo setor, ou seja, acompanhar as tendências do mercado.

Hoje, os processos de prevenção de perdas no negócio de médio porte, segue, segundo Daniela, apenas em caráter informal, como reuniões com funcionários, fornecedores e empresas terceirizadas.

Não foi encontrado qualquer dado específico de valores investidos para a prevenção de perdas com mercadorias.

Como a loja não dispõe de soluções de segurança eletrônica, nem outros meios para proteger as áreas ou mercadorias de risco, o maior esforço é fazer com que os próprios funcionários conscientizem-se de que a preservação dos ativos é também sua responsabilidade.

Ressalta Daniela que, em sua loja, os maiores alvos são as mercadorias de pequeno porte e alto valor, como pilhas, metais e ferramentas, e, hoje, a melhor forma de combater esses furtos é pela presença dos próprios responsáveis. Tam-

---

[5] Entrevista realizada, em 17 de dezembro de 2004. A transcrição foi feita pelos autores deste trabalho.

bém se observa nessa loja, que os produtos mais visados (PAR) estão posicionados nos corredores principais, onde há sempre uma maior circulação de pessoas. Colocar produtos mais visados próximos à lanchonete da loja também reduziu os furtos praticamente pela metade; as mercadorias de grande porte, ou pesadas, foram colocadas no fundo da loja e em áreas de menor circulação, pois assim sua remoção torna-se bastante difícil.

4.4 Enfoque da Empresa de Pequeno Porte

O comprometimento do combate às perdas de mercadorias deve ser de todos, argumenta Sergio Del Nero, proprietário da Piso 10 Materiais para Construção, empresa de pequeno porte, localizada na região do Itaim Bibi, na capital de São Paulo.

Trabalhando com poucos colaboradores, Sérgio ressalta não ter plenos registros das perdas com mercadorias. Segundo ele, a forma mais eficaz que encontrou para combater esse problema foi a utilização de segurança eletrônica para proteger o caixa e as regiões de maior risco de seu estabelecimento.

A frente do caixa é um ponto crítico, e é responsável por 40 % das perdas da loja, pois, situada próximo à porta principal, existe grande facilidade para que as mercadorias sejam levadas sem o efetivo pagamento.

Para um pequeno negócio, não são permitidos gastos e investimentos que justifique um programa de Prevenção de Perdas com Mercadorias. Em virtude disso, alguns cuidados são necessários já na contratação de funcionários, como:

- a contratação apenas de funcionários indicados por outros da loja;
- a contratação de parentes ou amigos;
- treinamentos na própria loja ministrados por terceiros.

Outro detalhe é o atendimento. Nunca se deve deixar um cliente sozinho pela loja, principalmente se ele apresentar inquietação e comportamento estranho. Faça com que perceba que foi notado e está sendo observado.

O bom cliente gosta de ser bem atendido, e a pessoa mal-intencionada não gosta de atendimento, nem de ser observada.

Portanto, a prevenção de perdas na pequena empresa fica restrita a poucos controles de estoque, rigor na contratação dos funcionários com treinamento próprio e a observação de clientes e funcionários.

5 Conclusão

Prevenção de perdas com mercadorias é um tema bastante novo para o varejo de materiais para construção no Brasil e ainda está muito longe de ser praticada pela maioria das empresas do setor, especialmente pelas de pequeno e médio porte. Percebe-se que as principais dificuldades que impedem a implementação eficaz de um programa deste tipo, nessas empresas, estão relacionadas à definição de procedimentos e o monitoramento dos trabalhos, já que hoje a tecnologia está bastante acessível a todos.

Entre as organizações de pequeno e médio porte — na maioria das vezes empresas familiares, administradas pelo proprietário e com um baixo grau de profissionalismo — a falta de um departamento especializado em recursos humanos e a falta de conhecimento sobre o assunto são um obstáculo a mais para a implementação de um programa como esse.

Pode-se observar que a maioria das empresas tem consciência sobre a importância do tema e interesse em aprofundá-lo, pois sabem que as perdas afetam diretamente o resultado, apesar de não terem a menor idéia de quanto. Porém, todo o esforço feito hoje está relacionado à inibição de roubos e fraudes, que correspondem a pouco mais de 50% das quebras, segundo a 3ª Avaliação Provar de Perdas no Varejo Brasileiro — 2003 (PROVAR, 2004).

Para que um programa eficaz de prevenção de perdas com mercadorias seja implementado com sucesso, inibir roubos e fraudes não é o suficiente, é preciso desenvolver uma série de procedimentos para reduzir erros e quebras operacionais, como inventários rotativos, conscientização e treinamento dos funcionários sobre a importância da prevenção de perdas e técnicas de armazenagem. Mas não basta apenas desenvolver procedimentos se não for feito um monitoramento que garanta o seu cumprimento.

Conclui-se que há um grande interesse do setor de materiais de construção no Brasil pelo tema e que um trabalho de conscientização em relação à prevenção de perdas é um processo bastante acessível a empresas de qualquer porte, assim como a divulgação dos resultados que um programa como esse pode gerar, deve aumentar muito o número de organizações dispostas a investir na prevenção de perdas. Para tanto, conta-se com as grandes empresas do setor, que já adotam um processo dessa natureza, e com as entidades de classe, como a Anamaco.

6 Referências Bibliográficas

AGOPYAN, V. Melhor que parece. *Revista Construção*, São Paulo, n. 2686, p. 6-11, ago 1999. Entrevista concedida a Simoni Cappozi.

BAFFA, Adriana. Varejistas contratam serviços de controle e prevenção de perdas. *Gazeta Mercantil*, Rio de Janeiro, 9.8.2002.

BOROLOTTO, J. A espera da volta do crescimento. *Gazeta Mercantil*, Rio de Janeiro, 21.6.2004.

COLOMBO, C. R. e BAZZO, W. A. *Desperdício na construção civil e a questão habitacional*: um enfoque CTS — Ciência, Tecnologia e Sociedade. Universidade Federal de Santa Catarina, [s.d.].

COLOMBO, C. R. *A qualidade de vida de trabalhadores da construção civil numa perspectiva holístico-ecológica*: vivendo necessidades no mundo trabalho-família. 1999. Dissertação (Mestrado em Engenharia de Produção) —. Centro tecnológico, Universidade Federal de Santa Catarina, Florianópolis.

CONSTRUBUSINESS. Habitação, infra-estrutura e emprego. In: SEGUNDO SEMINÁRIO DA INDÚSTRIA BRASILEIRA DE CONSTRUÇÃO. São Paulo: Fiesp/Ciesp, 1999.

_____. Habitação social — moradia para todos. In: QUARTO SEMINÁRIO DA INDÚSTRIA BRASILEIRA DA CONSTRUÇÃO. São Paulo: Fiesp/Ciesp, 2001.

CONTE, A. S. I. Chega de perdas. *Revista Construção*. São Paulo, n. 2704, p. 12-15, dez./1999. Entrevista concedida a Mariuza Rodrigues.

COZZA, E. Saco cheio. *Revista Construção*, São Paulo, n. 2599, p. 16, dez./1997.

DACOL, S. *O potencial tecnológico da indústria da construção civil*: uma proposta de modelo, 1996. Dissertação (Mestrado em Engenharia de Produção). — Centro tecnológico, Universidade Federal de Santa Catarina. Florianópolis.

CENTRO DE ESTATÍSTICA E INFORMAÇÕES. Déficit habitacional no Brasil 2000. Belo Horizonte: Fundação João Pinheiro. 2001.

FONTES, L. B.; GOTTSCHALK, E. e BORBA, G. G. *Produtividade*. Salvador: Fundação Emílio Odebrecht. 1982.

GUERREIRO, A. Mais controle, menos prejuízo. *Revista Anamaco*, no XIV, n. 146, p. 37, out.— 2004.

LEUSIN, S. Existe inovação nas edificações? In: XVI ENCONTRO NACIONAL DE ENGENHARIA DE PRODUÇÃO. Piracicaba. 1996. *Anais*. Piracicaba: Unimep/Abepro, 1996.

LIMA, Ire. S. *Qualidade de vida no trabalho na construção de edificações*: avaliação do nível de satisfação dos operários de empresas de pequeno porte, 1995. Tese (Doutorado em Engenharia de Produção) Centro Tecnológico, Universidade Federal de Santa Catarina. Florianópolis. 1995.

MAUÉS, L. M. F. Metodologia de organização interna e melhoria do processo produtivo em centrais de montagens de componentes: um estudo de caso. 1996. Dissertação (Mestrado em Engenharia de Produção e Sistemas) Centro Tecnológico, Universidade Federal de Santa Catarina. Florianópolis.

MAWAKDIYE, A. Menos com mais: produtividade nos canteiros ainda é baixa. *Revista Construção*, São Paulo, n. 2680, p. 16-19, jun./1999.

MORAES, M. T. R. de. Indústria da construção no Brasil: a utilização da força de trabalho no processo de produção. In: ENCONTRO NACIONAL DE ENGENHARIA DE PRODUÇÃO. São Carlos. 1988. *Anais*. São Carlos: Eesc/USP, 1988.

NASCIMENTO, A. M. de Sá e MACEDO-SOARES, T. D. L. V. A. de. A. COMPETITIVIDADE NO SETOR DE CONSTRUÇÃO. In: XVI ENCONTRO NACIONAL DE ENGENHARIA DE PRODUÇÃO. Piracicaba. 1996. *Anais*. Piracicaba: Unimep/Abepro, 1996.

PICCHI, F. A. *Sistemas da qualidade*: uso em empresas de construção de edifícios, 1993. Tese (Doutorado). — Escola Politécnica, Universidade de São Paulo. São Paulo.

PNAD 1996. *Pesquisa nacional por amostra de domicílios*: síntese de indicadores. Rio de Janeiro: Instituto Brasileiro de Geografia e Estatística, Departamento de Emprego e Rendimento, 1997.

ROCHA, M. H. P. A indústria de 3ª geração: externalização de serviços. n: IX ENCONTRO NACIONAL DE ENGENHARIA DE PRODUÇÃO. Porto Alegre. 1989. *Anais*. v. 2. Porto Alegre: UFRGS e UFSM, 1989.

SCHMITT, C. M. et al. O desenvolvimento da qualidade e da produtividade da indústria da construção civil no Rio Grande do Sul. In: XII ENCONTRO NACIONAL DE ENGENHARIA DE PRODUÇÃO. São Paulo. 1992. *Anais.* São Paulo: Universidade Paulista, 1992.

SILVA, M. A. C. A inevitável lógica da produtividade. *Revista Qualidade na Construção*, p. 24-26, 1999. Entrevista concedida a Cyro F. Andrade.

SMITH, E. A. *Manual da produtividade*: métodos e atividades para envolver os funcionários na melhoria da produtividade. Rio de Janeiro: Qualitymark, 1993.

SOUZA, U. E. L. de e AGOPYAN, V. Os números que faltavam. *Revista Qualidade na Construção*, p. 14-20, 1999.

SUMITA, E. T. et al. *A prevenção de perdas no pequeno e médio varejo supermercadista*. São Paulo, Universidade de São Paulo, 2003. Apostila do curso MBA/Varejo, USP.

VIDAL, M. Patamares tecnológicos da industrialização da construção: tentativa de sistematização. In: IX ENCONTRO NACIONAL DE ENGENHARIA DE PRODUÇÃO. Porto Alegre.1989. *Anais.* v. 2. Porto Alegre: UFRGS e UFSM, 1989.

Webgrafia

AMSEL, T. Crime no local de trabalho: alguns aspectos psicológicos.<*www.eticaempresarial.com.br/artigos_crimelocal.htm*>. Acesso em: 25 abr. 2004.

ANGELO, C. F.; LEOTE, C. Administrando as perdas: a geração e sustentação de vantagens competitivas no varejo brasileiro. <*www.provar.org/grupos_estudos/gpp/artigos_gpp.htm*>. Acesso em: 4 nov. 2004.

ANAMACO. <*www.anamaco.com.br*>. Acesso em: nov./dez. 2004

ECR-BRASIL. <*www.ecrbrasil.com.br/ecr_noticias.asp*>. Acesso em: 4 set. 2004.

PROVAR. <*www.provar.org*>. Acesso em: 15 ago. 2004 e 11 set. 2004.

QUINTO SEMINÁRIO DA INDÚSTRIA BRASILEIRA DA CONSTRU-ÇÃO. <*www.anamaco.com.br/construbusiness/estudodarelevanciadacadeiadacons-trução.htm*>. Acesso em: 29 nov. 2004.

Capítulo 3

Associativismo como Instrumento de Aumento de Competitividade para Micros, Pequenas e Médias Empresas de Varejo de Material de Construção

Airton Kenshiro Uehara
Katsumori Miyasato Ueta
Ricardo Cícero Pereira
Tony Rocha Noritake
Walter Luiz Yukishigue Yogui

AGRADECIMENTOS

A Deus, pela vida e obstáculos que nos ajudou a vencer.

Aos nossos pais, por acreditarem em nós.

Aos nossos irmãos e familiares, pelo apoio que sempre nos deram.

A todos os nossos amigos, pelas palavras de incentivo.

Aos nossos mestres, que se dedicaram em nos ensinar com a maior clareza possível e, principalmente, aos professores Joaquim Ramalho e Ana Lucia Magyar, que nos incentivaram e orientaram na elaboração deste trabalho e acreditaram em nosso potencial para concluí-lo.

Aos nossos colegas, pelo companheirismo, convívio e troca de conhecimento.

A Anamaco, pela iniciativa, por intermédio do sr. Cláudio Conz e do sr. Natal Destro.

Resumo

Este capítulo demonstra a necessidade de se oferecer aos pequenos empresários uma estrutura que tenha condições de concorrer em igualdade no mercado, por meio da otimização de qualidade e preços, o que minimiza custos com a ajuda do associativismo.

Trata-se de uma pesquisa descritiva, elaborada com base em dados secundários, em que o autor mais evidenciado foi Marcos Gouvêa de Souza, que atua, desde 1989, como consultor e presta serviços para o varejo e a distribuição por meio de sua empresa Gouvêa de Souza & MD e do Instituto de Pesquisa e Estudos em Distribuição e Varejo (IPEDF).

Analisa-se o procedimento necessário para o surgimento de um grupo associativista, buscando sempre ressaltar a importância da união e da fidelidade entre aqueles que procuram superar a dificuldades, gerar benefícios e sobreviver no mundo capitalista.

O processo de internacionalização das empresas é um fato concreto que pode ser visualizado pelas estratégias dos grandes conglomerados multinacionais, cujos objetivos não são mais a conquista de mercados específicos, mas a adoção de estratégias globais de redução de custos e obtenção de ganhos de escalas em nível mundial, no qual as associações (parcerias) podem representar um papel fundamental.

A escolha deste tema, associativismo, deve-se ao fato de as empresas atuarem em mercados cada vez mais ágeis, competitivos, abertos, integrados e dotados de enormes dinâmicas nas áreas tecnológicas, financeira e comercial.

Assim, concluímos que as mudanças estruturais fazem com que a maioria das organizações se adapte e mude os procedimentos de gestão, baseando-se na eficiência, competitividade de preços, qualidade, agilidade dos processos e atendimento ao consumidor.

Palavras-chave:
associação; melhoria no atendimento; compra conjunta; otimização de custos; padronização; melhores preços.

1 O que é Associtiavismo

Associativismo ou ação associativa é qualquer iniciativa formal ou informal que reúne um grupo de pessoas ou empresas para representar e defender os interesses dos associados e estimular o seu desenvolvimento técnico, profissional e social. É uma sociedade civil sem fins lucrativos, com personalidade jurídica própria (SEBRAE, 2004).

O crescente nível de competição tem levado as organizações a desenvolver estratégias que visam torná-las menos vulneráveis às mudanças que vêm ocorrendo no ambiente externo e interno. O processo de globalização (financeiro, produtivo e comercial), a introdução de novas tecnologias e a implantação de novos processos organizacionais levam alguns segmentos a um cenário de fusões, incorporações e reestruturação, com o objetivo de manter a competitividade. Para minimizar os efeitos negativos de ambiente tão turbulento, deve-se estimular a elaboração de um planejamento estratégico, levando-se em consideração os cenários político, econômico e cultural nos quais a empresa pretende a atuar.

Com esse enfoque surge o associativismo. O seu objetivo é a permanência no mercado de pequenas e médias empresas e ser uma alternativa para a profissionalização. Nesse sentido, pequenas empresas se unem para formar centrais de compras. A estratégia é criar escala, evitar intermediários e comprar produtos básicos e de alto giro diretamente da indústria. O conceito é justamente reunir forças e criar sinergia entre os associados, desenvolvendo melhoria no atendimento e na qualidade dos serviços. A estratégia do associativismo, além de se concentrar na logística e na obtenção de preços melhores nas negociações de compra com os fornecedores, é implementar uma padronização nas lojas, no atendimento e no marketing da rede e, por conseqüência, na imagem dos associados. Com uma visão de longo prazo, as redes planejam a construção de centro de distribuição e armazenagem, e investimentos em tecnologias. Em curto prazo, as redes implementam encartes promocionais em conjunto, uniformes para os funcionários, letreiros para loja e a emissão de cartão de crédito próprio de compra, facilitando o financiamento para os clientes (SEBRAE, 2004).

O associativismo está presente em entidades como associações comerciais, industriais e rurais; sindicatos; cooperativas; parcerias ou associações de interesse econômico, social ou político. Aqui nos ateremos, mais especificamente, ao associativismo de interesse econômico, que reúne empresas de uma mesma atividade para praticar compras conjuntas, ações de marketing, programas de qualidade, produção compartilhada etc.

1.1 Associativismo para um Brasil de Resultados

O associativismo surgiu já nos primórdios da humanidade, quando o homem percebeu a necessidade de viver em grupos para caçar, se defender e cultivar. Na era industrial, eles foram obrigados a se organizar mais para enfrentar as condições precárias de trabalho, e hoje, na era do conhecimento, é necessário buscar o desenvolvimento econômico e social por meio de grupos estruturados e preparados para vencer as barreiras econômicas (ROMEU, 2004).

A era da globalização e da competição requer um país de empreendedores, que acreditem no associativismo, percebam e valorizem essa forma de representatividade e se tornem os agentes da construção de uma sociedade de resultados.

Nos últimos dez anos, milhares de instituições foram criadas com esse objetivo. Surgiram redes varejistas setoriais; diversos aglomerados industriais, os chamados pólos ou *clusters*, ganharam consistência e houve também um *boom* de cooperativas e centrais de compras de toda espécie. "Acreditamos que existam hoje no país aproximadamente 200 redes associativistas setoriais", segundo avalia Romeu (2004), diretor e consultor da Clalemar Assessoria Empresarial. Apenas sua empresa já auxiliou na criação de 60 dessas organizações. Além disso, o número de cooperativas explodiu nos anos 1990 (veja o Quadro 3.1).

Quadro 3.1 Empresa associativista *versus* individualista.

Características que fazem a diferença	
Empresa de perfil associativista	Empresa de perfil individualista
<ul><li>Compartilha informações e idéias</li><li>Tem gestão transparente</li><li>Busca resultados de longo prazo</li><li>Toma decisões de forma colegiada</li><li>Empreendedor não se considera o dono da verdade</li><li>Vê no concorrente ou fornecedor um aliado com quem pode aprender</li><li>O processo produtivo ou de vendas é tão importante quanto os resultados</li></ul>	<ul><li>Esconde dados e idéias</li><li>Administração fechada</li><li>Tem visão imediata</li><li>As decisões são tomadas isoladamente</li><li>tem dono personalista, voluntarioso, que tenta resolver tudo sozinho</li><li>Vê o concorrente/fornecedor como um adversário a ser superado</li><li>Preocupa-se apenas com os resultados finais do negócio</li></ul>

Fonte: ROMEU, 2004.

1.2 A Importância do Associativismo

Empreendedorismo e associativismo são instrumentos fundamentais para transformar o Brasil em um país de Primeiro Mundo, estabelecendo o desenvolvimento econômico por meio de negócios que possam crescer de maneira sustentável (GERANEGOCIO, 2004).

Este é um país de empreendedores inteligentes e criativos. A prova disso está na última pesquisa do (Global Entrepreneurship Monitor — GEM), entidade que mede o empreendedorismo em 31 países de todos os continente. Ela aponta o Brasil como a sexta nação mais empreendedora do mundo, e destaca também que durante 2003 aumentaram o percentual de abertura de negócios pela percepção de novas oportunidades *versus* os casos de pura necessidade.

Os empreendedores brasileiros são capazes de se conhecerem a si mesmos, têm grande capacidade de comunicação e buscam constantemente conhecimento para inovar.

Para o Brasil se tornar um país de resultados, a saída está no empreendimento de micro e pequenas empresas; conforme o relatório do GEM, as pequenas empresas produzem 25% da riqueza do País e criam metade dos empregos (ANDRADE, 2004). São elas que conseguem realizar a melhor distribuição de renda regionalizada. Mas são também as empresas que vivem em um mar de incertezas, atuam na informalidade, sofrem pela falta de ferramentas para divulgar o seu negócio (marketing), pela falta de poder de barganha, pela incapacidade de treinar e preparar seus colaboradores, pela ausência de acesso ao crédito facilitado, por não terem qualquer abertura de canal para exportação, pela total inexistência de reciclagem e atualização de conhecimento, entre diversos aspectos relevantes.

O empreendedorismo, organizado por meio do associativismo, é uma alternativa para o desenvolvimento econômico e social, contribuindo para que as nações pobres vivam em condições iguais ou similares às ricas. Os empreendedores precisam atuar em conjunto, em rede, unindo cada vez mais forças para a mudança e a conquista de um Brasil de resultados (Sebrae, 2004).

---

[1] Anderson de Andrade (anderson@a2c.com.br) é empreendedor, empreteco, palestrante, consultor de *e-business* e marketing digital, atua há cinco anos em gestão de empresas de tecnologia e há mais de seis anos no mercado *web*. Formando em Administração de Empresas com especialização em Marketing, Anderson é socioadministrador da A2C e diretor de Comunicação e Marketing, gestão 2004, da Ajorpeme, maior associação de micro, pequenas e médias empresas da América Latina.

1.3 Aspectos Comuns das Associações

Todas as modalidades de associação surgem de um contrato e pressupõem um conjunto de pessoas dispostas a organizar esforços para a realização de uma finalidade comum (Sebrae, 2004).

Todas se referem a um quadro jurídico-legal específico. Quando se constituem plenamente, segundo os requisitos legais, tornam-se pessoas jurídicas distintas das pessoas físicas dos seus associados, considerados individualmente. Como pessoas jurídicas, gozam dos atributos de denominação, capacidade jurídica, domicílio, patrimônio e nacionalidade (SEBRAE, 2004).

1.3.1 Tipos

Dentre os tipos de associação, destacam-se as filantrópicas; de moradores; de pais e mestres; em defesa da vida; culturais, desportivas e sociais; de consumidores; de classe; de trabalho; centrais de compras etc.

1.3.2 Aspectos tributários

A Figura 3.1 apresenta aspectos tributários, referentes às associações.

SEBRAE   Aspectos Tributários

Tributos

%
Financiamentos de investimentos fixos ou investimentos com capital de giro associado. 50% do valor financiado.O aval por operação não poderá ultrapassar o valor de R$ 72.000,00 (setenta e dois mil reais).

IPI
Incidirá sobre produtos industrializados nacionais e estrangeiros, conforme tabela de incidência.

ICMS
São contribuintes não isentas da obrigação principal, quando praticarem, com habitualidade, operações relativas à circulação de mercadorias; · São contribuintes não isentas da obrigação acessória; · São responsáveis pelas obrigações, principal e acessória, do estabelecimento do associado.

PIS
0,65% sobre a folha de pagamento dos empregados da Associação.

COFINS
Isentas, passando a ser contribuintes caso efetivem transações comerciais.

CONTRIBUIÇÃO. SOCIAL
Isentas.

I.R
Isentas, desde que:
Não remunerem seus dirigentes e nem distribuam lucros;
Apliquem os recursos na manutenção e desenvolvimento dos objetivos sociais;
Mantenham escrituração de receitas e despesas em livros que assegurem a respectiva exatidão;
Prestem às repartições, lançadoras do imposto, as informações determinadas em lei e recolham os tributos retidos sobre os rendimentos por elas pagos. b) Apresentar, anualmente, no mês de junho, a Declaração de Isenção do Imposto de Renda Pessoa Jurídica, em formulário específico.

FGTS
8% sobre folha de pagamento dos empregados da Associação.

INSS
% calculado sobre folha de pagamento dos empregados da Associação, conforme tabela que se encontra neste site, no link "Tributos e obrigações".

ISSQN
Devem inscrever-se nas Prefeituras Municipais. local de suas sedes, requerendo a isenção do ISSQN, se for o caso.

Fonte: Sebrae, 2004.

Figura 3.1 Associações *versus* tributos.

1.4 Formação de uma Rede Associativista

A iniciativa, em geral, surge de um ou mais empresários de vanguarda e de um mesmo ramo de atividade, que esperam, ao unirem suas forças, poder competir em melhores condições com as grandes empresas. Normalmente, essa união tem, no início, intenção de conseguir (ROMEU, 2004) melhores preços com a realização de compras conjuntas, porém, com o tempo, outras vantagens são percebidas (ROMEU, 2004).

Ao desfrutarem dessas novas conquistas, os empresários crescem profissionalmente, gerando reflexos em suas empresas, que se tornam competitivas e experimentam considerável aumento em seus lucros. Entretanto, para que tudo isso ocorra, esses empresários precisam abolir dois paradigmas que se encontram enraizados em nossa cultura empresarial:

1. **O segredo é a alma do negócio.** Esse conceito foi aceito durante muito tempo como a única forma de obter sucesso nos negócios. Nenhum empresário conversava com outro, para evitar que suas idéias fossem copiadas. A falta de comunicação permitia que os fornecedores vendessem, a cada cliente, suas mercadorias por preços diferentes, e todos achavam que tinham o melhor preço da região.

2. **O meu concorrente deve desaparecer.** Quantos empresários dariam graças a Deus se o seu concorrente desaparecesse? Quantos acreditam que o melhor é ficar sozinho em determinado mercado? Esse egoísmo demonstra mais medo do que competência. Será que a saída do concorrente do mercado hoje não pode anteceder a minha amanhã? Dependendo dos anseios dos associados, torna-se importante que o grupo se organize formalmente, criando uma associação para a implementação de suas propostas, tornando possível a contratação de profissionais capacitados, próprios ou terceirizados, que desempenharão a contento as tarefas que lhes forem recomendadas. Dentre essas tarefas, destacam-se: levantamento dos preços praticados pelos concorrentes, levantamento do potencial de compras do grupo, agendamento de entrevistas com fornecedores, programação de entregas nas lojas, elaboração de pesquisas de mercado, campanhas promocionais, avaliação das necessidades de treinamento gerencial e operacional etc. A escolha pela constituição de uma associação é feita por se tratar da forma jurídica que possui o menor nível de exigências para sua abertura e inscrição no CNPJ. Para a formalização de uma associação, deve ser elaborado um estatuto social,

um regulamento interno (veja modelos anexos) e um código de ética (de acordo com cada associação), analisados e aprovados por todos os associados fundadores. Elege-se uma diretoria administrativa, um conselho fiscal e um conselho de ética que administrarão a entidade normalmente pelo período de dois anos. Apesar desses órgãos diretivos, a maior força de uma associação concentra-se nas decisões soberanas de suas assembléias, realizadas, no mínimo, uma vez por mês (ROMEU, 2004).

1.5 Plano de Trabalho

Enganam-se aqueles que acreditam que, ao participarem de um grupo associativista, trabalharão menos e os resultados virão com maior facilidade. Do contrário, exige-se muita dedicação, espírito associativista e, além disso, atitudes cooperativistas e corporativistas, para ajudar e ser ajudado. Cabe aos diretores eleitos, a missão de manter o entusiasmo, o entrosamento e a amizade entre os associados e, para isso, devem visar a realização de ações para esse fim, com base em um planejamento preestabelecido e aprovado para a rede, pelo período mínimo de um ano. Esse planejamento deve conter: a missão da associação; se haverá ou não a criação de uma marca para a rede; se haverá personalização das empresas ou padronização de fachadas, *layouts* etc; a estruturação de compras a ser empregada; os treinamentos; informatização; cronograma; campanhas promocionais etc (ROMEU).

1.6 Pontos Fortes do Associativismo

União: os empresários são desunidos e agem individualmente. A rede associativista proporciona uma união capaz de fazê-los pensar coletivamente e permite uma troca de experiências que os faz crescer no conjunto (ROMEU, 2004).

Aculturamento: há um ganho significativo na cultura empreendedora da grande maioria dos empresários que participam de uma rede associativista, entretanto, não é uma tarefa fácil juntar esforços e manter pessoas unidas em torno de uma mesma idéia. Participar de um grupo associativista requer uma transformação muito grande na personalidade do empreendedor. O associado precisa deixar a vaidade de lado, reforçar a solidariedade e enxergar, no concorrente, um aliado. Isso não é simples, pois exige grande mudança cultural, uma vez que a maioria das pessoas são individualistas (ROMEU, 2004).

Compras conjuntas: a realização pelos associados de compras conjuntas em grandes quantidades proporciona maior poder de barganha e acesso a grandes fornecedores, disponíveis, até então, por meio de empresas atacadistas (RO-MEU, 2004).

Capacitação: os empresários e seus funcionários atendem ao apelo para se capacitar, a fim de enfrentar a concorrência impiedosa das grandes empresas. Isso proporciona melhoras significativas na gestão do negócio, na qualidade de trabalho e no atendimento aos clientes (ROMEU, 2004).

Lucratividade: o aumento no faturamento, graças aos benefícios proporcionados pela rede; os resultados com o desenvolvimento de produtos similares, sem esquecer da qualidade; e a aplicação de melhores margens de comercialização fazem com que as empresas apresentem um aumento considerável de sua lucratividade (ROMEU, 2004).

Parcerias: as ações conjuntas com fornecedores e distribuidores possibilitam a realização de campanhas de promoção, com preços menores do que os demais estabelecimentos não associados. A parceria com uma financeira, com juros e taxas menores, proporciona atratividade aos consumidores para compras financiadas, ao mesmo tempo que propicia um custo operacional menor para a empresa (ROMEU, 2004).

Conceito de loja: as recomendações da rede, quanto aos aspectos de apresentação dos estabelecimentos, têm proporcionado uma melhoria no conceito de loja dos empresários associados. Essas recomendações incluem desde uma fachada, um *layout* apropriado até a informatização, passando por uniformização e aparência pessoal dos funcionários (ROMEU, 2004).

Patrocínio: várias são as redes que desenvolvem boas parcerias com os fornecedores e obtêm, com isso, patrocínio para seus eventos, promoções, fachadas, melhorias no ponto-de-venda etc (ROMEU, 2004).

Aumento de competitividade: comprando bem e barato, melhorando seu mix de produtos, entendendo as necessidades de seus clientes, capacitando-se gerencialmente, treinando sua equipe e organizando melhor seu estabelecimento, os empresários de uma rede associativista tornam-se mais competitivos (ROMEU, 2004).

1.7 Pontos Fracos do Associativismo

Ansiedade: os empresários querem ver os resultados imediatamente. É necessário um tempo de maturação para a consolidação do grupo. Deter essa ansiedade é uma tarefa importante para o sucesso da rede (ROMEU, 2004).

Qualidade dos associados: as redes que privilegiam quantidade em vez de qualidade na seleção de seus associados vão se ressentir, no futuro, de que a participação deles não é tão intensa quanto se desejava. A mentalidade individualista, a inadimplência, a resistência às mudanças e o descumprimento das normas fazem-se presentes nessas redes e contribuem para desmotivar os que estão se empenhando para o sucesso da união (ROMEU, 2004).

Disparidade de faturamento: a existência de grandes, médios e pequenos estabelecimentos, em uma mesma rede, tem dificultado as ações conjuntas, principalmente quando há rateio dos custos. Recomenda-se que o grupo seja formado por empresas que possuam portes parecidos, para que as ações propostas possam ser assimiladas e realizadas sem prejuízo. É importante que se tenha em mente que a união deve ser feita para ajudar, e não prejudicar (ROMEU, 2004).

Recursos financeiros escassos: muitos associados ressentem-se da falta de recursos financeiros e, por essa razão, não conseguem investir em sua loja e acompanhar a evolução do grupo associativista, causando, conseqüentemente, um desgaste na imagem da rede (ROMEU, 2004).

Falta de habilidade para decisões em conjunto: todos elogiam a democracia, porém, no dia-a-dia das empresas, a autocracia impera. Ao participar de um grupo, o empresário deve saber que é necessário acatar a decisão da maioria, e que suas idéias, quando colocadas, deverão ser bem fundamentadas, para que possam ser aceitas (ROMEU, 2004).

Especular sobre as negociações: um dos maiores problemas que ocorrem nas redes já constituídas é o de um associado querer levar vantagem sobre os demais. Fatos assim acontecem por sugestão dos próprios vendedores, que procuram aliciar para desestruturar o grupo. É importante saber que, mais cedo ou mais tarde, isso chegará ao conhecimento de todos e, provavelmente, esse associado será excluído da associação (ROMEU, 2004).

1.8 Ética Aplicada

Por que implantar códigos de conduta ética?

1º) Melhora a imagem do negócio e agrega valores.

2º) Cria vínculos de aceitação e colaboração mútua entre os colaboradores/ associados.

1.8.1 Conceito

O código de ética é um instrumento de realização dos princípios, visão e missão da empresa. Serve para orientar as ações de seus colaboradores e explicitar a postura social da organização diante dos diferentes públicos com os quais interage. É da máxima importância que seu conteúdo seja refletido nas atitudes das pessoas a que se dirige e encontre respaldo na alta administração da empresa que, tanto quanto o último empregado contratado, tem a responsabilidade de vivenciá-lo (WHITAKER, 2004).

Para definir sua ética, sua forma de atuar no mercado, cada empresa precisa saber o que deseja fazer e o que espera de cada um dos funcionários. As organizações, assim como as pessoas, têm características próprias e singulares. Por essa razão, os códigos de ética devem ser concebidos por cada empresa que deseja dispor desse instrumento. Código de ética de outras empresas podem servir de referência, mas não para expressar a vontade e a cultura da organização que pretende implantá-lo (WHITAKER, 2004).

O próprio processo de implantação do código de ética cria um mecanismo de sensibilização de todos os interessados, pela reflexão e troca de idéias que supõe (WHITAKER, 2004).

1.8.2 Conteúdo

O conteúdo do código de ética é formado por um conjunto de políticas e práticas específicas, abrangendo os campos mais vulneráveis. Esse material é reunido em um relatório de fácil compreensão para que possa circular adequadamente entre todos os interessados. Uma vez aprimorado com sugestões e críticas de todos os envolvidos, o relatório dá origem a um documento que serve de parâmetro para determinados comportamentos, tornando claras as responsabilidades (WHITAKER, 2004).

Efetuado um expurgo, determinadas assertivas são aproveitadas para a criação de um código de ética, enquanto outras podem servir para um manual de ética. Várias organizações têm optado por definir com clareza, no código, ações disciplinares em casos de violação dos artigos. Muitas vezes, o descumprimento das determinações contidas no código de ética pode ser passível de punições já previstas nas legislações trabalhistas, de responsabilidade civil, penal e outras (WHITAKER, 2004).

Entre os inúmeros tópicos abordados no código de ética, predominam alguns como respeito às leis do país, conflitos de interesse, proteção do patrimônio da instituição, transparência nas comunicações internas e com os *stakeholders* da organização, denúncia, prática de suborno e corrupção em geral (WHITAKER, 2004).

Os vários aspectos das relações com os funcionários, desde o processo de contratação, desenvolvimento profissional, lealdade entre os funcionários, respeito entre chefes e subordinados, saúde e segurança, comportamento da empresa nas demissões, entretenimento e viagem, propriedade da informação, assédio profissional e sexual, alcoolismo, uso de drogas, entre outros, costumam ser abordados em todos os códigos (WHITAKER, 2004).

Dentre os problemas éticos de maior conhecimento público, estão aqueles referentes às relações com os consumidores, sujeitos ao enquadramento na lei de defesa do consumidor, incluindo-se práticas de marketing, propaganda e comunicação, qualidade do atendimento e reparações no caso de serem causados danos (WHITAKER, 2004).

Quanto à cadeia produtiva, envolvendo fornecedores e empresas terceirizadas, o código de ética pode estabelecer condutas de responsabilidade social, respeito à legislação, eventual conduta restritiva, bem como estimular a melhoria dos parceiros visando um crescimento profissional e mercadológico conjunto (WHITAKER, 2004).

O código de ética pode também fazer referência à participação da empresa na comunidade, oferecendo diretrizes sobre as relações com os sindicatos, outros órgãos da esfera pública, relações com o governo, entre outras. Um aspecto extremamente atual é o da privacidade de informações, que atinge particularmente funcionários, fornecedores e consumidores. É importante levar-se em conta a sofisticada tecnologia disponível das gravações, filmagens e outros recursos de telefonia, informática e comunicação. Relações com acionistas, e o estabelecimento de políticas de convivência com os concorrentes também são pontos que devem constar do código de ética (WHITAKER, 2004).

1.8.3 Vantagens

O código de ética de uma instituição — seja ela governo, empresa, ONG, cooperativismo ou associativismo — teoricamente só pode ser vantajoso para os seus vários públicos com os quais interage, pois fortalece a imagem da organização (WHITAKER, 2004).

Enquanto muitos executivos apenas vêem o código de ética como um modismo, capaz de capitalizar benefícios ou dividendos, outros têm se desdobrado para criar um instrumento genuíno, com adesão voluntária de todos os integrantes da organização, incorporando de maneira natural e profissional os princípios éticos da instituição (WHITAKER, 2004).

A adoção de um código de ética é uma ótima oportunidade para aumentar a integração entre os funcionários da empresa e estimular o comprometimento deles. Ademais, ele permite a uniformização de critérios na empresa, dando respaldo para aqueles que devem tomar decisões. Serve de parâmetro para a solução dos conflitos. Protege, de um lado, o trabalhador que se apóia na cultura da empresa refletida nas disposições do código e de outro lado, serve de respaldo para a organização, por ocasião da solução de problemas de desvio de conduta de algum colaborador, acionista, fornecedor ou outros (WHITAKER, 2004).

O código de ética costuma trazer para a empresa harmonia, ordem, transparência e tranqüilidade, em razão dos referenciais que cria, deixando um lastro decorrente do cumprimento de sua missão e de seus compromissos. É absolutamente imprescindível que haja consistência e coerência entre o que está disposto no código de ética e o que se vive na organização. Caso contrário, ficaria patente uma falsidade que desfaz toda a imagem que a organização pretende transmitir ao seu público. Essa é a grande desvantagem do código de ética (WHITAKER, 2004).

Há ainda aqueles que, considerando que a consciência ética dos integrantes de uma organização — desde os mais altos executivos até o mais simples funcionário — é um patrimônio do indivíduo, defendem a desnecessidade de implantar códigos de ética, já que a atuação de cada um propiciará conseqüentemente, um ambiente ético (WHITAKER, 2004).

Com efeito, a conduta ética das empresas é o reflexo da conduta de seus profissionais. Tal conduta não se limita ao mero cumprimento da legislação, sendo o resultado da soma dos princípios morais de cada um de seus integrantes. Assim como a educação, a ética vem do "berço". Portanto, a conduta ética que se espera das empresas vai muito além do simples cumprimento da lei, mesmo porque pode haver leis que sejam antiéticas ou imorais. Importa que os homens de negócios sejam bem formados, que os profissionais sejam treinados, pois o cerne da questão está na formação pessoal. Caso contrário, a implantação do código de ética será inócua (WHITAKER, 2004).

2 O Associativismo e sua Influência no Mercado de Material de Construção

2.1 Alguns Números do Mercado de Material de Construção no Brasil

Segundo Cláudio Conz,[2] o comércio de material de construção representa hoje 6% do PIB, e, em 2002, faturou R$ 33 bilhões. É formado por 96% de pequenas e médias empresas. Emprega dois milhões de pessoas no Brasil, em mais de 100 mil lojas. Cerca de 72% do que a indústria de cimento, tubos e metais vendem vão para o mercado de reforma, ampliação e autoconstrução. O grande mercado é, portanto, o de produtos baratos, com valor agregado baixo, em razão da queda da renda da população.

O Brasil foi construído em lotes urbanizados. Nos últimos três anos, construiu-se 1,2 milhão de casas novas, menos de 100 mil pelo sistema formal, ou seja, pela construtora e com financiamento bancário. Não se trata de ser ou não a favor do mutirão, ele é uma realidade. O único jeito de resolver o problema da população de baixa renda é fazer lotes urbanizados com cesta básica de material de construção.

Por haver no Brasil um mercado maior de autoconstrução, o consumidor busca apenas produtos tradicionais, o que dificulta a entrada, no mercado, do capital estrangeiro.

---

[2] Cláudio Conz, presidente da Associação nacional dos Comerciantes de material de Construção (Anamaco), aponta as principais tendências desse segmento, em entrevista dada para a revista *FIABCI*, ano IX, n. 88, p. 5, out./2003.

Hoje o setor exporta três vezes mais do que importa, e é extremamente superavitário.

Perto de 70% dos consumidores são infiéis às lojas e mais ainda às marcas, até porque se constrói ou se reforma mais de uma vez, momento em que se define o fornecedor e a loja onde se vai comprar. Quando o setor de construção civil está ruim, há um crescimento no mercado de material de construção de 3% ao ano; quando o setor está bem, o crescimento atinge 20% ao ano. O setor de materiais de construção vem avançando e se modernizando, principalmente com a entrada de bancos, como investidores, as fusões e as associações (FIABCI, 2003).

2.2 O Associativismo e o Mercado de Material de Construção

O associativismo tornou-se uma alternativa estratégica para a integração de lojas e empresas de serviços, criando novas oportunidades para os seus associados e fornecedores. Esta seção visa tratar do assunto de forma conceitual e, na próxima, apresentaremos um *case* de sucesso para tratar o assunto de forma prática[3].

Seu crescimento nos próximos anos deverá ser um dos principais fatores de atenção para a economia e a distribuição de bens de consumo e serviços. Com a presença já marcante nos setores de supermercados, farmácias, material de construção e escolar, e evoluindo em novos setores, o associativismo, também chamado de centrais de negócios, representa a possibilidade de revitalização de empresas, em especial pequenas e médias, em um contexto de mercados mais competitivos e concentrados.

2.3 A Competição e os Reflexos Mundiais

A segunda metade da década de 1990 ficou marcada pelo agravamento do nível de competitividade em todo o mundo e em todas as áreas de negócio. A competição já vinha aumentando desde o início da década, em especial devido à concentração e à consolidação na indústria e no varejo. E isso tudo aconteceu principalmente no mercado europeu, mas também atingiu a Ásia e as Américas.

A competição chegou a um nível que nem mesmo os economistas puderam antever. Um aspecto que contribuiu para criar outra dimensão para essa compe-

---

[3] Esta seção baseia-se no livro *Centrais de negócios — uma revolução no varejo e na distribuição* (SOUZA, 2004)

tição foi a dinâmica imposta ao mercado pelo desenvolvimento da Internet: o aumento da velocidade da transformação no mundo e na informação. Isso impôs às empresas uma busca pela sinergia, compatibilização de recursos e reposicionamento em um mercado mais adverso.

Outros fatores que contribuíram para alterar a economia mundial foram a explosão da bolha de Nasdaq, no primeiro semestre de 2000, e o 11 de Setembro, desencadeando a crise da confiança e o conflito com o Iraque que envolveu diretamente Inglaterra e Estados Unidos, ao final de 2002 e 2003. Tudo isso acabou trazendo grande instabilidade econômica, além de insegurança, baixo crescimento e recessão em muitos mercados, inclusive nos mais desenvolvidos.

Essas crises econômicas mundiais recentes e a retração do consumo no mercado norte-americano e nos principais mercados europeus ocidentais acabaram espalhando suas conseqüências por todo o mundo, ocasionando uma exponencial competição, pressão sobre a rentabilidade dos negócios, revisão do nível e do volume de investimentos mundiais, redução do fluxo global de capital e, de forma indireta, o empobrecimento da população mundial.

Esse comportamento, profundamente racional de consumo, originado na época da dita Velha Economia, multiplicou-se durante a Nova Economia, por ampliar as fronteiras das informações, em velocidade e quantidades anteriormente inimagináveis, colocando nas mãos dos consumidores um poder discricionário sem precedentes.

Mas, ao mesmo tempo, esse consumidor — subproduto do agravamento da competição — demanda cada vez mais tempo para si próprio, mais espiritualidade, bem-estar, qualidade de vida, prazer, entretenimento, como forma de compensar o ambiente hostil em que ele está envolvido.

E isso tudo renova o ciclo da competição, pois menos renda destina-se à compra de bens por realocação do que para o consumo de serviços, como entretenimento, lazer, turismo e cuidados pessoais.

No novo equilíbrio da distribuição de consumo, as pessoas estão pensando mais em ser do que ter.

Isso traz para os negócios o desafio de atender consumidores mais maduros, mais racionais, com uma renda mais contida, com menor estímulo ao consumo de bens e com uma pressão ainda maior para consumir serviços destinados ao seu bem-estar.

2.4 Desenvolvimento de Multiparcerias

Uma das alternativas do cenário citado foi a criação das multiparcerias, em que empresas concorrentes entre si passam a compartilhar recursos, informações, tecnologia, *know-how* e cultura, para posicionarem-se, criar diferenciais competitivos, ampliar participação do mercado e, eventualmente, melhorar a rentabilidade ante tais transformações.

Associativismo é o caminho alternativo que integra pequenos e médios empresários para fazer frente ao mesmo quadro comum de agravamento da competição. Quando se pensa nas transformações recentes do mundo, percebe-se que uma das mais fortes ocorreu com o comportamento do consumidor, que passou a conjugar a equação de valor de uma maneira diferente do que vinha até então fazendo.

Tal equação de valor passou a ser o elemento determinante que permeia toda a análise que o consumidor faz do que é colocado a sua disposição: produtos, marcas, serviços e o próprio varejo. Isso talvez se constitua no núcleo central do processo de aumento da competição no mercado mundial, um núcleo que permanece constante e é permanentemente redefinido à medida que novas informações se incorporam no modo de pensar e de analisar do consumidor, esteja ele em Nova York, em Manila, São Paulo ou Caruaru.

2.5 A Experiência de alguns Países

O conceito de estágio de vida das centrais de negócios pode se caracterizar pela predominância de determinada fase, de acordo com o país em que elas se localizam. Na França, as centrais atingiram a maturidade plena 40 anos depois que foram criadas.

Já na Espanha, a maioria delas está na fase de amadurecimento, porém existem casos de maturidade plena e outros ainda no estágio de desenvolvimento. É importante lembrar que na Espanha as primeiras centrais apareceram na década de 1960 e sua maior expansão ocorreu na primeira metade dos anos 1990. Portanto, com aproximadamente 40 anos entre seu início e o momento atual.

Ainda na Europa, percebe-se que as empresas italianas estão predominantemente na fase de desenvolvimento.

No Brasil, as centrais de negócios chegam a ter 20 anos de existência (até o início da década de 1990 existiam apenas seis em atividades). Na verdade, o caso mais antigo reportado teria 14 anos de operação — razão pela qual a maioria das

O Varejo de Material de Construção no Brasil

centrais brasileiras encontra-se na sua fase precursora, caracterizada ainda pela visão de centrais de compras, muito mais do que centrais de negócios.

Há alguns poucos casos de centrais em estágio mais avançado de desenvolvimento, e há gestores que acreditam já ter modelos consolidados, de modo que sejam incluídos no estágio de amadurecimento.

Não há correlação direta entre o tempo de existência de uma central e seu período de evolução

Para evoluir no ciclo de vida, é preciso considerar o volume total de negócios dos associados e aqueles realizados segundo o conceito, assim como a maturidade e a visão empresarial dos associados e gestores. Há casos de centrais com 20 ou 30 anos de existência que permanecerão em fase precursora, porque não conseguiram um alinhamento interno de visões, estratégias e objetivos para caminhar para o estágio de desenvolvimento.

Por outro lado, existirão centrais com poucos anos de vida que estarão caminhando rapidamente para a etapa precursora de desenvolvimento e chegarão logo ao amadurecimento. Atingir a maturidade plena, porém, exige grande mudança de natureza cultural, já que nem sempre será possível a convivência harmônica de associados.

Especificamente no setor de material de construção, reconhecidamente um dos mais pulverizados do País, o início e aumento da participação internacional aconteceu por meio das redes francesas Leroy Merlin e Saint Gobain (essa última em conseqüência da aquisição da Telhanorte) e Castorama. Elas marcaram o começo do processo da concentração ainda em baixíssima escala, se comparado a outros segmentos, mas sinalizando a tendência de que isso pode ocorrer em escala maior no futuro.

2.6 Primeiro Estudo das Centrais de Negócios do País

Este estudo,[4] segundo Marcos Gouvêia de Souza, escritor do livro *Centrais de Negócios uma Revolução no Varejo e na Distribuição* (Edições Inteligentes), teve

---

[4] O estudo foi realizado pela equipe técnica da Gouvêia de Souza & MD para o Instituto de Pesquisas e Estudos da Distribuição e Varejo (IPEDV) e concluído em maio de 2003. O levantamento de dados teve o apoio da Unidade de Pesquisa & Estudos de Mercado da GS&MD. Os trabalhos foram coordenados por Kênia Santos, com participação dos consultores Carolina Zimmermann, Samantha Puglia e Rodrigo Prates, e publicados no livro *Centrais de Negócios – uma revolução no varejo e na distribuição* (SOUZA, 2004). Os trabalhos de campo tiveram o apoio de Priscilla Mattos e a direção geral foi do diretor geral da GS&MD, Marco Gouveia de Souza.

por intuito mapear, geográfica e setorialmente, as empresas que optaram pelo associativismo, bem como identificar a situação atual e características básicas de operação e gestão, número de empresas e lojas associadas, dentre outros.

O estudo foi realizado com amostras de 121 centrais de negócios, o que representa 74% do total de 163 centrais de negócios cadastradas no Brasil em maio de 2003. A distribuição setorial encontra-se no Quadro 3.2. Vale lembrar que nosso trabalho está focado no varejo de materiais de construção, que é o segundo setor em importância e que, no país, apresenta uma dispersão muito grande, segundo o próprio relatório da Associação Nacional dos Comerciantes de Material de Construção (Anamaco). Essa pulverização, segundo Marcos Gouvêa de Souza, faz pressupor que este é um campo em que deverá haver uma das mais fortes adesões ao conceito de associativismo.

Quadro 3.2 Distribuição setorial da amostra pesquisada.

Setor	Nº Total de respostas	%
Supermercado	61	50,4
Material de construção	22	18,2
Farmácia	20	16,5
Móveis	7	5,8
Panificação	6	5
Papelaria	4	3,3
Auto-peças	1	0,8
Total	121	100

Fonte: SOUZA, p. 112, 2004.

2.6.1 Distribuição Setorial

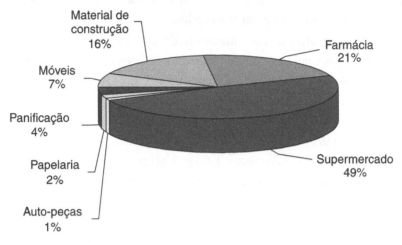

Fonte: SOUZA, p. 114, 2004.
Figura 3.2 Distribuição setorial das centrais cadastradas.

2.6.2 Distribuição Geográfica

Quadro 3.3 Distribuição regional das centrais de negócios.

Setor	Centrais Estudadas	%	Centrais Cadastradas	%
Sudeste	77	65	99	61
Sul	26	21	31	19
Norte/ Nordeste	10	8	21	13
Centro-Oeste	8	7	12	7
Total	121	100	163	100

Fonte: SOUZA, p. 114, 2004.

É possível que o conceito expanda a atuação para outras regiões.

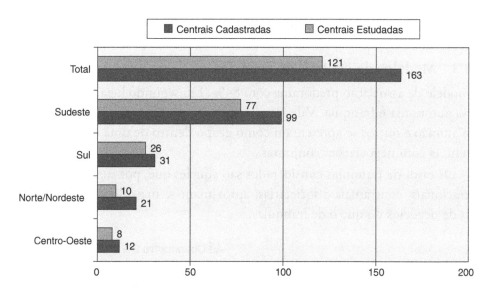

Fonte: SOUZA, p. 115, 2004.
Figura 3.3 Distribuição regional das centrais de negócios.

Quadro 3.4 Distribuição regional das centrais de negócios estudadas por setor de atuação.

Região / Setor	Sudeste %	Sul %	Norte/Nordeste %	Centro-Oeste %
Panificação	100	—	—	—
Autopeças	100	—	—	—
Papelaria	75	25	—	—
Supermercado	62	28	5	5
Farmácia	55	10	20	15
Material de Construção	59	27	14	—
Móveis	71	—	—	29
Total	63,3	21,5	8,3	6,6

Fonte: SOUZA, p. 115, 2004.

Percebe-se forte concentração de centrais na Região Sudeste, onde se localiza o maior potencial de consumo nacional; considerando-se a soma das regiões Sudeste e Sul, tem-se 85% das centrais estudadas.

2.6.3 Modelos de centrais de negócios

O modelo de associação predomina com 84%. Em segundo lugar, empatam empresa autônoma e franquia. Vale ressaltar que alguns casos ainda não formalizaram a união e outros se apresentam como grupo dentro de uma entidade maior, porém, já com negociações conjuntas.

Os casos de franquias considerados são aqueles que, por suas características operacionais, contratuais e societárias, aproximam-se mais do conceito de centrais de negócios do que o de franquias.

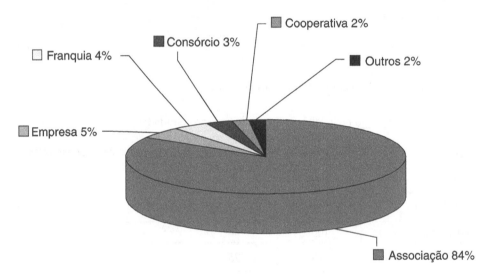

Fonte: SOUZA, p. 117, 2004.
Figura 3.4   Distribuição geral por modelo de centrais de negócio.

2.6.4 Compras Negociadas

Este tópico refere-se ao volume de compras negociado entre fornecedores e centrais, e não necessariamente ao de compra conjunta.

O Quadro 3.5 mostra a projeção, baseada nas respostas, do estudo (121 centrais) para toda a base de centrais cadastradas, ou seja, para um total de 163 centrais de negócios.

Quadro 3.5 Projeção das compras negociadas via centrais de negócios.

Setor	Projeção em 2002 (R$ Milhões)
Supermercado	3.199
Farmácia	1.874
Material de Construção	222
Móveis	53
Panificação	50
Papelaria	45
Total	5.443

Fonte: SOUZA, p. 118, 2004.

Para o ano de 2003, a média de crescimento previsto no volume de compras negociadas é de 6% com destaque para os setores de farmácia, móveis e material de construção.

Os dados mostram que existe maior facilidade de falar em volumes de compras do que de vendas, já que os associados acabam vendendo ao consumidor muito mais do que as compras efetuadas de maneira centralizada (elas totalizam, em média, 45% do total de vendas), e ainda existe certa cautela, por parte de varejistas independentes, para abrir seus números de faturamento e vendas.

Para avaliar a representatividade e fazer o monitoramento das centrais, deve-se usar o conceito de compra centralizada. Por isso, os números do estudo serão afetados por quatro aspectos:

- crescimento ou redução do próprio mercado no período estudado;
- número de associados que se agregam à central;
- nível de confiança entre os associados, o que determina o percentual de compras centralizadas;
- nível de eficiência da própria central na obtenção de melhores condições de compras com os fornecedores.

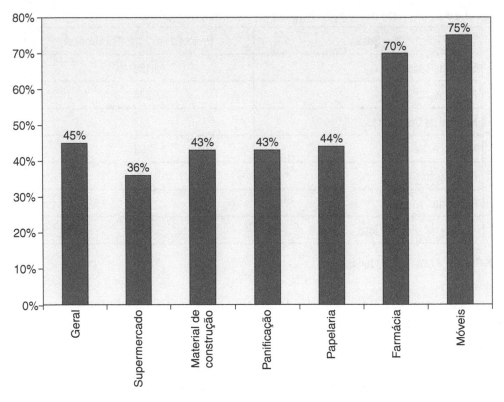

Fonte: SOUZA, p. 120, 2004.

Figura 3.5 Participação das compras negociadas por meio das centrais de negócios no total das compras dos associados.

Todos os segmentos tenderão a aumentar a participação de compras centralizadas. Sempre entendendo, porém, que a característica principal da central é a liberdade de o associado comprar produtos diretamente dos fornecedores de acordo com sua conveniência e necessidades mais específicas.

2.6.5 Centro de distribuição

Considerando apenas as 115 centrais que responderam a esta questão, 81 (71%) não possuem centro de distribuição. Novamente, destaca-se o setor de supermercado, em que 25 centrais já têm centro de distribuição.

Vale ressaltar, no caso de farmácias, que quatro centrais já têm centro de distribuição e, no de material de construção, três.

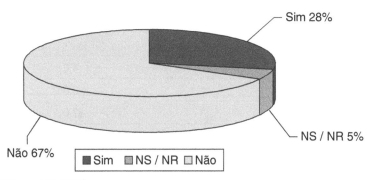

Fonte: SOUZA, p. 123, 2004.
Figura 3.6 Existência de centro de distribuição.

Considerando apenas as 34 centrais que já possuem centro de distribuição, a maior área média encontra-se no setor de materiais de construção, com 1.267m², seguido de supermercado com 825m². Mais de 22 centrais, 60% do total, apresentam área média menor que 800m².

Quadro 3.6 Faixa de área média (m²) dos centros de distribuição existentes.

Faixa em M²	%
De 80 a 400	29,4
De 401 a 800	35,3
Acima de 801	29,3
NS, NR, não é feito	6,0
Total	100

Fonte: SOUZA, p. 123, 2004.

2.6.7 Características básicas

Segundo as características básicas das centrais de negócios, o estudo visou abordar questões como número de funcionários por loja, número de associados, número de lojas, área de loja, ano de constituição, bem como analisar serviços disponibilizados pelas centrais aos associados.

Quadro 3.7 Ano de constituição das centrais.

Intervalo (anos)	%
Anterior a 1990	4,0
1991 a 1995	9,0
1996 a 2000	57,0
Após 2000	28,0
NS/ NR	2,0
Total	100

Fonte: SOUZA, p. 124, 2004.

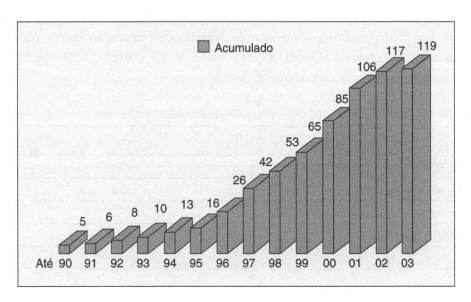

Fonte: SOUZA, p. 124, 2004.
Figura 3.7 Histórico da constituição das centrais de negócios.

2.6.8 Número de associados

O número médio de associado por centrais de negócios está em 55, e 80% das centrais estudadas têm até 50 associados por unidade. Vale ressaltar que os setores de farmácia e papelaria estão "puxando" o número médio de associado por central. O setor de móveis é o que apresenta menor número médio de associado por central, 18 associados, explicado pelo menor tempo de existência dessas centrais.

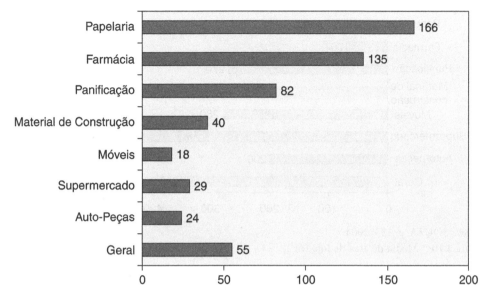

Fonte: SOUZA, p. 130, 2004.
Figura 3.8 Número médio de associados por segmento.

2.6.9 Número de lojas por central de negócio

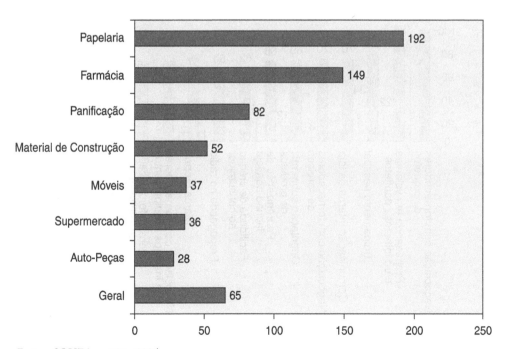

Fonte: SOUZA, p. 131, 2004.
Figura 3.9 Número de lojas por central — análise setorial.

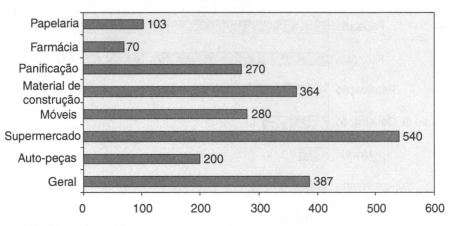

Fonte: SOUZA, p. 133, 2004.
Figura 3.10 Média de área de loja (m²).

2.6.10 Serviços disponibilizados pela central

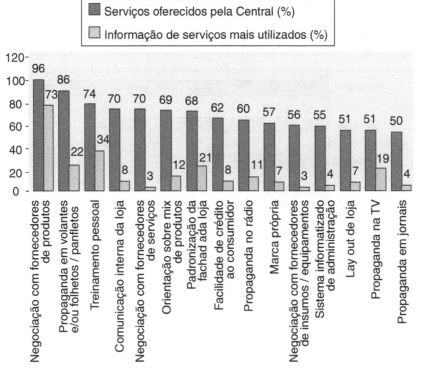

Fonte: SOUZA, p. 138, 2004.
Figura 3.11 Serviços disponibilizados pela central *versus* informação dos serviços mais utilizados pelos associados.

Existe uma variedade de serviços oferecidos pela central; alguns ainda não foram totalmente utilizados pelos associados. Há uma série de oportunidades que ainda não estão sendo aproveitadas, porém, as centrais estão passando pelo seu período de estruturação, nas fases iniciais do ciclo de vida do conceito, portanto, estão em processo de evolução. Nesse conceito, pode-se avaliar que muitos serviços disponibilizados ou não são conhecidos pelos associados ou não vêem oportunidade de uso.

2.6.11   A gestão das centrais de negócios

A maior parte das centrais é gerida hoje por um profissional contratado especialmente para esse fim. Em muitos casos, um dos associados acaba deixando as funções administrativas de sua própria unidade para ser gestor da central. Verifica-se uma tendência mais forte nesse sentido no caso dos supermercados. Na visão dos dirigentes, os melhores setores para a implantação de centrais de negócios são os de alimentos, higiene e limpeza, material de construção, autopeças, hospitais, clínicas, lojas de conveniências e padarias.

2.6.12   Os associados

Em geral, a loja do candidato a associado possui de duas a seis caixas que costumam servir os consumidores do bairro ou área (as chamadas lojas de vizinhança).

Quadro 3.8   Perfil do candidato a associado.

Perfil do candidato a associado	Pré-requisito
2 a 6 *check-outs*	Todas as centrais têm pré-requisitos de ingresso
Lojas de vizinhança	
Credibilidade e idoneidade	Faturamento mínimo
Faturamento mínimo	Distância mínima de outro associado
Espírito de associativismo	Ficha limpa na praça

Fonte: SOUZA, p. 142, 2004.

Em média, as empresas estão filiadas há pouco mais de três anos, e cada proprietário possui mais de uma loja. Geralmente, participam desse tipo de iniciativa empresas mais maduras, com cerca de 13 anos de existência. Para a admissão no grupo, contam a credibilidade e a idoneidade do empresário, assim como seu espírito de trabalho em equipe, por meio do associativismo. Ele precisa ainda obter pelo menos determinado valor de faturamento e respeitar a distância mínima estabelecida em relação à loja de outro associado. Os dirigentes apontam que o melhor perfil de associado, independentemente de preencher os pré-requisitos, é aquele que apresenta dinamismo, proximidade com os funcionários e os fornecedores e espírito de grupo, ou seja:

- O bom associado é aquele que tem espírito de "lobo solidário". O solidário aprende que quando ele junto com outro, abate animais maiores.
- Consegue "vestir a camisa" da central, abrindo mão do individualismo.

2.7 Direitos e Deveres

Entre os deveres dos associados estão:
- Pagar as mensalidades.
- Comparecer às reuniões.
- Obedecer ao estatuto.
- Ser fiel à associação.
- Não ficar inadimplente.
- Acatar as padronizações definidas pela central.

Entre as obrigações das centrais associativistas estão:
- Subsidiar os associados com informações importantes para a gestão.
- Gerar negócios.
- Defender os associados nas negociações com fornecedores.
- Divulgar o associado.
- Ser transparente nas negociações.

Segundo os dirigentes, uma das principais vantagens em pertencer a uma central de negócios é tornar o associado competitivo e permitir a troca de experiências. Já os fornecedores citam como principal benefício a possibilidade de fazer grandes vendas em uma única vez, ampliar a divulgação e aumentar a clientela e liquidez. Por outro lado, esses mesmos fornecedores temem perder clientes se não oferecerem os preços mais baratos. Eles dizem que uma desvantagem é seu poder de negociação, e são obrigados a fazer um faturamento fracionado (em nome de cada um dos associados).

Os dirigentes, em sua maioria, não acham que existem desvantagens evidentes, mas que talvez as diferenças regionais e a dificuldade em aceitar imposições seriam alguns empecilhos ao sucesso do modelo.

2.8 O Relacionamento Central *versus* Fornecedor

Para a indústria, os principais pontos positivos do relacionamento entre associados e fornecedores são a diminuição do gasto com vendedores e o fato de vender para muitas lojas ao mesmo tempo quando se negocia com uma central.

Já para o associado, contam a facilidade de crédito, uma maior atenção por parte do fornecedor e a melhor qualidade.

A seguir, apresentamos as principais diferenças, na visão dos fornecedores, entre vender para pequenas ou para grandes redes:

Grandes redes:
- Oferece garantia de trabalho.
- Torna-se mais caro para o fornecedor.
- Há muita pressão.
- Demanda mais capital para propaganda.
- Facilita acordos.

Pequenas redes:
- É mais fácil.
- É mais rápido (o negocio é feito na hora).
- Corre-se o risco de não atingir a meta de vendas.

As maiores solicitações das centrais de negócios para os representantes constituem melhores preços, maiores descontos, prazos diferenciados e verba para marketing.

Com as centrais de negócios, vários itens aumentaram: o número de empregados, a linha de produtos dos associados, a área de loja, o número de fornecedores, o volume de vendas, assim como o volume de propaganda.

2.9 Desafios

É quase unânime entre os dirigentes a idéia de que o modelo de negociação via centrais chegou para ficar. Os poucos que questionam a sobrevivência das centrais atribuem a ameaça ao não equacionamento da questão tributária.

Para que essa ameaça seja colocada de lado, os dirigentes pretendem, nos próximos dois anos:

- Oferecer novos serviços aos associados.
- Fomentar negócios.
- Incrementar o marketing direto.

- Implementar um fundo de caixa.
- Organizar um sistema integrado de planos entre associados.
- Oferecer curso de treinamento.
- Criar um centro de distribuição e logística.

2.9.1 Os pontos fracos das centrais na visão dos fornecedores

- Estrutura tributária desfavorável.
- Muita cobrança dos associados.
- Pensamento muito individualizado.
- Falta de entendimento das responsabilidades no envolvimento e acompanhamento das ações da central.
- Falta de fidelidade das lojas.
- Falta de organização.

2.9.2 As melhores oportunidades a serem perseguidas pelas centrais

- Ampliar o número de fornecedores.
- Consolidar compras/vendas via central assim que houver uma mudança na questão tributária.
- Atingir o consumidor mais diretamente pela propaganda.
- Liquidez para permitir a negociação de um bom preço.
- Seriedade e comprometimento.
- Erradicar o problema da inadimplência.
- Melhorar os descontos e os preços praticados.
- Concentrar as ações de marketing para propiciar maior volume de vendas.

De acordo com os fornecedores, o momento é de estabelecer as associações e ampliar esse movimento no Brasil.

Com isso, haverá uma tendência para aumentar o número de centrais — muitas delas criadas devido ao citado apoio do Sebrae. Espera-se também que as centrais sejam um canal aberto de comunicação com a indústria.

2.10 Fatores Críticos para o Crescimento das Centrais

- Ampliar o conhecimento de seus associados e do mercado.
- Conhecer novos produtos.
- Ser obrigatoriamente liderada por lojistas.
- Tirar o foco exclusivamente do preço.
- Pensar em conjunto.
- Lutar por uma nota única de venda (o impedimento está na situação tributária. Os associados deveriam emitir uma única nota fiscal para a venda. Assim diminuiria, por exemplo, os impostos sobre o frete dos produtos.).

Essa primeira pesquisa com dirigentes e associados de centrais de negócios, bem como com os fornecedores envolvidos, revela-se um marco histórico na avaliação dos resultados práticos da atuação do segmento. E o balanço mostra-se positivo na visão da maioria, abrindo áreas de oportunidade e informação para que mais serviços, processos e práticas sejam incorporados ou ampliados de maneira que permita a consolidação do setor.

3 *Case* de Sucesso — Grupo Okinawa

3.1 A Associação Okinawa no Brasil

Visando manter viva as antigas e importantes tradições de Okinawa perante os descendentes de seus filhos (nisseis) espalhados por vários países, existem muitas sedes da Associação Okinawa em todo o mundo[5].

No caso do Brasil, são 44 filiais (*Shibus*), sendo 16 na capital paulista, 25 no interior de São Paulo e três em outros estados, reunindo cerca de quatro mil famílias associadas.

Trata-se da associação japonesa que congrega o maior número de associados, a mais ativa, unida e consolidada do País.

Ela foi criada em 22 de agosto de 1926, sob a denominação de Kyujo-Kiokai, numa realidade muito distante da atual, como forma de manter seus imigrantes unidos diante das imensas dificuldades de adaptação em uma terra estranha. Na época, eles eram acusados de não cumprir seus contratos e fugir das fazendas de café, entre outras reclamações improcedentes das autoridades brasileiras.

---

[5] Esta seção baseia-es na revista: Publicaçnão Histórica do Grupo Okinawa,2002.

O papel da associação foi o de se responsabilizar pela orientação, disciplina e cumprimento dos contratos pelos imigrantes, mais tarde, ela se transformaria na Associação Okinawa do Brasil.

Foi um momento particularmente difícil para os inúmeros imigrantes okinawanos, isolados pelo dialeto em terras brasileiras.

E assim coube à entidade o papel de unir os patrícios em torno de um mesmo objetivo e impedir que a imigração fosse interrompida, pois sua terra natal sofria com a superpopulação e a crise econômica. Com o fim da Segunda Guerra Mundial e a derrota do Japão, em 1945, o sonho de regresso à "pátria-mãe" chegou ao fim e, então, eles tiveram de se estabelecer definitivamente no Brasil.

Entre 1941 e 1946, a associação sofreu a paralisação de suas atividades devido ao conflito. Em 1953, passou por reformulação, tornando-se Zaihaku-Okinawa — Kaigai-Kyokai (Associação dos Okinawanos Residentes no Exterior).

Nessa época, o governo de Okinawa solicitou o fim da intriga, que envolvia grupos contra e a favor da aceitação da derrota japonesa na guerra, culminando com a formação da Associação Okinawa do Brasil (AOB), em 22 de fevereiro de 1953.

Durante os anos 1950, 1960 e 1970, com a definitiva fixação dos imigrantes por meio de núcleos coloniais voltados à agricultura e a chegada de muitas famílias à capital paulista, a AOB teve um aumento do número de suas filiais, que passaram a funcionar como locais para se discutir problemas de adaptação na grande cidade e ensinar as tradições e costumes aos jovens.

Um dos maiores desafios que a atual Associação Okinawa Kenjin do Brasil (AOKB) vem enfrentado nos últimos anos é trazer para mais perto de suas subsedes a força e o entusiasmo do jovem.

Todas as subsedes do órgão no Brasil desenvolvem atividades culturais, recreativas, religiosas, esportivas e econômicas, visando a união entre os seus e o resgate e a transmissão do rico patrimônio cultural de Okinawa. O grupo tem consciência da importância do trabalho para a perpetuação dessa história que permanece viva e aglutina seus filhos dentro e fora da província.

3.2 Grupo Okinawa

O Grupo Okinawa é uma das maiores redes associativistas do setor de material de construção no Estado de São Paulo, reunindo em torno de 100 lojistas que se uniram com o objetivo de conseguir melhores ofertas e condições de pagamento com os fornecedores, oferecendo assim bons preços e atendimento diferenciado ao consumidor. Outra estratégia utilizada pelo grupo, e que vem dando certo, é a distribuição de jornais com produtos em oferta, nas regiões de cada loja associada.

No início de 1990, esses empresários (que eram em torno de 25), estruturados na idéia do associativismo, discutida informalmente, decidiram estreitar os laços de cooperação. A partir de então, passaram a fazer compras em conjunto e, para isso, começaram a convidar fornecedores do ramo para participar das reuniões. Aos poucos, o grupo foi crescendo, ganhou diretoria e estatuto. E em 1995, alugaram um local para ser a sede do Grupo Okinawa, na zona leste de São Paulo. Ali passou a ser o ponto de encontro dos associados, das reuniões com fornecedores e também local para serem ministrados cursos para os associados. As reuniões ainda acontecem uma vez por mês.

Para manter suas atividades na área social e saldar alguns débitos, como aluguel da sede e pagamento de funcionários, a entidade conta com recursos advindos das taxas pagas pelos associados, em torno de R$ 300,00. Por esse valor, o sócio tem direito a treinamentos para melhorar a gestão de seus negócios e a comprar com menores custos, de acordo com as condições obtidas com fornecedores. A cada negociação com fornecedores, os associados são comunicados pelos funcionários da central, via telefone ou acessando o site www.redeokinawa. com.br, e podem fazer seu pedido; cada empresa/loja recebe e paga seus produtos individualmente.

Todos os afiliados ainda hoje são descendentes de japoneses. "Embora não seja uma regra, os novos integrantes só são aceitos por indicação de associados antigos", afirma Hideaki Norberto Akamine, presidente do grupo. E não basta a indicação de um comerciante. É preciso que três associados dêem seu aval ao novo integrante. Outra exigência é que a nova loja esteja a mais de cinco quilômetros de qualquer outro associado. O tamanho da unidade, no entanto, não é importante — a área dos estabelecimentos associados varia de 100 a 1.600 metros quadrados.

A rede Okinawa conta atualmente com 102 lojas e cerca de 80 fornecedores cadastrados. Desse total, 34 lojas já optaram por ter apenas a marca Okinawa em sua fachada e seguem o mesmo padrão de *layout*. Por enquanto, isso não é uma exigência, mas deverá passar a ser, pelos planos do grupo, dentro de cinco anos, segundo uma linha de pensamento bem oriental de crescimento seguro e consistente.

Nesse meio tempo, o grupo pretende trabalhar a publicidade em conjunto, mas não está ainda nos planos ampliar os negócios para outras cidades.

3.2.1 Trabalho social

Visando congregar seus associados, o Grupo realiza várias atividades sociais voltadas ao bem-estar e à manutenção da saúde espiritual, familiar, física, social e financeira de cada membro. O homem não é só aquilo que produz, mas também é um ser mental e espiritual e, assim, por intermédio de cursos e palestras, trabalham para que os associados possam ampliar seus conhecimentos como um todo, colocando-os em prática no dia-a-dia em sua loja. A família é a célula da sociedade, portanto, as atividades sociais da entidade prezam o estímulo ao diálogo com os filhos, esposas e pais. E, para atingir tal objetivo e manter a saúde física, há a realização semanal de atividades esportivas e gincanas reunindo os membros familiares de cada associado.

A preocupação social e de integração também é prioridade do Grupo que, duas vezes por ano, realiza uma festa de confraternização entre todos os associados e familiares com o objetivo de ajudar o próximo, traçar idéias e unir mais as famílias. E, final de ano, em agradecimento a todos os funcionários, seus familiares e colaboradores, o Grupo realiza outra festa de confraternização. Todas essas atividades demonstram que, para ser verdadeiramente saudável, o homem necessita cuidar de seu corpo, mente e espírito de forma conjunta.

3.2.2 Filosofia de trabalho

Confiança: a confiança mútua entre os lojistas, faz com que o grupo tenha mais respeitabilidade e comprometimento entre os associados.

Amizade: a união e a colaboração são fatores fundamentais, pois é por meio deles que conseguimos alcançar nossos objetivos de forma mais dinâmica e eficaz.

Profissionalismo: por meio de Planejamento, Organização, Disciplina, Comunicação e Controle, desenvolver sempre um trabalho eficiente para corresponder às expectativas de todos os envolvidos no processo.

Ética: conquistar credibilidade e carisma por meio de nossa conduta, sempre com trabalho íntegro e honesto, respeitando nosso grupo, funcionários, colaboradores, fornecedores, clientes e concorrentes. É fundamental reconhecer o mérito de cada um, segundo suas características, competências e participação, colaborando assim para uma parceria de sucesso, digna de nossos princípios.

3.2.3 Loja piloto

Como resultado do sucesso que o Grupo Okinawa vem conquistando durante esses 11 anos, sua loja piloto foi inaugurada em 3 de maio de 2001, a Okinawa Lar & Construção, com 1.600 metros quadrados de área no Itaim Paulista, região da zona leste de São Paulo.

O investimento de R$ 1 milhão nasceu de um sonho, em 1999, entre associados do Grupo que se uniram para oferecer preço compatível com o mercado, aliado ao bom atendimento.

Hoje o sonho tornou-se realidade graças ao empenho de 16 sócios, todos membros do Grupo, e mais de 30 funcionários que passaram por curso de capacitação profissional — dos faxineiros aos gerentes — para oferecer um bom nível de atendimento.

Por meio da instalação da loja piloto, o Grupo Okinawa procurou divulgar mais sua marca, tornar-se mais conhecido no mercado, principalmente com os clientes, e padronizar todas as lojas associadas mediante trabalho de fachada e uniformização de funcionários, que deverão ser treinados para atendimento padrão ao cliente.

Em 2002, foi inaugurada a 2ª loja do Grupo, com 38 sócios (associados), em uma área de venda de 1.100 m² e, em 2004, ocorreu a expansão de mais uma loja.

Esse sonho só foi possível devido à confiança existente entre os associados.

3.3 Números de Crescimento

- 1990 foi o ano de crescimento do Grupo Okinawa.
- Hoje cerca de 100 lojistas do setor de material de construção civil fazem parte do grupo.
- 100% desses pontos-de-venda contam com *banners* de identificação com o logotipo da organização.
- Por meio de negociações com os fornecedores, pelo volume de compras de produtos e pontualidade de pagamentos, sempre se consegue descontos maiores.
- 65% das lojas da rede foram instaladas com investimentos de dekasseguis (brasileiros que vão trabalhar no Japão).
- R$ 70 milhões foi o faturamento do Grupo em 2003, ao passo que, para 2004, a previsão é de R$ 80 milhões.

- O Grupo Okinawa conta com cerca de 1.200 funcionários entre as mais de 100 lojas afiliadas.
- O Grupo Okinawa proporciona aos associados e funcionários treinamentos, períodos de captação e aperfeiçoamento profissional.
- O Grupo Okinawa divulga seus produtos por meio de distribuição de 800 mil exemplares de jornais com produtos em oferta, em regiões próximas aos ponto-de-venda;
- 16 é o número de associados do Grupo que se uniram para instalar a loja piloto da organização, a Okinawa Lar & Construção, com 1.600 m² de área, 3.200 m² de área de estoque e 30 funcionários devidamente treinados para melhor servir os clientes.

3.4 Problemas Enfrentados

De acordo com Akamine, presidente do Grupo, a principal dificuldade é fazer com que os associados sejam fiéis aos fornecedores-parceiros: "Às vezes os associados são resistentes a aceitar uma marca ou linha de produtos diferente da que estavam acostumados a comprar".

Chegar a um consenso a respeito de privilegiar fornecedor em cada área é sempre uma discussão longa e complicada. Segundo Akamine, no Brasil, há dois bons fabricantes de material hidráulico. "Negociamos com os dois, mas gostaríamos de privilegiar um para conseguir melhores preços, no entanto, até hoje não conseguimos decidir qual".

Outro entrave às negociações deve-se à grande diferença de tamanho e de faturamento entre as lojas associadas. Essa tem sido uma séria barreira na hora de fechar condições de compras que favoreçam a todos.

O Grupo Okinawa pode ser classificado como uma central de negócios, ainda em sua fase inicial, apesar de seu tempo de vida, postura independente e atuação local. Talvez isso seja resultado de sua cautela oriental na expansão de suas atividades.

4 Conclusão

Nos próximos anos, o mercado brasileiro vai viver uma significativa expansão das centrais de negócios no varejo e na área de serviços, tanto em número de associações quanto de participantes. O aumento do número de centrais ocorrerá em parte, de forma natural e em parte, estimulada pelo agravamento da competição;

concluímos que o associativismo fortalece os pequenos negócios, favorecendo os objetivos de seus associados de maneira mais eficiente.

É previsível que uma atuação mais focada do próprio Sebrae — entidade que vem sendo o principal estimulador das diversas formas de associativismo no País, além do Ministério da Indústria, Comércio e Desenvolvimento — possa contribuir para um marcante aumento das fontes de informação e da socialização das melhores práticas de desenvolvimento e gestão das centrais de negócios que contribuirão para essa expansão mais forte.

O papel dos fornecedores também deverá ser marcante. Vencida a barreira inicial de desconfiança, eles devem perceber os benefícios no seu relacionamento com as centrais existentes, que os estimularão a se tornarem promotores de novas iniciativas, permitindo, assim, que aperfeiçoem não só o modelo de comercialização, como também o de distribuição.

No aspecto comercialização, é nítida a possibilidade de os distribuidores compensarem preços mais baixos praticados ao venderem para a central com os custos reduzidos, por atender a uma associação, em vez de vários clientes separadamente. É de se imaginar que os fornecedores possam evoluir de uma posição atual de cautela para uma situação de crescente estímulo à formação, aperfeiçoamento e desenvolvimento de suas próprias centrais. É uma simples questão de tempo e amadurecimento.

Ao serem pressionados pelo nível de concentração do varejo mundial e também do varejo brasileiro, as centrais de negócios poderão ser um caminho para a criação e o desenvolvimento de um relacionamento diferenciado com seus clientes.

É de se prever que essa estratégia será seguida pelas indústrias em busca da criação de canal próprio, exclusivo, e com maior grau de controle, permitindo valorização de marcas e produtos, como caminho alternativo à distribuição por meio das redes multimarcas do varejo.

Essa consolidação deve ocorrer com bastante intensidade nas centrais de um mesmo setor, mas é previsível que também ocorra em condições multissetoriais, ou seja, a perspectiva é de que possa ser possível compor-se centrais de diversas áreas, como material de construção com eletrodomésticos e móveis.

Historicamente e de forma quase natural, o varejo foi, em um primeiro momento, o caminho de formação das centrais de compras e, posteriormente, de negócios. Porém, os serviços que nortearam a formação das centrais no varejo são aplicáveis também às empresas de serviços, como agências de viagem, imobiliárias etc.

Na associação, a grande vantagem percebida é a motivação inicial, o benefício direto na redução no custo de aquisição do produto para revenda, revertendo em melhoria de margem ou aumento do volume de vendas.

Há diversas formas pelas quais as centrais de negócios estão crescendo e se consolidando no Brasil, incluindo a expansão do número de associados, o número de lojas de associados, o número de funcionários e área de vendas de lojas associadas, o número de produtos comercializados e o volume de operações. As centrais das centrais, as centrais de serviços, as centrais de atacadistas e distribuidores, as centrais de extensão do varejo tradicional e as centrais patrocinadas pela indústria sinalizam o potencial de expansão do conceito no Brasil.

O tempo dirá se as projeções atuais foram realistas, pessimistas ou demasiadamente otimistas.

A única coisa que não se pode aceitar é que se deixe de estudar e considerar o caminho criado por essa alternativa de integração de esforços chamada associativismo.

Relação de Algumas Experiências Associativas Existentes no Brasil

Elo	Relação de algumas experiências associativas existentes no país		
Entidade	Condições para se filiar	Benefícios auferidos	Como contatar
Brasil Escolar — fundada em 1990, reúne hoje 554 papelarias em todo país	Aceitar as sugestões quanto à arrumação da loja, ter atitude de cooperação, estar localizado fora da área de alcance de outro associado, prestigiar fornecedores que apóiam a rede.	Compra centralizada, material para propaganda, padronização visual da loja, encontros anuais para solucionar problemas de gestão, troca de mercadorias.	(47) 322.0473 (11) 227.2700 www.brasiles.com.br
Rede Construir — criada em 1996, possui hoje 80 lojas de material de construção nos Estados de SP, PR, RS e ES.	Acatar as recomendações quanto ao *layout* das lojas, pagar taxa de adesão de R$ 700, ser assíduo às reuniões semanais.	Maior poder de compra com fornecedores, ampliação da capacidade de divulgação, consultoria contábil, fiscal e de marketing.	(11) 3106-3314 www.redeconstruir.com.br

(continua...)

Capítulo 3 Associativismo como Instrumento de Aumento de Competitividade para Micros, Pequenas... **179**

Elo	Relação de algumas experiências associativas existentes no país		
Entidade	Condições para se filiar	Benefícios auferidos	Como contatar
Farmais — rede de farmácias nascida em 1994 e hoje composta por 665 lojas.	Não estar na área de influência de outra loja da rede e ter disposição para investir até R$ 100 mil na compra ou reforma de um ponto.	Desconto em laboratórios devido ao maior volume de compras, padronização do atendimento, do *layout* da publicidade e dos *softwares*.	(11) 3141-9222 www.farmais.com.br
Super Vizinho — grupo de 47 supermercados criado em 2001 que atua na Grande São Paulo.	Ter, no mínimo, cinco caixas e 300m² de área, ser idônea, ter credibilidade com os fornecedores e pagar uma taxa de adesão de R$ 1.500, mais a mensalidade de R$ 500.	Compra em grupo, propaganda compartilhada, treinamento para funcionários, assessoria para o *layout*, cartão de crédito próprio e constante troca de informações.	(11) 3101-9173/9164 supervizinho@bol.com.br
Super Mais — grupo de 24 supermercados, criado em 2001, que atua no Grande Rio.	Tamanho mínimo de 120 m², dois caixas pelo menos, nome limpo na praça, distância mínima de 3 mil metros de outro associado e taxa de adesão de R$ 1.500.	Compra coletiva, identidade visual única, uniformização e treinamento dos funcionários, propaganda compartilhada, pesquisa de mercado na região.	(21) 2584-9311/9197 redesupermais@ig.com.br
Grupo de Panificadores de São Paulo — reúne 50 panificadoras	Ser sócio do Sindicato dos Panificadores de São Paulo, participar ativamente das reuniões semanais do grupo, cumprir o que for combinado pelos associados.	Redução no custo de compra de matéria-prima, cursos e treinamentos para funcionários e pesquisa para reposicionamento do estabelecimento.	(11) 3291-3700
Consórcio Special Machines and Technologies (SMT) — formado por 13 indústrias de São José dos Campos (SP).	Atuar nas áreas de usinagem fina e produção de moldes, participar das reuniões semanais e pagar uma mensalidade de R$ 1.500.	Parcerias com firmas estrangeiras para obtenção de tecnologia, produção de forma colegiada para exportar, troca de informações entre os associados.	(12) 3934-8282

(continua...)

O Varejo de Material de Construção no Brasil

Elo	Relação de algumas experiências associativas existentes no país		
Entidade	Condições para se filiar	Benefícios auferidos	Como contatar
ArtCom — cooperativa de fabricantes de móveis de Votuporanga (SP), criada em 1994 e que reúne hoje 14 indústrias.	Ser produtor de estofados na região, respeitar os termos das negociações coletivas, participar ativamente das assembléias.	Comprar matéria-prima em conjunto, fazer marketing coletivamente, projeto para lançamento de uma marca comum e para a montagem de uma fábrica de espuma.	(17) 421-4077
CTMC — Cooperativa dos Metalúrgicos de Canoas (RS), grupo de 125 operários que assumiram, em 2001, a Metalúrgica Wogg.	Atender aos requisitos do edital de convocação de novos sócios, se submeter às comissões de seleção e de ética da entidade, passar por um período de avaliação..	Participar das assembléias que definem as estratégias da entidade, entrar no rateio das retiradas mensais, que hoje estão ma média de R$ 900.	(51) 3032-4870 ctmc.rs@terra.com.br
Cocalfran — cooperativa de 20 produtores de calçados criada em 1999 em Franca (SP).	Ser pequeno fabricante de calçados na região e acatar os termos do estatuto da entidade.	Venda da produção de forma coletiva, uso de uma marca única, treinamentos, cursos e pesquisas de novas tecnologias.	(16) 3722-7894
Coopa-roca — Cooperativa de Trabalho Artesanal e de Costura da Rocinha (RJ) reúne 80 costureiras.	Ser morador da Rocinha, ter habilidades artesanais, passar por um período de qualificação.	Cursos de aperfeiçoamento, produção cooperada, uso de marca única, venda em lojas de grife, participação em feiras e desfiles nacionais e internacionais.	(21) 2422-5505/5305

Fonte: **Flex Editora & Eventos. (*) Os valores referem-se a móveis em conformidade com as recomendações da ABNT.**

Reportagem — uma boa receita para o sucesso do Grupo Okinawa

Associação — Código Cívil

28 inform
REVENDA CONSTRUÇÃO

Uma boa receita para o sucesso

Pioneira no ramo das grandes revendas de material de construção, o Grupo Okinawa possui 98 lojas no Estado de São Paulo e mais de 600 funcionários. A rede associativista surgiu em 1990 de forma bem informal, com jantares entre alguns lojistas do ramo de material para a construção com o intuito de trocar informações e idéias. Consciente da necessidade de investimentos constantes, tanto em tecnologia como em logística, o presidente do Grupo, Hideaki Norberto Akamine pensa em novas estratégias para os próximos anos, sem esquecer do atendimento especializado e do principal para o consumidor final: preço e garantia.

Inform - *Qual o segredo do Grupo para se manter no mercado durante mais de uma década, tendo enfrentado crises e mesmo assim sem deixar de crescer?*

Hideaki Akamine - Nosso trabalho está calcado na confiança do consumidor final. Ele sabe que poderá sempre contar com o Grupo Okinawa.

Inform - *Como conquistar a fidelidade do consumidor?*

Hideaki Akamine - Todas nossas ações são voltadas para nosso público-alvo, ou seja, o consumidor final. Os pontos fundamentais para manter esse vínculo de fidelidade são: oferecer preço melhor que a concorrência e ter um atendimento de primeira linha, sem nos esquecermos das ações de mídia. Também sempre pensamos na praticidade para o cliente. Por isso, temos um bom estoque para atender o consumidor na hora que ele precisar.

Inform - *Qual a relação do Grupo com os fornecedores?*

Hideaki Akamine - Nosso relacionamento com os fornecedores está bem solidificado, fazemos algumas parcerias de sucesso que pretendemos manter por muito tempo.

Inform - *Em relação aos produtos vendidos, como apuram a necessidade do mercado?*

Hideaki Akamine - É mais no feeling mesmo. Nossos próprios compradores estão no mercado e têm experiência nesse sentido. Também ficamos atentos às informações do próprio fornecedor e também percebemos e sentimos a procura pelo próprio cliente por determinados produtos.

Inform - *Existe um planejamento global envolvendo o Grupo todo em termos de padronização?*

Hideaki Akamine - Começamos em 2002 um projeto de padronização do Grupo Okinawa. Já temos hoje cerca de 30 lojas padronizadas, desde o lay out externo como interno, além da disposição dos produtos. Esse é um projeto que, com certeza, será tocado pra frente em 2004 e 2005, até a conclusão final do Grupo todo.

Inform - *Como vocês classificam o ano de 2003 e o que esperam de 2004?*

Hideaki Akamine - Foi um ano difícil, esperava-se um pouco mais desse ano. Apesar de tudo, fecharemos no positivo. É claro que não está dentro do que

esperávamos, mas não a bamos o ano no negati Existiu sim um pouco crescimento no volu comercializado dentro empresa mas até para a dústria acabou sendo ano difícil. A expectativ grande para 2004. Espe mos evoluir junto com o sentamento da estabilida econômica e política. H expectativa de encont um mercado mais está sem os altos e baixos 2003, tanto no cenário cional como internacior

Inform - *Como é feita a tribuição?*

Hideaki Akamin Nosso prazo de entrega 48 h, feita em parte por presas terceirizadas e p com frota própria.

Infom - *Atualmente o G po compra diretamente indústrias ou ainda se liza dos atacadistas?*

Hideaki Akamin Como nosso grupo conceituado, compra diretamente da indúst Começamos por comp de atacados. A partir fortalecimento do Gr no sentido de aumento volumes de compras, p samos a ter contato e gociações com a ind tria. Mas o atacado ai supre bastante muitas nossas lojas

5 Referências Bibliográficas

SOUZA, M. G. de. *Centrais de negócios — uma revolução no varejo e na distribuição*. São Paulo: Edições Inteligentes, 2004.

FIABCI: revista quadrimestral da Federación Internacional de Professiones Inmobiliares. Espanha, ano IX, n. 88, p. 5, out./2003.

GRUPO OKINAWA. Publicação Histórica do Grupo Okinawa, ed. espec. de circ. int., Brasil, 2002.

ANDRADE, A. *<http://www.ajoperme.com.br>*. Acessado em: 12 jul. 2004.

ROMEU, C. R. Associativismo uma estratégia de sobrevivência no mercado atual. *<http://www.clalemar.com.br>*. Acessado em: 25 jul. 2004.

WHITAKER, M. do C. *<http://www.eticaempresarial.com.br>*. Acessado em: 2 ago. 2004.

GERANEGOCIO. *<http://www.geranegocio.com.br>*. Acessado em: 11 jul. 2004.

SEBRAE. *< http://www.sebrae.com.br/intranet/legislação/parecer_jurídico.asp>*. Acessado em: 5 jul. 2004.

Capítulo 4

Gestão de Transporte no Segmento de Material de Construção

Eduardo Justino Saraiva
Luiz Augusto Gonçalves Barbosa
Reginaldo Aparecido Ferraz da Fonseca

AGRADECIMENTOS

Aos nossos colegas de classe, aos nossos professores e à Anamaco, que muito colaboraram na conclusão deste trabalho.

Um agradecimento especial a nossas famílias, que tiveram muita compreensão e paciência.

Resumo

Trata-se de um trabalho que visa o estudo da Gestão de Transporte no Segmento Material para a Construção, como forma de se obter qualidade de serviço e redução de custos.

O diálogo sobre o assunto no setor acontece hoje mais do que em qualquer outra época, mas ainda não é uníssono. Há estudos marcantes para a Gestão de Transporte no segmento que foram solicitados por algumas empresas, mas apresentam resultados restritos e regionalizados. Assim surge outra dúvida: são válidos esses resultados para o setor?

Por meio de pesquisa qualitativa dos dados bibliográficos coletados e do *case* estudado, demonstra-se que a terceirização da logística reduz custos operacionais, viabilizando financeiramente o processo de Gestão de Transporte em menor tempo, e melhorando o ponto de equilíbrio.

PALAVRAS-CHAVE:

logística; terceirização; transporte.

1 Logística

1.1 Breve Histórico

De acordo com Rodrigues (2000), durante a história do homem, as guerras têm sido ganhas e perdidas por meio do poder e da capacidade da logística ou falta deles. Argumenta-se que a derrota da Inglaterra na Guerra da Independência dos Estados Unidos pode ser, em grande parte, atribuída a uma falha logística. O exército britânico na América dependia quase que totalmente da Inglaterra para os suprimentos. Durante os primeiros seis anos da guerra, a administração de suprimentos vitais foi totalmente inadequada, afetando o curso das operações e a moral das tropas.

Posteriormente, considerando-se que a guerra era apenas uma exceção violenta para solução de impasses entre as nações, o termo logística passou a ser entendido como: "O conjunto de atividades relativas à previsão e à provisão dos meios necessários à realização das ações impostas pela estratégia nacional" (RODRIGUES, 2000, p. 96).

Durante a Segunda Guerra Mundial — a maior operação logística realizada pelo homem — o significado de logística adquiriu uma amplitude muito maior, em decorrência do vulto das operações militares realizadas, determinando a utilização de quantidades e variedades de suprimentos jamais atingidos anteriormente. Conseqüentemente, as Forças Armadas Aliadas compreenderam que a tal recurso abrangia todas as atividades relativas à provisão e administração de materiais, pessoal, instalações, além da obtenção e prestação de serviços de apoio. Uniformizou-se, então, a definição de logística como: "[...] o conjunto de atividades relativas à provisão de todos os meios necessários à realização de uma guerra" (RODRIGUES, 2000, p. 96).

Rodrigues diz também que historicamente, em tempos de paz, as atividades de compra, controle de estoque, patrimônio e transporte eram mais associadas à atividade industrial do que a qualquer outro segmento econômico, pois a dependência de fornecedores externos é evidente nas empresas em que os materiais são comprados para ser transformados em outros mais complexos. Durante o processo fabril, as mercadorias devem ser armazenadas, protegidas de deterioração ou furto, e transportadas até o consumidor, onerando mais ou menos a empresa conforme os cuidados dessa gestão (RODRIGUES, 2000).

1.2 Conceito

"Obter os produtos certos, no lugar certo, no momento certo, ao menor custo" (MOURA, 2002, p. 1).

A primeira tentativa de definir logística foi feita pelo barão Antoine Henri de Jomini (1779/1869), general do Exército francês sob o comando de Napoleão Bonaparte, que em seu *Compêndio de arte da guerra*, a ela se referiu como: "[...] a arte prática de se movimentar nos exércitos" (RODRIGUES, 2000, p. 95).

Em sua opinião, o vocábulo *logistique* — de origem francesa (do verbo *loger*: alojar) — era um termo militar que significava a arte de transportar, abastecer e alojar as tropas. Assumiu, depois, um significado mais amplo, tanto para uso militar quanto empresarial: a arte de administrar o fluxo de materiais e produtos, da fonte para o usuário. Ainda naquele livro, o barão Jomini chegou a afirmar que: "[...] a logística é tudo ou quase tudo no campo das atividades militares, exceto o combate" (RODRIGUES, 2000, p. 95).

1.3 Distribuição Física

A distribuição física é um ramo da logística que trata do armazenamento e processamento de pedidos de produtos acabados e das entregas. Ela é uma das atividades mais importantes em termos de custo, dentro do sistema logístico (BALLOU, 1995, p. 42).

É no custo de distribuição física, ou seja, nos transportes, que uma massa maior de dinheiro é despendida nas operações logísticas. Para uma boa negociação de fretes, é preciso estar consciente de que é possível também ser muito competitivo com os demais compradores de fretes e que seus serviços logísticos, aplicados à transportadora, significam vantagem competitiva traduzida em redução nos custos de transportes, com melhores ganhos ao parceiro comercial.

Os componentes da distribuição física são os seguintes (SANEGAS, 2003):

- Administração de estoques: incluindo as suas localizações, os níveis de estoque por local e por item e o seu mix de produtos.
- Transporte (foco deste trabalho): da fábrica para os clientes ou para os centros de distribuição (revendas) e desses para os clientes.
- Administração de armazéns e CDs.
- Serviço ao cliente.
- Administração de informações.

Os desafios atuais para a distribuição física são inúmeros, e, para poder estar em consonância com a evolução do mercado de materiais para construção e atender eficazmente os clientes, é necessário atentar para os seguintes itens (SANEGAS, 2003):

- Redução acelerada do ciclo de vida dos produtos, como é o caso das tintas e produtos com prazo de validade baixo.
- Obsolescência e indisponibilidade de produtos que podem causar perdas em vendas, de espaço em prateleiras e de imagem.
- Expectativas crescentes dos clientes sobre o nível de serviço e sobre os produtos.
- Avanços tecnológicos, exigindo constante atualização com elevados investimentos.
- Novos produtos, afetando de forma dramática a administração dos níveis e da localização dos estoques, para manter níveis competitivos de serviço ao cliente.
- Globalização que traz competição crescente e reduções das margens e a transferência do poder dos fabricantes para os distribuidores.

1.4 Importância da Distribuição Física

A distribuição física de produtos passou a ocupar um papel de destaque nos problemas logísticos das empresas. Isso se deve, principalmente, ao aumento do custo financeiro que força as empresas a reduzir o nível de estoques e a agilizar o manuseio, transporte e distribuição de produtos (BALLOU, 1995).

Mas existem outros fatores importantes que não podem ser esquecidos. A concorrência entre as empresas tem exigido melhores níveis de serviço no atendimento aos clientes. Essa melhora na qualidade é traduzida na prática de formas diversas: entrega mais rápida, segurança (baixa ocorrência de extravios, produtos sem defeito), confiabilidade (pouco ou nenhum atraso em relação ao estipulado), existência do tipo desejado de produto na hora da compra etc.

Imagine um cliente que compre um tipo de piso muito caro e não queira que, eventualmente, parte do produto seja entregue com defeitos. Esse tipo de exigência cria a necessidade de uma equipe especializada, acostumada a trabalhar com esse tipo de material. "As revendas de material para construção alcançaram nos últimos anos um grande nível de especialização para distribuir diversos tipos de produtos, fruto, especialmente, da competência adquirida de entender o comportamento de consumo de seus clientes." (CERVI et al., 2004, p.1 47-148).

1.5 Administração da Distribuição Física

"A administração da distribuição física é tarefa desenvolvida em três níveis: estratégico, tático e operacional" (BALLOU, 1995, p. 43).

O planejamento estratégico preocupa-se com a forma como deve ser o sistema de distribuição.

De acordo com BALLOU (1995), administrar a distribuição física no nível tático é utilizar seus recursos. É, sob muitos aspectos, o planejamento de curto prazo. Quando uma empresa investe em alguma parte de seu sistema de distribuição — como caminhões, armazéns, dispositivos para transmissão de pedidos ou equipamentos de manuseio (por exemplo, empilhadeiras) — surge o problema de utilizar seus equipamentos e facilidades de maneira eficiente.

Centro de distribuição	4
Empilhadeiras	5
Handhelds para conferência	2
Leitor de código de barras	2
Mão-de-obra tradicional	7
Roteirização	8
Outras. Quais?	—

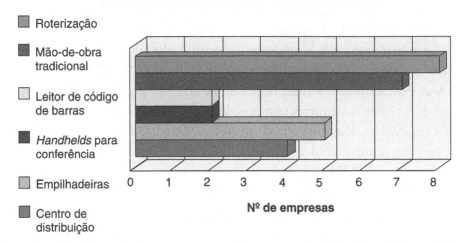

Figura 4.1 "Quais tecnologias a sua empresa utiliza no controle da logística de distribuição?" (Questão n. 9 da pesquisa realizada pelo grupo em 6 dez. 2004.)

Esse é um problema tático. Se os equipamentos de transporte pudessem movimentar-se sempre carregados, se a área dos armazéns pudesse ficar sempre totalmente ocupada e se o equipamento de transmissão de pedidos nunca estivesse ocioso, o custo de possuí-los seria mínimo. Dessa forma, com planejamento cuidadoso dos fluxos de distribuição efetuado rotineiramente, seus responsáveis tentam atingir a maior utilização possível.

Administração operacional refere-se às tarefas diárias que o responsável de distribuição e seus subordinados devem desempenhar para garantir que os produtos fluam por meio do canal de distribuição até o ultimo cliente. Isso inclui atividades como recolher produtos dos estoques armazenados, carregar os caminhões para entrega, embalar produtos para carregamento, manter registro dos níveis de inventário, preparar pedidos para ressuprimento de estoques etc. O foco nesse aspecto da administração da distribuição é principalmente supervisão e realização das tarefas.

2 O Marketing

2.1 Conceitos

O objetivo central do marketing é agir no mercado de modo rentável. No final das contas, a meta do marketing é fazer o mercado perceber o alto valor de um produto ou serviço e levar o cliente ao encantamento (MIRA, 2004).

Antes de entrar no assunto propriamente dito, esta seção aborda alguns conceitos básicos de marketing.

KOTLER (2001, p. 30), no seu clássico livro, resumiu o conceito de marketing como "[...] um processo social por meio do qual pessoas e grupos de pessoas obtêm aquilo de que necessitam e o que desejam com a criação, oferta e livre negociação de produtos e serviços de valor com outros".

O marketing deve ser entendido, literalmente, por sua tradução do inglês, da seguinte maneira: *market* (mercado) + *ing* (ação) = agindo no mercado. Parafraseando KOTLER (2001), define-se marketing como uma atividade cujo objetivo central é agir no mercado de forma rentável.

Mix de marketing ou composto de marketing é o conjunto de ferramentas de marketing que a empresa utiliza para perseguir seus objetivos no mercado-alvo (KOTLER, 2001).

2.2 Os "4 Ps" de Marketing

O autor E. Jerome McCarthy (MIRA, 2004, p. 39) agrupou as ferramentas citadas em quatro grandes categorias chamadas de os "4Ps do marketing": produto (*product*), preço (*price*), promoção (*promotion*) e praça (*place*). Em que todos os elementos compostos ("4 Ps") foram criados e estabelecidos para atender o mercado-alvo, ou seja, o consumidor.

Fonte: Adaptado de KOTLER, 2001.
Figura 4.2 Composto de marketing.

Este trabalho aborda mais detalhadamente o "P" de praça, por tratar-se do foco adotado.

2.2.1 O "P" de praça

O "P" de marketing — praça — na realidade se refere aos canais de distribuição e está direcionado, em última instância, ao serviço ao cliente. Pois a logística é justamente a ferramenta gerencial, um instrumento de marketing, para agregar valor com a prestação de serviços ao cliente (KOTLER, 2001).

Uma das áreas mais importantes do marketing é a da distribuição dos bens ou serviços. A escolha dos canais ou vias de distribuição é uma importante decisão estratégica em marketing. Sua importância é vital para a revenda de material para construção, já que seu cliente é o consumidor final.

Um planejamento malfeito ou controle parcial das relações de troca com seus intermediários (próprio ou terceiros) são problemas constantes no dia-a-dia das revendas, podendo fatalmente gerar reduções significativas em seus lucros.

Com um mercado em constante mudança, devido à competição entre as empresas, avanços tecnológicos, alterações nas legislações, na economia e na disponibilidade de recursos, têm a necessidade de alcançar o nível ótimo de eficiência no suprimento e na distribuição dos produtos e serviços no lugar certo, no momento certo e nas condições desejadas ao menor custo possível para os nossos clientes.

Os clientes (consumidores) se tornaram mais exigentes quanto ao serviço prestado pelas empresas. Coincidem com essa pressão as tendências para a "maturidade" do mercado, que ocasiona o declínio da fidelidade à revenda. Em outras palavras, é bem provável que os clientes sejam menos influenciados pelos apelos publicitários convencionais e se tornem mais suscetíveis a questões como disponibilidades.

2.3 Integração: Marketing e Logística

Um dos principais pilares da logística empresarial moderna é o conceito de logística integrada, que está representado na Figura 4.3. Por meio desse conceito, as funções logísticas deixam de ser vistas isoladamente e passam a ser percebidas como um componente operacional da estratégia de marketing. Com isso, o transporte passa a ter um papel fundamental em várias estratégias na rede logística, tornando necessária a geração de soluções que possibilitem flexibilidade e velocidade na resposta ao cliente, ao menor custo possível, gerando assim maior competitividade para a empresa.

Dentre os principais *trade-offs*[1] que afetam a função transporte, destacam-se aqueles relacionados ao estoque e ao serviço ao cliente.

---

[1] Em economia, essa expressão define uma situação de escolha conflitante (saciar sua foma e fazendo uma refeição completa ou ir à aula de monitoria — especialmente quando há controle extra), isto é, quando uma ação econômica que visa a resolução de determinado problema, acarreta inevitavelmente outros. A tradução do termo pode ser entendida ainda como custo de oportunidade, ou seja: "Qualquer coisa de que se tenha de abrir mão para obter algum item" (<*www.unb. br/face/eco/gabaritoscontrole/gab_controle_1_extra_quarta.pdf*> Acesso em: 13 jan. 2005).

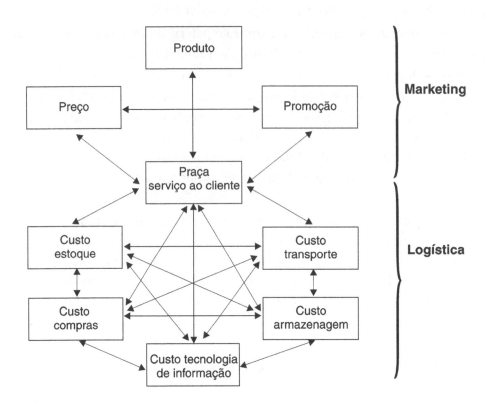

Fonte: Adaptado de LAMBERT, D. M. e STOCK, J. R., 1993, p. 99.
Figura 4.3 Conceito de logística integrada.

2.4 O Cliente e o Valor do Serviço

O serviço ao cliente é um componente fundamental da logística integrada. Todas as funções logísticas vistas na Figura 4.3 contribuem para o nível de serviço que uma empresa presta aos seus clientes. O impacto do transporte no serviço ao cliente é um dos mais significativos, e as principais exigências do mercado geralmente estão ligadas à pontualidade do serviço (além do próprio tempo de viagem); à capacidade de prover um serviço porta a porta; à flexibilidade, no que diz respeito ao manuseio de uma grande variedade de produtos; ao gerenciamento dos riscos associados a roubos, danos e avarias; e à capacidade de o transportador oferecer mais que um serviço básico de transporte, tornando-se capaz de executar outras funções logísticas (NAZÁRIO, 2000).

3 Gestão de Transporte

3.1 Conceito

"[...] é simplesmente deslocar matérias-primas e produtos acabados entre pontos geográficos distintos" (NOVAES, 2001, p. 33).

O transporte é o principal componente do sistema logístico. Sua importância pode ser medida por meio de pelo menos três indicadores financeiros: custos, faturamento e lucro. O transporte representa, em média, 60% dos custos logísticos, 3,5% do faturamento bruto e, em alguns casos, mais que o dobro do lucro. Além disso, o transporte tem um papel preponderante na qualidade dos serviços logísticos, pois interfere diretamente no tempo de entrega, na confiabilidade e na segurança dos produtos (FLEURY, 2002).

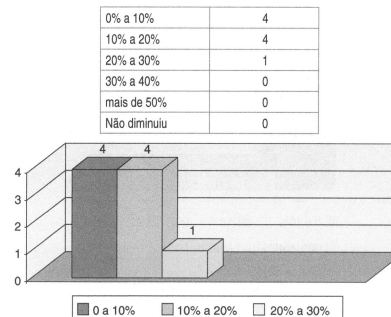

Figura 4.4 "Em quanto a logística, ao ser mais bem acompanhada, reduziu as despesas em sua empresa?" (Questão n. 8 da pesquisa realizada pelo grupo em 6 dez. 2004.).

Importante ressaltar que os valores apresentados na Figura 4.4 podem variar substancialmente, de setor para setor e de empresa para empresa. A participação no faturamento, que em média é de 3,5%, pode variar, por exemplo, de 0,8%, no caso da indústria farmacêutica, a 7,1%, no caso da indústria de papel e celulose, e, no segmento das revendas de material para construção, de 3,5% a 6%. Como regra geral, quanto menor o valor agregado do produto, maior a participação das despesas de transporte no faturamento da empresa.

Segundo Fleury (2002), as principais funções do transporte, de acordo com o conceito de logística integrada, estão ligadas a dimensões de tempo e utilidade do lugar, uma vez que o transporte disponibiliza produtos onde há demanda potencial, dentro do prazo adequado às necessidades do comprador, sendo fundamental para que atinja o objetivo logístico.

0% a 10%	6
10% a 20%	1
20% a 30%	1
30% a 40%	1
mais de 50%	0

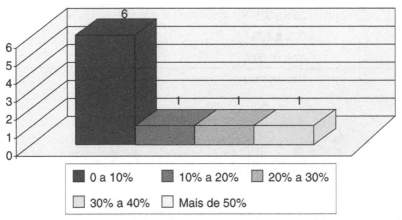

Figura 4.5 "Qual a participação da logística nas despesas da empresa?" (Questão n. 7 da pesquisa realizada pelo grupo em 6 dez. 2004.)

Administrar o transporte significa tomar decisões sobre um amplo conjunto de aspectos. Essas decisões podem ser classificadas em três grandes grupos: decisões estratégicas, decisões operacionais e decisões de curto prazo.

As decisões estratégicas se caracterizam pelos impactos de longo prazo, e se referem basicamente a aspectos estruturais.

As decisões operacionais são geralmente de curto prazo e se referem às tarefas do dia-a-dia dos responsáveis pelo transporte.

São basicamente quatro as principais decisões estratégicas no transporte:

- Escolha de modais.
- Decisões sobre propriedade da frota.
- Seleção e negociação com transportadores.
- Política de consolidação de cargas.

Dentre as principais decisões de curto prazo, podemos destacar:

- Planejamento de embarques.
- Programação de veículos.
- Roteirização.
- Auditoria de fretes.
- Gerenciamento de avarias.

3.2 Escolha de Modais

São basicamente cinco os modais de transporte de cargas: rodoviário, ferroviário, aquaviário, dutoviário e aéreo (MIRA, 2004).

Segundo Mira, cada um possui custos e características operacionais próprias, que os tornam mais adequados para certos tipos de operações e produtos. Os critérios para escolha de modais devem sempre levar em consideração aspectos de custos, por um lado, e características de serviços, por outro. Em geral, quanto maior o desempenho em serviços, maior tende a ser o seu custo.

As diferenças de custo/preço entre os modais tendem a ser substanciais. Tomando como base um transporte de carga fechada de longa distância, verifica-se que, em média, os custos/preços mais elevados são os do modal aéreo, seguido pelo rodoviário, ferroviário, dutoviário e aquaviário, pela ordem.

Nas revendas de material para construção, o que predomina é o transporte rodoviário.

3.3 Decisão sobre a Propriedade da Frota

A resolução sobre ter frota própria ou utilizar ativos de terceiros, é a segunda mais importante decisão estratégica no transporte. Para Fleury, nesse caso, o processo decisório deve considerar, além do custo e da qualidade do serviço, a rentabilidade financeira das alternativas.

A grande ênfase dada atualmente pelas empresas, principalmente as de grande porte, na rentabilidade sobre os investimentos dos acionistas, tem sido um dos principais fatores a influenciar as organizações na direção de utilizar terceiros nas suas operações de transporte.

Como a rentabilidade sobre investimentos é o resultado do lucro sobre os investimentos do acionista, a maneira mais rápida de aumentar a rentabilidade é reduzir os investimentos dos acionistas, o que pode ser feito pela utilização de ativos de terceiros, no caso ativos de transportes.

Uma série de características da operação e do setor, também contribui para o processo decisório de propriedade da frota. Dentre essas, destacam-se: o tamanho da operação; a competência gerencial interna; a competência e competitividade do setor.

Quanto maior o tamanho da operação de transporte, maior a possibilidade de que a utilização de frota própria seja mais atraente do que a utilização de terceiros. Em primeiro lugar, porque a atividade de transporte apresenta enormes economias de escala. Quanto maior a operação, maior as oportunidades de redução de custos. Segundo, porque as operações de transporte estão ficando cada vez mais sofisticadas em termos de tecnologia e gestão.

Ser pequeno significa ter pouca capacidade de manter equipes especializadas e de fazer investimentos contínuos em tecnologia, e, em especial, em tecnologias de informação.

A crescente sofisticação do transporte faz com que a capacitação interna para planejar, operar e controlar seja cada dia mais decisiva para o desempenho da operação. Nada adianta ser grande e ter recursos se a organização não possui a capacitação interna para gerir de forma eficiente sua operação de transporte e se não se está preparada para desenvolvê-la internamente. Por outro lado, é bom lembrar que a capacitação é uma medida relativa, que necessita ser confrontada com as opções externas à organização, ou seja, a competência do setor de transporte na região onde opera a empresa contratante.

As empresas que ainda têm frota própria defendem a idéia de ter mais autonomia e controle sobre seus funcionários (aparência, uniforme, mudanças repentinas de programação, envolvimento com o negócio), que já conhecem as rotinas dessas empresas, estão treinados no seu sistema etc. Além disso, elas também podem controlar sua frota, para não correr o risco de falta de caminhão, de usá-los a qualquer hora sem prévia programação, de disponibilizá-los ao máximo e outros motivos variados, peculiares do segmento de material para construção que tem vários materiais de baixo valor e de grandes volumes (areia, pedra, tijolos).

Existem situações em que uma empresa deseja terceirizar sua operação de transportes, mas fica impossibilitada de fazê-lo, pois tem dificuldades de encontrar um prestador de serviços capaz de atendê-la ao custo e com a qualidade de serviços já alcançados internamente. Ou seja, quanto maior a competência interna, e menor o desenvolvimento do setor de serviço de logística de distribuição de materiais para construção em determinada região, menor a chance de encontrar alguém capaz de substituir a operação interna com vantagens de custo e qualidade.

Tabela 4.1 Planilha de coleta de dados.

Despesas	R$ anual	R$ mensal
Salários e férias com encargos	663.000,00	55.250,00
Benefícios (saúde, alimentação, transporte, cursos etc.)	147.000,00	12.250,00
Combustível	30.000,00	13.750,00
Óleos e lubrificantes	50.400,00	4.200,00
Seguro de veículos	15.000,00	1.250,00
Seguro de cargas	19.200,00	1.600,00
IPVA/ Seguro Obrigatório/ Licenciamento	6.000,00	500,00
Multas	3.000,00	250,00
Administração	1.800,00	150,00
Depreciação (20% a.a)**	222.000,00	18.500,00
Total	1.322.400,00	110.200,00
Custo Oportunidade 2,0%***		22.000,00
Total Geral	1.588.800,00	132.400,00

* Custo de renovação da frota (frota nova) = R$ 1.110.000,00;

** A Taxa de Depreciação a.a e o Custo de Oportunidade deverão ser definidos de acordo com as taxas utilizadas pela empresa;

*** O Custo Oportunidade representa quanto a empresa poderia estar ganhando/ aproveitando no seu negócio, se não tivesse utilizado o dinheiro na aquisição da frota.

Fonte: VERLANGIERI, 2004.

No Brasil, há uma forte tendência para utilizar terceiros, com poucos investimentos em frota própria. Cerca de 83% das 500 maiores empresas privadas no Brasil não possuem frota própria. Mesmo nos casos em que isso não acontece, a tendência é combinar frota própria com frota de terceiros. Cerca de 90% das empresas que possuem frota própria também utilizam frota de terceiros para completar sua capacidade (FLEURY, 2002).

Tal tendência é fortemente influenciada pelos baixos preços cobrados pelos transportadores autônomos, o que torna muito baixa a atratividade de investimentos em frota própria.

As principais vantagens da terceirização são: profissionalização do serviço, melhoria da qualidade, modernização, ganhos de produtividade, maior parcela de custos variáveis, atitudes mais rápidas às variações da demanda, maior facilidade de controle por meio de relatórios, diminuição da estrutura organizacional e simplificação do processo operacional, eliminação de investimentos em ativos fixos, liberação de área, possibilidade de dedicar/concentrar mais tempo e atenção ao próprio negócio (*core business*), descentralização de vínculos sindicais, assessoria permanente, visualização exata dos custos da atividade e melhor utilização dos funcionários da empresa.

Com as informações coletadas, qual desses modelos é o mais adequado para cada empresa? Uma decisão racional deve ser baseada na análise da situação da empresa e nos números.

A Tabela 4.1 mostra um exemplo de gastos da frota de uma empresa fictícia:

Paralelamente, deverão ser realizadas cotações com transportadoras, considerando o mesmo número de veículos necessários para suas operações, tipos de veículos, motoristas e ajudantes. Exija que coloquem nas suas propostas cláusulas do tipo uniformes, boa aparência dos motoristas e ajudantes (cabelo cortado, uso de sapatos, camisa abotoada etc.), exclusividade nas entregas/roteiros, enfim todas as qualidades que sua empresa utiliza como padrão.

Com o resultado do total geral dos gastos da frota própria, serão equiparadas as cotações para decidir qual é a mais vantajosa para a empresa. Feito isso, você só não optará pelo de menor custo se considerar que a decisão é estratégica, portanto, subjetiva.

3.4 Seleção e Negociação com Transportadores

Segundo Fleury (2004), uma vez decidida a utilização de terceiros, torna-se necessário estabelecer critérios para a seleção de transportadores. São sete os principais critérios utilizados na seleção dos prestadores de serviços de transporte:

- Confiabilidade.
- Preço.
- Flexibilidade operacional.
- Flexibilidade comercial.
- Saúde financeira.
- Qualidade do pessoal operacional.
- Informações de desempenho.

O primeiro e normalmente mais importante critério para a seleção de um prestador de serviços de transporte tende a ser a confiabilidade, ou seja, a capacidade de cumprir aquilo que foi combinado, por exemplo, prazos de entrega e coleta, disponibilidade de veículos, segurança, preço, informações. Surpresa desagradável é tudo que um frentista quer evitar. No mundo do *just-in-time* dos dias atuais, desvios no planejado podem resultar em impactos substanciais na operação do destinatário. Portanto, ter certeza de que o planejado vai ser cumprido é um critério fundamental na hora de selecionar um transportador.

O preço, como não poderia deixar de ser, tende a ser o segundo critério mais importante. De fato, enquanto a confiabilidade, em geral, é um critério qualificador, ou seja, é uma condição mínima necessária para um transportador ser pré-selecionado, o preço geralmente é um critério classificador ou seja, já que o critério de confiabilidade foi atendido, aquele transportador com menor preço tende a ser selecionado. Importante lembrar, no entanto, que muitas vezes critérios de desempenho são tão críticos, como no caso de produtos perigosos ou de altíssimo valor agregado, que as questões de segurança pesam mais do que simplesmente o preço do frete.

Flexibilidade, tanto comercial quanto operacional, tem-se se tornado um critério cada dia mais importante no processo de seleção de transportadores. A segmentação de clientes e mercados é cada vez mais utilizada, e a inovação é uma constante; ter flexibilidade para adaptar a operação e renegociar preços e contratos é uma necessidade básica da maioria dos frentistas, afirma Fleury (2004). Questões como local e horários de entrega, tipos de veículo e embalagem, e níveis de serviço são algumas das dimensões importantes de flexibilidade valorizadas pelos frentistas.

A saúde financeira do prestador de serviço é outro critério cada vez mais utilizado na hora de selecionar uma transportadora. A forte tendência por parte dos frentistas de reduzir o número de transportadoras utilizadas, assim como de estabelecer um relacionamento cooperativo de longo prazo, faz com que a saúde financeira do fornecedor de serviços cresça de importância. Nada pior do que investir tempo e recursos no desenvolvimento de um relacionamento sob medida, para descobrir mais adiante que o parceiro não terá condições de acompanhar suas necessidades, seja em termos de capacidade de transporte, seja em termos de modernização tecnológica ou gerencial.

Com a crescente sofisticação das operações de transportes, tanto do ponto de vista tecnológico, quanto do ponto de vista de serviços, a qualidade do pessoal operacional passou a ter uma importância fundamental no desempenho dos transportadores. Por qualidade do pessoal entenda-se educação formal, capacitação técnica e habilidade comportamental. Portanto, ao selecionar uma transportadora, torna-se cada vez mais necessário conhecer e analisar o perfil profissional do pessoal operacional.

O monitoramento contínuo das operações é uma das principais características das empresas modernas que possuem sistemas logísticos avançados. Ao contratarem um terceiro para executar suas operações de transportes, as empresas correm o risco de perder contato com seu desempenho no campo.

Para garantir que isso não aconteça, torna-se necessário selecionar um prestador de serviços com capacidade de medir o desempenho e disponibilizar as informações para a empresa contratante. Relatórios típicos que podem ser disponibilizados são, por exemplo, o percentual de entregas efetuadas em até 24 horas, 48 horas ou 72 horas, para cada classe de cliente, para cada região. Importante também é identificar os problemas ocorridos durante a operação de entrega e as causas desses problemas. Apenas como exemplo, poderíamos pensar em um relatório mensal que indicasse o número de ocorrências de tentativas frustradas de entrega e as principais causas dessas ocorrências, como a ausência do destinatário ou endereço inexistente. Com isso, torna-se possível eliminar as causas dos problemas, evitando-se que venham a se repetir no futuro.

O processo de negociação deve ser entendido como uma tarefa contínua e estruturada, cujo objetivo é a melhoria permanente, voltada para redução de custos e melhoria da qualidade dos serviços. Para tanto, torna-se necessário desenvolver um relacionamento cooperativo, com base na confiança e intercâmbio sistemático de informações. Um instrumento básico para o processo de cooperação é a planilha de custos. Grande parte dos itens de custos, tanto os fixos, quanto os variáveis, pode ser alterada ou controlada por meio de planejamento adequado. Vejamos o caso do transporte rodoviário.

A escolha do veículo tem influência direta sobre os custos de combustível, manutenção, depreciação, capital e seguros. A utilização de veículos mais potentes, e muitas vezes mais caros, acaba elevando os custos do transporte desnecessariamente. Dado o tipo de carga, os volumes típicos dos pedidos e as rotas a serem cobertas, torna-se possível escolher o veículo mais adequado à operação e que gere o menor custo de transporte.

O número de horas que o veículo vai rodar por dia também tem um impacto direto no custo por tonelada/quilômetro transportado. Quanto maior o número de horas rodadas, menor o custo médio por tonelada/quilômetro. O planejamento conjunto entre frentista, destinatário e transportador permite a maximização das horas trabalhadas por mês ou por ano.

Outro fator que influencia diretamente o custo unitário do transporte é o tempo gasto com as atividades de carregamento e descarregamento. De novo, o planejamento conjunto — envolvendo frentista, destinatário e transportadora — permite o planejamento adequado das tarefas de embarque e desembarque, reduzindo, dessa forma, o tempo parado e, portanto, o custo unitário do transporte.

Dois outros mecanismos, que permitem o aumento da eficiência do transporte e o seu custo, estão no uso de tecnologias de informação, como o computador de bordo, GPS e roteirizadores, e a utilização de políticas inteligentes de consolidação de cargas.

3.5   Política de Consolidação de Cargas

Conforme Fleury (2004), a consolidação de cargas — ou seja, trabalhar com grandes volumes, utilizando os maiores veículos possíveis, à plena capacidade — é um dos principais mecanismos para reduzir os custos de transporte. A estratégia mais simples para se consolidar cargas é postergar os embarques para determinada rota até que haja carga suficiente para atingir a capacidade máxima do veículo utilizado. O problema com essa estratégia é que ela afeta negativamente o serviço ao cliente, tanto no que diz respeito ao prazo de entrega, quanto à consistência desses prazos. A postergação da saída implica a inexistência de uma freqüência definida de saídas, tornando indeterminado os prazos de entrega e gerando atrasos e incertezas sobre a real data de entrega.

3.6 Planejamento de Manutenção

Pela extrema competitividade do mercado, associada aos custos inerentes ao transporte de cargas, é indispensável ao fornecedor de serviços de transporte de cargas manter, na sua frota, veículos confiáveis, que possibilitem maior segurança, rapidez e credibilidade no transporte, dentro dos limites econômicos.

A manutenção da frota é uma alternativa de suma importância para o aumento da produtividade da empresa e principalmente para a redução dos custos operacionais, pois, além de reparar, ela pode evitar e prevenir novas ocorrências.

Podemos definir manutenção de frota como um conjunto de medidas e operações que tem como objetivo colocar em condições adequadas para uso todos os veículos, com a finalidade de aumentar a produtividade, segurança e economia para a empresa e, principalmente, em maior confiança do cliente na prestação dos serviços. (FLEURY, 2002)

A estrutura da manutenção deve se preocupar com alguns tópicos que julgamos essenciais:

- Manutenção de operação: cuidados diários de manutenção e inspeção dos veículos pelos motoristas.
- Manutenção preventiva periódica dos veículos.
- Manutenção corretiva.

Um programa de manutenção de frota deve ter entre os seus objetivos (FLEURY, 2002):

- Conservar os veículos em disponibilidade de operação por maior tempo possível.
- Evitar "depenar" os carros que estão parados.
- Prevenir futuras ocorrências de consertos fora da unidade (assistências na rua) que possam gerar perdas de cargas ou de serviço.
- Adotar programas e prestadores de serviços de qualidade, visando atender seus clientes nos prazos determinados.
- Contribuir para a melhora da imagem da empresa perante os clientes.

Os trabalhos de manutenção podem ser divididos em três tipos:

- Manutenção de operação.
- Manutenção preventiva.
- Manutenção corretiva.

3.6.1 Manutenção de operação

É a manutenção primária ou inspeção antes da operação do veículo. A condução adequada do veículo contribuirá para diminuir o desgaste de peças e aumentar a duração do caminhão.

Investir em treinamento é fundamental para a preservação do veículo, pois conduzir economicamente traz benefícios à frota.

Quando o motorista entender essa idéia, a manutenção de operação passará a ter o máximo de eficiência.

3.6.2 Manutenção preventiva

É tão importante como a manutenção de operação. Por mais que o motorista conduza bem o veículo, o fato de usá-lo vai provocar alguns desgastes em peças e gerar a necessidade de regulagens e ajustes, os quais precisam periodicamente ser verificados/efetuados.

O conceito de manutenção preventiva está associado a diversas verificações e correções programadas de modo que previna não só o aparecimento de problemas, mas também evite um tempo maior de paralisação do veículo para manutenções corretivas ou reformas mais onerosas (FLEURY, 2002).

A periodicidade da manutenção preventiva será estabelecida em função da quilometragem percorrida ou do número de horas em uso.

É importante também verificar o tempo de execução da manutenção. A identificação de tempos-padrão contribui para a determinação da mão-de-obra, previsão de entrega do veículo e a programação dos veículos para essa manutenção.

Sendo bem organizada, é possível a previsão orçamentária das ações preventivas. A boa execução da manutenção preventiva vai proporcionar vida mais longa ao veículo, melhor desempenho, maior utilização e redução das horas ociosas. Para que isso ocorra, é preciso preparar a mão-de-obra e conscientizá-la do aumento da produtividade que o seu serviço acarreta.

3.6.3 Manutenção corretiva

Define-se manutenção corretiva como o conjunto de serviços que devem ser executados para reparar quebras ou avarias nos veículos, depois de acontecidas.

Esse tipo de manutenção deve sempre ser considerado, mesmo quando há uma boa execução das manutenções de operação e preventiva. É comum que peças sofram desgastes imprevistos e apresentem defeitos e/ou quebras.

A manutenção corretiva pode ser realizada em poucas horas, desde que o diagnóstico do problema seja dado de forma ágil e correta.

Algumas empresas que adotam o serviço de pronto atendimento realizado por terceiros argumentam que esse tipo de trabalho reduz em muito o custo de manutenção e operação, já que o veículo não precisa ser removido e, com isso, ganha-se tempo e dinheiro.

3.7 Controle da Manutenção

O processo de controle de manutenção consiste no acompanhamento das atividades planejadas e análise dos eventuais problemas e erros acontecidos, com o propósito de evitar que venham a se repetir.

Segue um conjunto de atribuições básicas relacionadas com o controle de manutenção de frotas:

- Avaliação do desempenho.
- Comparação do desempenho real com os objetivos, planos, políticas e padrões preestabelecidos.
- Identificação dos desvios.
- Estabelecimentos de ações corretivas, com base na análise dos desvios.
- Acompanhamento e avaliação da eficiência das ações de natureza corretiva.
- Adição de informações ao processo de planejamento, para desenvolver ciclos futuros nas atividades administrativas.

3.8 Índices de Desempenho da Manutenção

O início de todo processo de melhoramento, seja em nível do indivíduo ou das organizações, exige, como primeira etapa, que se adquira consciência da própria realidade e, posteriormente, que se definam os objetivos a alcançar e os meios para tanto.

Entretanto, uma vez iniciado o processo, é necessário que seja monitorado o progresso alcançado, por meio da observação e comparação, ao longo do tempo, de parâmetros que definam claramente o grau de qualidade do nosso desempenho, constatando, sem subjetivismo, se estamos em posição melhor que a inicial ou não.

É evidente que, na seleção dos poucos índices que retratem de forma mais eficaz o desempenho da manutenção, seja essencial ter em mente o conceito moderno dessa atividade, vinculando-o especialmente aos seus objetivos, ou seja, àquilo que dela se espera.

Dentre as diversas formas de conceituar manutenção, a que se nos afigura mais atual, simples e, ao mesmo tempo, abrangente, é a que se define como:

> *"[...] o conjunto de atividades direcionadas para garantir, ao menor custo possível, a máxima disponibilidade do equipamento para a produção, na sua máxima capacidade, prevenindo a ocorrência de falhas e identificando e sanando as causas da performance deficiente dos equipamentos" (FLEURY, 2002, p.12).*

3.9 Dimensionamento de frotas

Existem fatores que fazem a produtividade no setor de transportes ter um índice muito baixo em relação a outros ramos da economia, como: veículos com características inadequadas ao tipo de transportes a que se destinam, má conservação das vias, congestionamento e lentidão nas operações de carga e descarga ou embarque e desembarque.

Segundo Fleury (2004), para realizar esse dimensionamento, aconselha-se que os seguintes procedimentos sejam seguidos:

- Determinar a demanda mensal de carga.
- Fixar o período de trabalho.
- Analisar as rotas que serão utilizadas.
- Determinar a velocidade de percurso.
- Determinar os tempos de carga/descarga/espera.
- Identificar a carga útil do veículo.
- Determinar a carga transportada por veículo.

Com o correto dimensionamento da frota, pode-se obter uma expressiva redução de custos.

3.10 Custos Operacionais

Em décadas passadas, a maioria das empresas de transportes do País não estava preocupada com o assunto, pois viam nos controles de custo pura perda de tempo ou dinheiro jogado fora, ou ainda um luxo desnecessário; e as decisões eram tomadas com base no bom senso e na experiência.

O Varejo de Material de Construção no Brasil

Atualmente, com o nivelamento do preço de fretes e serviços, ter o exato conhecimento dos custos operacionais é indispensável para o sucesso das atividades, como:

- Decidir entre a contratação ou compra de uma frota.
- Determinar a hora de renovação da frota.
- Fazer ou terceirizar a manutenção.
- Reduzir os custos operacionais.

O custo operacional pode ser considerado o "termômetro" da empresa, sendo o principal indicador eles:

- medidas corretivas;
- decisões;
- formulação de novos objetivos das diretrizes da empresa;
- controle de tarifas/fretes.

Formar uma planilha de custos não é tarefa difícil, o que é preocupante são os elementos constituintes dessa planilha, isto é, quais os itens que podem ser melhorados para diminuir os custos. De que maneira podem ser melhorados?

3.10.1 Classificação dos custos

Os custos operacionais dos veículos de transportes podem ser classificados da seguinte forma:

- Custos diretos: os custos que podem ser facilmente debitados a um veículo, produto ou serviço.
- Custos indiretos ou administrativos: aqueles que não podem ser atribuídos a veículos isolados e exigem rateio entre a frota.

3.10.2 Componentes dos custos

Os custos fixos englobam o conjunto de gastos dentro de limites de produção e não variam em função do nível de atividade da empresa ou do grau de utilização do equipamento. São eles:

- salários de motoristas e ajudantes;
- depreciação;
- remuneração de capital;
- licenciamento;
- seguros.

Os custos variáveis são proporcionais à utilização de:

- combustível;
- óleos,
- lavagem e lubrificação;
- material rodante;
- peças e acessórios;
- mão-de-obra para a manutenção dos veículos.

Custos indiretos ou administrativos são os necessários para manter o sistema de transporte da empresa, são de:

- pessoal de almoxarifados e escritórios;
- comunicações;
- impostos e taxas legais para construção, conservação e limpeza;
- despesas financeiras;
- despesas diversas.

3.11 Renovação de Frotas

Os veículos e equipamentos desgastam-se com o uso, exigindo a reposição após um certo tempo de operação. Sabe-se que a vida de um veículo pode ser prolongada indefinidamente, e, para que isso ocorra, é necessário realizar reformas constantes. Deve-se analisar se tal procedimento é rentável para a empresa.

Enquanto um veículo é novo, os custos de manutenção são baixos, cobrindo basicamente as revisões de rotina e a substituição de componentes, como pneus e lonas de freio, por exemplo. Com o passar do tempo, esses custos vão aumentando em virtude dos desgastes mecânicos. Por outro lado, o custo da depreciação está ligado ao preço inicial do veículo: quanto mais caro o veículo novo, maior será o valor da sua depreciação.

Existe um tempo "T" para o qual à soma dos custos com o veículo atinge o menor valor. Esse tempo "T" corresponde à melhor época em termos econômicos para trocá-lo, porque o custo total é mínimo (RODRIGUES, 2004).

Embora as empresas possuam as ferramentas para a análise apresentada, a atual situação econômica contribui para dificultar esse processo, tendo como conseqüência o aumento gradual da idade média da frota brasileira.

4 Terceirização

4.1 Conceito

O processo de terceirização é uma estratégia das grandes empresas com estruturas complexas. Consiste em repassar suas tarefas secundárias a pequenas empresas especializadas, para poder melhor realizar sua atividade principal.

"Terceirização é uma estratégia alternativa, tal como a diminuição de níveis hierárquicos e o desmembramento de uma empresa grande em pequenas empresas de modo a torná-la, mais flexível e mais ágil" (PAGNONCELLI, 1993, p.159).

A terceirização tem surgido como forma de melhorar a qualidade dos produtos e serviços a menores custos. Na maioria das vezes, as empresas "terceirizadas" nascem da própria estrutura da grande empresa, que converte seus funcionários em novos empresários.

A terceirização não se limita à geração espontânea de empresas a partir de uma "empresa-mãe". Qualquer empresa que esteja atenta às oportunidades do mercado e assuma uma postura gerencial adequada ao processo pode prestar serviços ou vender para terceiros (MORAES NETO, 1997).

Para isso, é preciso uma estrutura moderna e ainda qualidade, competitividade, desenvolvimento do senso de parceria e visão em longo prazo.

4.1.1 Aspectos positivos

- Diminuição do desperdício.
- Aumento da qualidade.
- Desmobilização.
- Integração na comunidade.
- Melhoria do perfil do administrador.
- Diminuição da corrupção interna e externa.
- Diminuição do poder político interno e externo.
- Aumento da especialização/lucro.
- Favorecimento da economia de mercado.
- Liberação da criatividade.
- Otimização dos serviços.
- Soma da qualidade na atividade-meio e na atividade-fim.

- Melhoria da administração do tempo da empresa.
- Aumento do comprometimento da comunidade com a empresa e do público interno da empresa.
- Melhoria na imagem institucional.
- Criação de empregos e empresas mais estáveis.
- Aumento da agilidade da organização.
- Aumento de empregos especializados/competitividade.

4.1.2 Aspectos negativos

- Aumento do risco a ser administrado.
- Dificuldades no aproveitamento dos empregados já treinados.
- Demissões na fase inicial.
- Mudança na estrutura do poder.
- Falta de parâmetros de preço nas contratações iniciais.
- Custo das demissões.
- Má escolha de parceiros.
- Má administração do processo.
- Aumento da dependência de terceiros.

4.1.3 Legislação específica

No Brasil, não há legislação específica a respeito de terceirização. As leis protegem os trabalhadores contra as fraudes, e isso dificulta a difusão da legislação. Por isso, é preciso se reportar aos conceitos de empregado e empregador para que se elaborem, por exclusão, os limites jurídico-trabalhistas da chamada relação de terceirização.

4.2 A Razão da Terceirização

A terceirização, desde que realizada com critério e permanente supervisão do contratante, é um dos maiores achados da administração privada atual. Sua aplicação no Brasil é particularmente bem-vinda, tendo em vista o pesado sistema tributário nacional. Em outras palavras, a terceirização é indispensável para as empresas brasileiras que pretendem tornarem-se modernas e bem administradas e, com isso, passarem a empresas que possam competir com um mercado cada vez mais competitivo.

Existem ambientes para se realizar um processo de terceirização. Para isso, a maior parte do corpo funcional já deverá conhecer o assunto e a alta administração já deverá começar a ter sensibilidade para entender a necessidade real da implantação desse processo.

Pode-se assim responder à pergunta: "Por que terceirizar?"

Com a terceirização, as empresas podem voltar-se totalmente para sua atividade principal, deixando de lado as atividades secundárias, otimizando seus recursos e, com isso, reduzindo os custos fixos, tornando a empresa mais competitiva em um mercado atualmente competitivo. A utilização de mão-de-obra sem vínculo empregatício ajuda a reduzir os custos (CARDOZO, 1998).

Na terceirização, é necessária se ter uma visão estratégica do negócio, pois os objetivos e metas devem ser totalmente revisados. A alta administração deve ter uma conscientização global. Os recursos financeiros aplicados na gestão empresarial devem ser revistos assim como o plano de investimentos a curto e médio prazo, a fim de se instaurar paulatinamente a terceirização no contexto empresarial.

Além disso, o ponto mais importante na terceirização é ter clara a reorganização do capital humano e intelectual da empresa, tentando assim a otimização das operações.

4.3 Processo de Terceirização

Pode-se considerar que o processo de terceirização, do ponto de vista comercial de relacionamento, envolve sempre a empresa que contrata serviços de terceiros e a empresa que fornece serviços.

O que deve sempre ficar claro é que a característica principal da terceirização nas empresas está na identificação efetiva do seu *core-business*.

O mercado em geral entende que a terceirização se aplica principalmente na contratação de serviços de:

- Administração de mão-de-obra.
- Administração de restaurantes.
- Limpeza e conservação.
- Segurança/vigilância.
- Manutenção predial.
- Transporte.

No entanto, com o sucesso da implantação da terceirização, as empresas já estão migrando, do que se identifica como serviços tradicionais, para a contratação dos chamados serviços especializados. São eles: "Logística e distribuição; Suprimentos; Jurídico; Comercial; Recursos humanos; Controle de qualidade; Marketing; Telemarketing; Armazenagem; Serviços gerais" (CARDOZO, 1998, p. 5).

Além dos serviços prestados principalmente nas áreas administrativas, as empresas já atuam nas chamadas áreas operacionais, prestando serviços.

4.4 A Terceirização da Logística de Transporte

4.4.1 Conceito

Terceirizar as atividades de transporte, segundo Novaes (2001), significa repassar para as empresas especializadas ou as autônomas a realização da tarefa de entrega de material.

4.4.2 Atividades da logística de transporte

A logística de transporte ganha cada vez mais espaço e se torna absolutamente fundamental na distribuição física de mercadorias. Já não é mais concebível atuar na logística como há cerca de uma década, quando a equação de custos era a velha e conhecida Custo + Lucro = Preço, onde o que importava era o repasse dos preços da ineficiência na produção e distribuição, com os consumidores aceitando e pagando por isto.

Uma vez pronta para ser distribuída ou transportada, a mercadoria é embarcada no veículo designado, utilizando, para isso, um local apropriado.

Na circulação externa e estacionamento, embora as empresas comerciais utilizem as vias públicas para estacionar veículos de carga e, em alguns casos, usem-nas até mesmo para carga/descarga, o certo é dispor de áreas próprias para isso, reservando parte do terreno para a circulação e o estacionamento.

4.4.3 Preparando-se para a terceirização

Atualmente, como o transporte é tido como um diferencial competitivo e está entre as atividades que estão sendo terceirizadas, é adequada uma reflexão sobre o assunto, para que a empresa possa tomar a decisão correta e no momento certo. O processo de decisão deve ser precedido por um estudo técnico preliminar, um detalhando de todas as atividades da operação logística passíveis de terceirização, inclusive seus custos e índices de produtividade, entre outros indicadores.

O segundo grupo de motivos para terceirizar é representado por características não mensuráveis e pelo procedimento de dirigir todos os esforços para o próprio negócio.

Com base em um estudo técnico preliminar, no qual foi detalhada a atividade logística de transporte para a terceirização, dos serviços disponíveis no mercado, da comparação de custos e demais indicadores, entre as atividades desenvolvidas por equipes próprias ou terceirizadas, é necessária uma revisão profunda dos motivos para se terceirizar, a fim de se evitar, decisões precipitadas ou baseadas em comparações equivocadas, ou simplesmente para se reduzir os custos, que é um dos primeiros fatores analisados e por meio do qual a decisão da terceirização é tomada.

Além dos estudos desenvolvidos para apoiar o processo de decisão, é necessária uma avaliação extensa para se perceber se a empresa será efetivamente receptiva à terceirização, quando então os responsáveis deverão responder (por si e pela empresa) a alguns quesitos (REZENDE, 2001).

Entre os fatores para avaliação citados, os não-mensuráveis são certamente os decisivos para a tomada de decisão. Quando a decisão é baseada em critérios não mensuráveis — por exemplo, em uma filosofia empresarial, por meio da qual é determinado que todos os esforços devem ser centrados na atividade principal — é fundamental a sua compreensão para que o processo de terceirização seja bem-sucedido (REZENDE, 2001).

- Estou consciente de que a terceirização é um processo de efetiva parceria e que, se não houver um ótimo relacionamento, ela não vai adiante?
- Tenho domínio das operações e dos procedimentos para transferi-los a terceiros com sucesso?
- Tenho pleno domínio dos custos e indicadores de produtividade e qualidade para acompanhar, avaliar e orientar o parceiro?
- O parceiro tem conhecimento dos indicadores e metas, com base nos quais ele será avaliado?
- O parceiro tem conhecimento da abrangência dos serviços terceirizados?
- Estou preparado para expor ao parceiro desde os processos internos até as estratégias competitivas?
- Estou preparado para compartilhar informações, inclusive as estratégicas, com estranhos?

- Estou preparado para transferir parte das atividades a estranhos?
- Estou preparado para dividir atribuições e responsabilidades com estranhos?
- Estou consciente de que deverei administrar o comportamento do pessoal desde o momento da transição (medo de perder o emprego, ciúme profissional etc.)?
- Estou consciente de que deverei apoiar e monitorar o processo ininterruptamente sob pena de comprometer todo o processo de terceirização?

4.4.4 Características principais

Fleury (2002) diz que, sob o ponto de vista operacional, existem dois tipos básicos de logística de transporte terceirizada: operadores baseados em ativos e proprietários de caminhões que sejam, eles próprios, condutores do veículo.

Os operadores baseados em ativos caracterizam-se por serem mais sólidos e comprometidos, devido aos altos investimentos especializados que detêm. Por outro lado, os proprietários de caminhões "microempresários de transporte", por não estarem comprometidos com a empresa, vão sempre em busca de um frete melhor.

4.4.5 Vantagens e desvantagens

A combinação da crescente complexidade operacional com a sofisticação tecnológica tem contribuído de forma decisiva para aumentar a demanda por transportes de terceiros.

Além das vantagens básicas de custos e qualidade de serviços, a terceirização tem o potencial de gerar vantagens competitivas para seus contratantes em, ao menos, três dimensões adicionais: redução de investimentos em ativos, foco na atividade central do negócio e maior flexibilidade operacional (SILVA et. al., 2002).

Uma das principais tendências do atual ambiente empresarial é a busca pela maximização do retorno sobre os investimentos. Ao transferir sua operação logística para um terceiro, a empresa tem a oportunidade de reduzir os investimentos em armazenagem, frota, tecnologia de informação e, até mesmo, estoque, o que se reflete diretamente na melhoria do retorno sobre os ativos e os investimentos.

A inovação e o aprendizado permanentes são, cada dia mais, um requisito básico para que as empresas mantenham-se vivas e competitivas. No atual ambiente, a competitividade passa a ser um alvo móvel, o que exige foco na atividade e excelência operacional. Ao delegarem a atividade logística para um operador externo competente, os executivos da empresa contratante liberam tempo e energia para se dedicar à difícil e estratégica missão de desenvolver e aperfeiçoar a competência central do seu negócio.

No mundo incerto em que se vive hoje, a flexibilidade operacional — ou seja, a capacidade de se adaptar rapidamente a flutuações de preços e demanda, e a diferentes exigências do mercado — é um requisito para a sobrevivência. Ao contratar, com terceiros, a operação de suas atividades logísticas, a empresa transforma custos fixos em variáveis, reduzindo substancialmente seu ponto de equilíbrio, ganhando por conseqüência flexibilidade operacional.

Apesar do potencial de vantagens competitivas, identificadas anteriormente, a utilização de terceiros não está livre de problemas.

O primeiro deles é o risco de perder o acesso a informações-chave do mercado, ou seja, o envolvimento no dia-a-dia com as operações de campo. O contato direto com clientes é um importante ingrediente para se manter sintonizado com os problemas e oportunidades da operação, e com as mudanças no ambiente do negócio. Ao delegar para um terceiro esse tipo de contato, a empresa corre o risco de perder a sensibilidade de identificar, a tempo, as mudanças necessárias.

Um segundo problema potencial é o descompasso entre as percepções do contratante e do terceiro contratado em relação aos objetivos competitivos da empresa contratante. Nas operações diárias, as empresas são obrigadas a fazer escolhas entre diversos objetivos competitivos, por exemplo, custos, flexibilidade, consistência/confiabilidade, inovação, velocidade de entrega, preocupação com o meio ambiente etc. Essas escolhas deveriam ser feitas com base em uma estratégia competitiva previamente definida e modificada à medida que mudam as condições de competição no mercado. Além disso, diferentes clientes em diferentes mercados exigem diferentes prioridades competitivas. A falta de mecanismos adequados de comunicação entre o contratante e o operador contratado tende a gerar um descompasso de percepções sobre as reais prioridades competitivas, criando como conseqüência descompasso relacionados aos objetivos operacionais. Um subproduto desse descompasso tende a ser a inabilidade do operador contratado de responder a mudanças nas condições do negócio.

Um terceiro problema potencial é a incapacidade do responsável pela terceirização de cumprir as metas combinadas com o contratante. Muitas vezes, na ânsia de conquistar o negócio, e com base apenas em previsões sobre o volume e complexidade da operação que está sendo terceirizada, ele promete mais do que é possível alcançar. Isso gera tensões que precisam ser monitoradas para evitar frustrações de ambos os lados.

Um quarto problema potencial é a criação de uma dependência excessiva da empresa contratante ao terceiro, gerando um alto custo de mudança. Ao desmantelar sua estrutura gerencial e operacional, voltada para a logística, e deixar nas mãos de um terceiro ativo informações e *know-how*, até mesmo o retorno a uma operação interna pode resultar em custos excessivamente elevados para a empresa contratante.

Em relação a manter frota própria ou terceirizada, temos de analisar que certamente a maior parte das terceirizações de transporte rodoviário de cargas teve, como, foco principal, a redução de custos, recorrendo aos modelos mais simples já citados. Conseqüentemente, apresentaram inúmeros problemas na parte operacional, incluindo queda do nível de atendimento, entre outros.

4.4.6 Indicadores de desempenho

Dada a complexidade do relacionamento e a dinâmica da operação, é de fundamental importância a criação de instrumentos gerenciais de planejamento e controle para monitorar a operação terceirizada. Esses instrumentos gerenciais devem cobrir as atividades de planejamento e controle operacionais conjuntos, procedimentos de comunicações interempresas, compartilhamento de custos e benefícios, características do contrato e investimento nas operações e nas pessoas (SILVA, et. al., 2002).

Com base nos objetivos de ganhos, previamente definidos, e nas informações obtidas pelos instrumentos gerenciais de planejamento e controle, torna-se possível avaliar os resultados da operação terceirizada e utilizar esta avaliação como mecanismo de retroalimentação para aperfeiçoar tanto a operação, quanto os mecanismos de planejamento e controle.

Para conseguir elevados níveis de eficiência em termos de distribuição, o ponto de partida é o conhecimento das necessidades de serviço dos varejistas e do desempenho das empresas concorrentes. Nesse sentido, a pesquisa de mercado é fator fundamental para a definição de estratégias logísticas competitivas e vencedoras. O desempenho deve corresponder aos níveis de serviços desejados pelos clientes; e os níveis de desempenho que levam à satisfação dos clientes podem variar em função de uma ampla gama de fatores.

O conhecimento exato das expectativas dos clientes, região por região, permite que o fornecedor de alcance nacional estabeleça suas políticas de distribuição no âmbito local. Sua expectativa de sucesso, nesse caso, tem mais chance de acontecer. Um conjunto único de procedimentos a nível nacional supõe a uniformidade nas expectativas dos clientes em todas as regiões de seu âmbito de atuação.

O aumento das expectativas acontece porque o consumidor final está mais exigente e porque o desempenho de alguns fornecedores também vem melhorando com o passar do tempo. O acirramento da competição leva a um ciclo virtuoso de aumento de expectativas à medida que experiências positivas elevam o patamar de referência. Para os fornecedores, isso significa que seu desempenho em determinados atributos, que antes poderia ser um diferencial, passa a ser condição básica de sobrevivência (de critério ganhador de pedido para critério qualificador para concorrer).

O aumento de exigências em todos os elos da cadeia traduz-se em pressão por maior eficiência e mais serviços, com melhores níveis de qualidade. É um processo virulento de transmissão de requisitos de serviço ao longo de toda a cadeia de suprimento.

O que determina o sucesso é a busca incessante por competitividade por meio de operações eficientes ao oferecer produtos e serviços que tenham valor do ponto de vista do cliente. Assim como os consumidores finais têm necessidades diferentes, os varejistas também apresentam características únicas em função de diversos fatores, como geográficos, culturais e econômicos. Estar preparado para prestar um serviço logístico que considere tais fatores pode ser a chave do sucesso.

4.4.7 A tecnologia da informação

Com uma intensidade cada vez maior, o desempenho eficaz das atividades empresariais depende do uso estratégico da tecnologia. Os avanços recentes da tecnologia trouxeram para a logística um impulso extraordinário. Com a integração dos computadores e das telecomunicações, hoje é possível desenvolver processos com velocidade e confiabilidade muito grandes e nunca antes imaginados.

A grande ampliação da capacidade instalada a para telecomunicação ocorre à medida que novas ligações por microondas e via satélite são instaladas e que os cabos de fibra ótica substituem cabos coaxiais em pares convencionais. Os avanços em *software*, tecnologia de computadores digitais e arquitetura de redes que permitem a passagem de voz e figuras com alta qualidade e transmissões de dados entre diferentes tipos de terminais localizados em todo o mundo, tornaram a tecnologia fundamental para a estratégia e a conquista de uma posição diferenciada nas tarefas logísticas.

A tecnologia serve como um importante instrumento para auxiliar a concretizar a estratégia logística, reduzindo custos e possibilitando o aumento do nível de serviços. Entretanto, a introdução dessas novas tecnologias, sem considerar os importantes fatores externos e internos, pode levar ao fracasso. Em particular, a assimetria entre fabricantes e distribuidores na dimensão e especialidade relativas às necessidades de informações cria um problema (SILVA, et. al., 2002).

Dentre as funções da tecnologia, cita-se a racionalização e simplificação das tarefas, organização e multiplicação do conhecimento, facilitação (disponibilizar e ampliar) das comunicações, ampliação da confiabilidade, customização e flexibilização dos níveis de serviços aos clientes, e a ampliação do alcance da logística. Ao se projetar uma estratégia de tecnologia logística, deve-se definir claramente qual será o seu papel no ambiente empresarial.

Assim, qualquer investimento em tecnologia, como uma forma de atingir um objetivo estratégico, deve começar com uma explicação clara de sua finalidade. Exemplos recentes de implantação de famosos *softwares* integradores que desorganizaram as empresas onde foram implantados — e que levaram anos para se reorganizar, despendendo muito mais energia e dinheiro que os previstos — demonstram que um estudo prévio dos problemas da organização para definir as verdadeiras necessidades poderiam ter evitado o caos. As diferentes tecnologias (*hardware, software, humanware* e *managementware*) devem caminhar juntas. Implantar uma tecnologia deve ser visto, antes de qualquer coisa, como uma forma de aprimorar as melhores práticas já instaladas. De nada adianta implantar um *software* moderno e avançado se as estruturas organizacionais estão carregadas de vícios e paradigmas ultrapassados e distorcidos. Antes da aquisição, torna-se necessário arrumar a casa. Os processos devem ser reprojetados, em primeiro lugar, visando a eficiência e a eficácia e, em seguida, sua integração com a nova tecnologia.

Os dirigentes e gestores de logística devem ser os articuladores do papel da tecnologia na organização, garantindo sua conexão com a estratégia logística. Eles devem coordenar o projeto da nova tecnologia e facilitar sua implementação com êxito.

Enfim, a tecnologia adotada deve oferecer aos funcionários e clientes externos mais conveniência, confiabilidade e controle; custos e preços mais baixos; e ainda outros elementos que agreguem valor. Deve oferecer à organização estabilidade, agilidade, inovação e a possibilidade de se diferenciar estrategicamente no mercado, perante seus clientes, parceiros e fornecedores.

5 *Case* Construcasa

5.1 Histórico

O objetivo do *case* é demonstrar que o estudo elaborado da empresa pode determinar qual o melhor sistema de Gestão de Logística, embasado de informações concretas e verdadeiras, dirigindo a empresa para o sistema que determinará o melhor ponto de equilíbrio. Este *case* foi realizado na empresa Comércio de Materiais para Construção Casa Rosada Ltda., localizada na região da Grande São Paulo, porque um dos autores deste texto trabalha na empresa, o que facilitou o estudo. A metodologia utilizada teve seus conceitos fundamentados no projeto *Gestão de Transportes* (Ciesp — Diadema), de Laércio Almeida Rodrigues, e na disciplina Gestão Estratégica dos Recursos Financeiros, ministrada pelo professor Joaquim Ramalho de Oliveira Filho, na FAAP. Ela visa verificar a viabilidade de se transformar os custos fixos do sistema de frota própria em custos variáveis, com o objetivo de aumentar a margem de segurança e melhorar o ponto de equilíbrio financeiro da empresa.

A empresa foi fundada em 1979, com o nome de Construcasa Material para Construção, por Jacinto Justino Saraiva, Fernando Antonio Saraiva Justino, Francisco Manuel Saraiva Justino e Manuel Delgado Canhoto, todos portugueses.

Começou em pequeno espaço na Avenida Brasília, em Diadema. O sucesso aconteceu rapidamente e obrigou a empresa a se modernizar e se deslocar para uma área maior, onde funciona até hoje no número 780 da mesma avenida.

Em 1980, a empresa passou a se chamar Casa Rosada — Material para Construção. Nesse período, já era a principal companhia do segmento no município de Diadema. Em 1992, saiu o sócio Manuel Delgado Canhoto.

Em 1996, a empresa passa a ter um sistema de auto-serviço. A Casa Rosada diferencia-se em Diadema por oferecer a maior variedade de produtos, com estoque para pronta entrega, flexibilidade para pagamento e um atendimento personalizado.

A empresa possui cerca de 9.500 produtos para revenda e uma frota própria para entrega de material.

5.2 Situação Atual

As operações de movimentação, armazenagem e expedição são executadas internamente pela própria companhia.

Há incidência de erros de inventário e retrabalhos devido à inconsistência do sistema físico. Esse fato ocorre em virtude da não-conferência de todos os produtos que saem do depósito.

A empresa possui custos fixos que devem ser pagos independentemente do volume de faturamento.

As entregas são executadas pela frota própria em, no máximo, um raio de 2km da empresa e, como não existe a otimização de carga, os caminhões não saem com carga total.

Não há acompanhamento dos tempos de entrega aos clientes. O tempo gasto com o trânsito é baixo devido ao raio de entrega de 2km.

Na consolidação das cargas, o aproveitamento é baixo em decorrência da procura dos produtos correspondentes ao pedido e de materiais de muito volume (tijolos, blocos, ferro).

5.3 Proposta de Terceirização de Transportes

O projeto originou-se da visão logística de transporte adquirida no curso de pós-graduação Anamaco-FAAP, e foi verificado o novo gargalo na cadeia de distribuição da empresa, influenciando diretamente na qualidade de serviço que o cliente valoriza.

O projeto oferece fundamentação técnica e financeira para o gerenciamento da logística de distribuição e propõe mudanças nas atividades, comportamentos, organogramas, responsabilidades e visões, conforme descreveremos a seguir:

- Terceirizar a gestão de transporte, contratar proprietários de caminhões ("microempresários de transporte") implementando uma parceria duradoura e que proporcione crescimento sustentável para ambas as partes.
- Ter pleno conhecimento e domínio dos custos e elaborar indicadores de desempenho para acompanhar, avaliar e orientar os parceiros.
- Estipular metas e objetivos em conjunto com o parceiro e compartilhar nossas estratégias, criando confiabilidade e respeito que são fundamentais para a duração da parceria.
- Administrar o comportamento do pessoal desde o momento da transição, motivando e esclarecendo dúvidas.

- As operações de movimentação, armazenagem e expedição serão executadas pela própria empresa.

5.4 Implementando a Parceria

A empresa obterá força de pulverização de seus produtos sem gargalos de distribuição.

Esse fato será reconhecido pelo mercado, supondo-se um aumento de receita bruta de vendas na ordem de 10% ao ano, a partir de 2005:

Tabela 4.2 Previsão da receita bruta de vendas (× 1000).

2004	2005	2006	2007	2008	2009
R$ 5.224	R$ 5.746	R$ 6.321	R$ 6.953	R$ 7.648	R$ 8.413

Com mais agilidade e entregas em um raio maior de ação e com uma frota de terceiros superior, ocorrerá um aumento de vendas.

Tem-se então o compartilhamento de recursos em que as mudanças propostas no quadro de funcionários, para ano de 2004, são apresentadas na Tabela 4.3:

Tabela 4.3 Compartilhamento de recursos.

Recursos	Mensal	Anual
Salários Transporte Encargos	R$ 7.649,58	R$ 91.795,00
Benefícios	R$ 83,33	R$ 1.000,00
Ipva/ Licenciamento/ Seg. Obrig.	R$ 188,57	R$ 2.262,85
Seguros	R$ 671,93	R$ 8.063,20
Combustível	R$ 1.163,00	R$ 13.694,00
Depreciação 5% *	R$ 587,20	7.046,00
Manutenção	R$ 1.500,00	R$ 18.000,00
Multas	—	—
Custo oportunidade 2%	R$ 234,88	R$ 2.818,58
Total	R$ 12.079,17	R$ 144.950,08

Fonte: Balanço 2004 Casa Rosada; valor da frota: R$ 140.929,00. *

Todo o transporte será realizado por terceiros e remunerado de acordo com as vendas (custos variáveis), eliminando os atuais custos fixos para gestão dos fretes e manutenção da frota de caminhões.

5.5 Riscos

- Perder o acesso a informações-chave do mercado (problemas, necessidades dos clientes, mudanças de ambientes).
- Descompasso entre os interesses das empresas (objetivos/estratégias).
- Incapacidade do terceiro em cumprir as metas preestabelecidas.
- Perder parâmetros de reajustes e sobretaxar a operação.
- Perder a personalização das entregar.

5.6 Análise do Ponto de Equilíbrio Financeiro

A análise do ponto de equilíbrio é importante para determinar o nível de operação a ser mantido para cobrir todos os custos operacionais e avaliar a lucratividade associada a vários níveis de vendas (equilibrar custos com vendas). Foi analisado somente o ponto de equilíbrio financeiro que é representado pela seguinte equação: Custo Fixo/(Receita Líquida Total — Custos Variáveis). A margem de segurança financeira é expressa pela seguinte equação: 1 – Ponto de Equilíbrio Financeiro.

Tabela 4.4 Ponto de equilíbrio/Margem de segurança

	2004
Custo fixo	R$ 752.866,00
Receita total	R$ 5.224.167,00
Custo variável	R$ 3.856.335,00
Ponto de equilíbrio financeiro	55%
Margem de segurança	45%

Com a proposta de terceirização, obtém-se a previsão da demonstração de resultado das vendas brutas com aumento de 10% para os anos 2005 a 2009. Desse modo, tem-se a seguinte previsão do ponto de equilíbrio financeiro:

Tabela 4.5 Previsão do ponto de equilíbrio financeiro.

	2005	2006	2007	2008	2009
Custo fixo	R$ 607.916,00	R$ 607.916,00	R$ 607.916,00	R$ 668.707,00	R$ 668.707,60
Receita federal	R$ 5.746.583,70	R$ 6.321.241,07	R$ 6.953.366,28	R$ 7.648.702,90	R$ 8.413.573,00
Custo variável	R$ 4.401.413,50	R$ 4.841.554,85	R$ 5.325.710,00	R$ 5.858.281,37	R$ 6.444.109,51
Ponto de equilíbrio financeiro	45%	41%	37%	37%	34%
Margem de segurança	55%	59%	63%	63%	66%

6 Conclusão

O trabalho apresenta um modelo de Gestão de Logística que permite avaliar e implementar o relacionamento de parceria.

Os conceitos, metodologias, critérios, planejamentos e estratégias descritas servem de exemplo para empresas que desejam aprimorar o atendimento a seus clientes, a logística de distribuição de seus produtos e a exploração dos recursos disponibilizados para alavancar novas receitas.

A profundidade dos assuntos abordados e sua aplicabilidade em processos de terceirização de transportes minimiza os riscos de fracasso. A análise financeira e projeções no demonstrativo de resultados anuais são fundamentais para destacar a relação custo/benefício do projeto que, dependendo do perfil de cada empresa, seus produtos, valores e consumidores, pode ser diferenciada, tornando a terceirização menos atrativa que os investimentos em operações próprias.

O trabalho enfatiza a preocupação de que a gestão de transporte, seu planejamento estratégico, é resultado do plano diretor das áreas de marketing, vendas e também financeira.

O trabalho mostra ser fundamental agregar valor aos clientes com um serviço de qualidade. A viabilidade financeira depende diretamente desse fator, pois, além da transferência de custos fixos para variáveis, o aumento da receita de vendas — alcançado por possuirmos, com a parceria, uma melhor pulverização dos produtos e uma qualidade de serviço superior — é o grande diferencial. Há décadas que as empresas investem para melhorar seus processos, materiais e produtos. O trabalho demonstra que ter o melhor produto ao melhor preço, sem que o produto não esteja à disposição de quem vai usufruí-lo, é um grande erro em planos estratégicos.

No *case* demonstrado, a proposta é de que haverá aumento na receita em 10% ao ano e transferência de parte dos custos fixos para os variáveis, melhorando o ponto de equilíbrio e a margem de segurança da empresa. A incerteza e a sazonalidade da demanda mensal fazem com que parte das operações fique ociosa em "vales de demanda" e sobrecarregada em "picos de demanda". Tornando esses custos variáveis, só teremos despesas quando ocorrer a demanda, além disso, o parceiro já detém recursos preparados para manter os níveis de serviços desejados.

A coerência de balancear as expectativas de serviço e os custos financeiros é o ponto mais importante do trabalho. Adotamos uma empresa que seguiu a metodologia e a visão deste trabalho para descrevermos um *case*. Os resultados almejados estão sendo monitorados para que o sucesso da operação seja alcançado. Nesse case, a análise foi concluída como viável, ou seja, é válido contratar proprietários de caminhões do tipo "microempresários de transporte".

Conclui-se que gerenciar uma mudança na maneira pela qual são distribuídos produtos — seja em empresas de pequeno, médo ou grande porte — é uma tarefa complexa e deve ser fundamentada por um plano de negócio, por um plano estratégico e um plano financeiro, pois eles variam de organização para organização. Este trabalho contribui com uma metodologia que deve ser utilizada para orientar novos projetos.

Resultados da Entrevista

1   A logística de distribuição de sua empresa é:

Própria	3
Terceirizada	3
Mista	2

A logística de distribuição é:

Mista 25%

Própria 37%

Terceirizada 38%

■ Própria ■ Terceirizada □ Mista

2   Na sua visão é melhor ter:

Equipamentos e pessoal próprios, mesmo com ociosidade	1
Custos menores com a tercerização de equipamentos e de pessoal	7

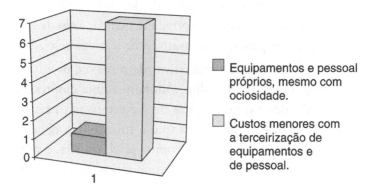

3   Na sua opinião, a centralização dos estoques pode ajudar na distribuição da logística?

Sim	9
Não	0

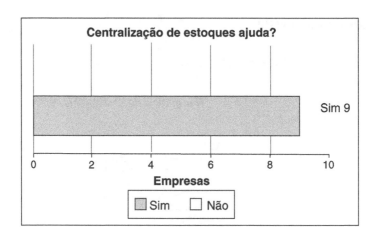

4   Identifique de 1 a 5 — sendo 1 a mais importante e 5 a menos importante — as maiores vantagens no processo de terceirização da logística para sua empresa.

Menor custo operacional	2	1	2	2	1	1	3
Menor número de empregados diretos	3	5	3	3	3	3	2
Possível frota ampliada	5	3	1	1	4	5	4
Redução de capital investido	4	2	5	4	2	4	1
Redução do custo de venda dos produtos	1	4	4	5	5	2	5

5   Identifique, enumerando de 1 a 3 — sendo 1 a mais importante e 3 a menos importante — as maiores vantagens para a empresa por não terceirizar a logística.

Controle total da cadeia de distribuição	1	2	2	2	1	2	2
Ganho de curto prazo	3	3	3	3	3	3	3
Qualidade de serviço (hora entrega e qualidade de atendimento dos empregados)	2	1	1	1	2	1	1

6   Cite 3 fatores que mais influenciam o processo de logística, sendo 1 a mais importante e 3 a menos importante.

Carteira de clientes			1		2		
Custo operacional	3	2	1	2	1	2	
Alta tecnologia							
Máquinas novas para carga			3		2		
Pessoas		1		3	3	3	1
Portfólio de produtos	2						
Região de abrangência dos clientes	1	3	2			1	3

7   Qual a participação da logística nas despesas da empresa?

0 a 10%	6
10% a 20%	1
20% a 30%	1
30% a 40%	1
Mais de 50%	

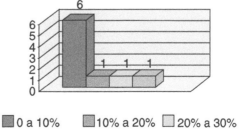

8   Em quanto a logística, ao ser melhor acompanhada, reduziu as despesas em que sua empresa?

0 a 10%	4
10% a 20%	4
20% a 30%	1
30% a 40%	
Mais de 50%	
Não diminuiu	

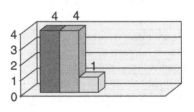

9   Quais tecnologias a sua empresa utiliza no controle da logística de distribuição?

Centro de distribuição	4
Empilhadeiras	5
Handhelds para conferência	2
Leitor de código de barras	2
Mão-de-obra tradicional	7
Roteirização	8
Outras. Quais?_____	

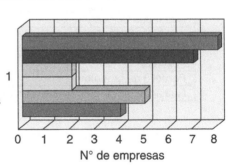

6 Referências

BALLOU, R. H. *Logística empresarial*: transportes, administração de materiais e distribuição física. 2. ed. São Paulo: Atlas, 1995.

CARDOZO, J. S. S. Por que terceirizar. *Gazeta Mercantil*, São Paulo, 20.dez. 1998. Caderno Finanças & Mercado, p. B-3.

CERVI, O. de S. G. et. al. *O mercado de varejo de material de construção*. São Paulo: DVS Editora, 2004.

KOTLER, P. *Administração de marketing*. São Paulo: Pearson Education do Brasil, 2001.

LAMBERT, D. M. e STOCK, J. R. *Strategic logistics management*. Homewood: Richard D. Irwin, 1993, p. 99.

MCCARTHY, E. J. *Basic marketing*: a managerial approach. Honewwod, IL: Richard D. Irwin, 1996.

MIRA, C. A. *Logística*: o último rincão do marketing. São Paulo: Lettera Editora, 2004.

MORAES NETO e DERALDO Dias de. *Terceirização*: oportunidades de negócios para a pequena empresa. Salvador: Sebrae/BA, 1997.

NOVAES, A. G. e ALVARENGA. *Logística aplicada*: suprimento e distribuição física. São Paulo: Pioneira, 2001.

PAGNONCELLI, D. *Terceirização e parceirização*: estratégias para o sucesso empresarial. São Paulo: Editora Renavar, 1993.

PONTELE, D. et. al. *A gestão logística como diferencial competitivo e a satisfação do cliente*. 2002. Monografia do Curso de Pós-graduação. Fundação Armando Álvares Penteado. São Paulo.

RODRIGUES, L. A. Apostila de Gestão de transporte. Apostila do Ciesp/Diadema, 29 nov. 2004.

RODRIGUES, P. R. A. Introdução aos sistemas de transporte no Brasil e logística internacional. São Paulo: Aduaneiras, 2003.

SILVA, A. V. N. et. al. Estudo da viabilidade financeira da terceirização da logística de distribuição, 2002. Monografia do Curso de Pós-graduação. Fundação Armando Álvares Penteado. São Paulo.

Capítulo 5

Marketing de Serviços: Terceirização dos Serviços Realizados pelas Indústrias de Insumos para a Construção Civil

Fabio Augusto Palombo Rossini
Leandro Fonseca Gonçalves
Mario Carlos Gimenez Filho
Rogerio Calino Vasconcellos
Sergio Luiz Victor

AGRADECIMENTOS

A Deus;

nossos familiares;

aos nossos colegas e professores pelo apoio e dedicação;

à diretoria da Abramat pela colaboração e incentivo;

ao coordenador professor Joaquim Ramalho de Oliveira Filho pela orientação, colaboração e dedicação, além da força e incentivo na produção desta pesquisa.

Resumo

Este capítulo pretende analisar a viabilidade da criação de uma empresa terceirizada, especializada em capacitação e treinamento, e direcionada para o setor de materiais de construção, devido à forte importância do canal revendedor dentro da cadeia de material para construção, servindo como elo entre os fabricantes e o consumidor final, e pelas características dos produtos que necessitam de uma venda assistida para instruir ao cliente a melhor forma de usá-la e usar suas soluções.

Nota-se que a maioria dos fabricantes dispõe de equipes próprias focadas na capacitação e treinamento das revendas, quanto ao uso e aplicação de seus produtos. Porém, esse serviço não é o *core business* dessas empresas, havendo grande espaço para terceirização com organizações que se especializariam nesse tipo de serviço.

Sua elaboração baseou-se em pesquisas secundárias e entrevistas com os deliberadores das principais indústrias participantes da Associação Brasileira das Indústrias de Materiais para Construção (Abramat), selecionadas por categoria, de forma a captar dados dos fabricantes presentes em todas as fases de uma obra. Os dados foram coletados por meio de questionário, enviado e coletado por e-mail.

A principal conclusão é que há espaço para a criação de uma empresa especializada em treinamento e suporte técnico, visto que a maioria possui estrutura própria para a capacitação e verba destinada para isso, além disso, considera de vital importância a preparação e treinamento dos vendedores e seus clientes.

Porém, a delegação deste serviço para uma empresa terceirizada ainda gera desconfiança por parte dos gestores, e percebe-se que as opiniões ficam divididas a esse respeito.

1 Qualidade

1.1 Gestão da Qualidade

Com respeito à gestão da qualidade na construção civil, ela se difere em muito da indústria de transformação da qual nasceram e se desenvolveram os conceitos e metodologias relativos à qualidade (SOUZA, 1997). Entretanto, a utilização dos conceitos e metodologias da qualidade independem do setor, aplicando-se não só à indústria de produtos, como também à de serviços (PICCHI, 1993).

O ciclo da qualidade da construção civil inicia-se com a identificação das necessidades dos usuários da edificação e passa pelas várias etapas do processo, sendo agregados em cada uma delas produtos e serviços com diferentes níveis de qualidade, resultando em um produto final que deve satisfazer às necessidades do usuário. O conceito da qualidade, a ser adotado pela indústria da construção civil, deve ser entendido como a "satisfação das necessidades dos clientes externos e internos" (SOUZA, 1997, p. 47).

Na indústria da construção civil, dentre os principais serviços agregados, encontra-se principalmente o suporte técnico. Ele tem como principais funções o atendimento às reclamações de clientes, a retroalimentação do sistema de produção de edifícios e a apropriação de custos dos problemas patológicos (RESENDE, 2000).

Devemos salientar, portanto, que as atividades de serviços são de fundamental importância no desempenho de outros setores da economia, como diferencial competitivo, suporte às atividades de manufatura ou mesmo geradores de lucro. "As atividades de serviços prestados ao cliente (como projeto, crédito, distribuição e assistência técnica) pelas empresas de manufatura têm atuado no sentido de diferenciar o pacote produto/serviço que a empresa oferece ao mercado, gerando um diferencial em relação aos concorrentes" (CORRÊA, 1994, p. 17).

Por meio dessas colocações, temos uma dimensão da grandeza da prestação dos serviços de pré e pós-venda, representados por um departamento de promoção e suporte técnico. A simples aferição, por parte do cliente construtor, de que o seu fornecedor de insumos para a construção tem uma equipe técnica capaz de lhe dar respaldo e consistência ao produto, por ele adquirido, é de muita importância.

1.2 Implementação da Qualidade Total

Um dos maiores valores que os clientes esperam receber de seus fornecedores é alta qualidade de produtos e serviços. Os executivos de hoje vêem a tarefa de melhorar a qualidade de produtos e serviços como prioridade. A maioria dos clientes não mais aceitará, nem tolerará, qualidade mediana. Se as empresas quiserem continuar no páreo, apresentando lucros, terão de adotar a Gestão da Qualidade Total (TQM).

- A Gestão da Qualidade Total (TQM — Total Quality Management) é uma abordagem para a organização que busca a melhoria contínua de todos os seus processos, produtos e serviços.

Segundo presidente da GE, John F. Welch Jr.: "A qualidade é nossa maior certeza de fidelidade de clientes, nossa mais forte defesa contra a concorrência estrangeira e o único caminho para crescimento e o lucro sustentados".

O esforço para a produção de bens superiores em mercados mundiais tem levado alguns países grupos — grupo de países — a conceder prêmios a empresas que exemplificam as melhores práticas relacionadas à qualidade.

- Japão: em 1951, o Japão tornou-se o primeiro país a conceder um prêmio nacional relacionado à qualidade, o prêmio Deming (em homenagem a W. Edwards Deming, o estatístico norte-americano que ensinou a importância e a metodologia da melhoria da qualidade ao Japão no pós-guerra). O trabalho de Deming constituiu a base de muitas práticas de TQM.
- Estados Unidos: em meados dos anos 1980, os Estados Unidos estabeleceram o prêmio Malcolm Baldrige National Quality, em homenagem ao falecido secretário do comércio. Os critérios para a concessão do prêmio Baldrige consistem em sete parâmetros, cada um valendo um certo número de pontos: foco no cliente e satisfação de clientes (o que vale mais pontos); qualidade e resultados operacionais; gestão da qualidade de processos; gestão e desenvolvimento de recursos humanos; planejamento estratégico da qualidade; informações e análise; e liderança do principal executivo. Xerox, Motorola, Federal Express, IBM, Texas Instruments, a divisão Cadillac da General Motors e os hotéis Ritz-Carlton são alguns dos ganhadores do passado. Um dos prêmios mais recentes foi concedido ao Custom Research, um renomado instituto de pesquisas de marketing, de Minneapolis.

- Europa: o prêmio European Quality foi estabelecido em 1993 pela Fundação Européia para a Gestão da Qualidade e pela Organização Européia para a Qualidade. Ele é concedido a empresas que alcançaram altas pontuações segundo certos critérios: liderança, gerenciamento de pessoal, políticas e estratégias, recursos, processos, satisfação de pessoal, satisfação de clientes, impacto na sociedade e resultados de negócios. A Europa deu origem a um conjunto de exigentes normas internacionais de padronização da qualidade denominada ISO 9000, que se tornou um conjunto de princípios, geralmente aceitos, para a documentação da qualidade. A ISO 9000 oferece uma estrutura para mostrar aos clientes como empresas voltadas para a qualidade testam produtos, treinam funcionários, mantêm registros e corrigem defeitos. A obtenção do certificado ISO 9000 envolve uma auditoria da qualidade a cada seis meses realizada por um auditor ISO credenciado.

Há uma estreita ligação entre a qualidade de produtos e os serviços, a satisfação de clientes e a lucratividade da empresa. Níveis mais elevados de qualidade resultam em níveis mais elevados de satisfação de clientes, ao mesmo tempo que sustentam preços mais altos e (freqüentemente) custos menores. Portanto, programas de melhoria da qualidade normalmente aumentam a lucratividade.

Mas o que exatamente significa qualidade? Vários especialistas a têm definido como "adequado para uso", "conforme as exigências", "ausente de variação" e assim por diante. Utilizaremos a definição da Sociedade Americana para Controle da Qualidade, que foi adotada em todo o mundo:

- Qualidade é a totalidade dos atributos e características de um produto ou serviço que afetam sua capacidade de satisfazer necessidades declaradas ou implícitas.

Essa é uma definição claramente voltada para o cliente. Podemos dizer que a empresa fornece qualidade sempre que seu produto ou serviço atende às expectativas dos clientes ou as excede. Uma empresa que satisfaz a maioria das necessidades de seus clientes, durante a maior parte do tempo, é denominada empresa de qualidade.

É importante estabelecer uma distinção entre a qualidade de conformidade e a qualidade de desempenho (ou grau). Um Mercedes oferece qualidade de desempenho mais elevada do que um Hyundai: ele proporciona mais estabilidade, velocidade e durabilidade. Entretanto, pode-se dizer que tanto a Mercedes quanto a Hyundai oferecem a mesma qualidade de conformidade, se todas as unidades entregarem a qualidade prometida.

A qualidade total é a chave para a criação de valor e a satisfação de clientes. A qualidade total é obrigação de todos, assim como o marketing é obrigação de todos. Essa idéia foi muito bem apresentada por Daniel Beckham:

> *Profissionais de marketing que não aprendem a linguagem da melhoria da qualidade, da fabricação e das operações se tornarão tão obsoletos quanto charretes. Os dias do marketing funcional já passaram. Não podemos mais nos dar ao luxo de nos considerarmos pesquisadores de mercado, pessoal de propaganda, profissionais de marketing direto, estrategistas: temos que pensar em nós como profissionais que buscam a satisfação dos clientes — defensores de clientes focalizados em todo o processo.*

Os gerentes de marketing têm duas responsabilidades em uma empresa voltada para a qualidade. Primeiro, eles devem participar na formulação de estratégias e políticas projetadas para auxiliar a empresa a vencer por meio da excelência na qualidade total. Segundo, eles devem entregar tanto qualidade de marketing quanto qualidade de produção. Toda atividade de marketing — pesquisa de marketing, treinamento de vendas, propaganda, atendimento ao cliente etc. — deve ser realizada em conformidade com padrões elevados.

Os profissionais de marketing desempenham vários papéis, ao ajudarem a empresa a definir e entregar bens e serviços de alta qualidade a clientes-alvo:

Primeiro, é deles a maior responsabilidade pela correta identificação das necessidades e exigências dos clientes.

Segundo, eles devem comunicar as expectativas de clientes aos projetistas de produtos de maneira apropriada.

Terceiro, devem assegurar que os pedidos dos clientes sejam atendidos corretamente e dentro do prazo.

Quarto, devem verificar se os clientes receberam instruções, treinamento e assistência técnica adequados à utilização do produto.

Quinto, devem manter contato com os clientes após a venda para assegurar que estejam e permaneçam satisfeitos.

Sexto, devem coletar idéias de clientes para melhorias de produtos e serviços e transmiti-las aos departamentos adequados na empresa.

Quando os profissionais de marketing fazem tudo isso, eles dão substanciais contribuições para a gestão da qualidade total e para a satisfação de clientes.

Uma implicação da TQM é que o pessoal de marketing deve investir mais tempo e se dedicar não apenas para melhorar o marketing externo, como também o marketing interno. O profissional de marketing deve reclamar, da mesma maneira que o cliente reclama, quando o produto ou serviço não está correto. O marketing deve ser "o cão de guarda ou o guardião do cliente" e defender constantemente a idéia de "dar ao cliente a melhor solução".

1.2.1 Projeto e gerência de serviços

A teoria e a política do marketing se desenvolveram inicialmente associadas a produtos físicos, como creme dental, carro e aço. No entanto, uma das maiores tendências dos últimos anos tem sido o incrível crescimento do setor de serviços. Atualmente, nos Estados Unidos, as profissões ligadas a serviços somam 79% do total de empregos e 74% do total do Produto Interno Bruto. De acordo com a Bureau of Labor Statistics, as ocupações no setor de serviços serão as únicas responsáveis pelo crescimento do número de empregos no ano de 2005. Isso tem gerado um interesse crescente nas particularidades dos serviços de marketing.

a) A natureza dos serviços

O setor de serviços é muito variado. A área governamental — com tribunais, hospitais, agências de financiamento, serviços militares, departamento de polícia, corpo de bombeiros, correio e escolas — faz parte do setor de serviços. A área de organizações não-governamentais (ONGs) — com museus, instituições de caridade, igrejas, universidades, fundações e hospitais — também faz parte do setor. Boa parte do setor empresarial — na qual estão incluídas empresas aéreas, bancos, hotéis, seguradoras, escritórios de advocacia, empresas de consultoria administrativa, consultórios médicos, empresas cinematográficas, empresas de manutenção e imobiliárias — faz parte do setor de serviços. Muitas pessoas que trabalham na área de produção — como operadores de computadores, contadores e assessores — são literalmente prestadores de serviços. Na verdade, eles formam uma "fábrica de serviços", que presta serviços à "fábrica de produtos".

Definimos um serviço da seguinte maneira:

Serviço é qualquer ato ou desempenho, essencialmente intangível, que uma parte pode oferecer a outra e que não resulta na propriedade de nada. A execução de um serviço pode estar ou não ligada a um produto concreto.

Os serviços têm também despontado na Internet. Durante uma rápida navegação na Web, é fácil identificar prestadores de serviços virtuais. "Assistentes virtuais" processarão palavras, planejarão eventos e se responsabilizarão por pequenas tarefas de negócios e "consultores on-line" prestarão consultoria por e-mail.

Fabricantes e distribuidores podem utilizar estratégias de serviços para se diferenciarem. A Acme Construction Suply de Portland, Oregon, investiu mais de US$ 135 mil no programa Night Owl, um serviço de entregas noturnas: os funcionários da Acme depositam os pedidos em caixas trancadas na obra durante a noite, de modo que o material está disponível logo no primeiro horário.

"Pessoas muito sensíveis a preço não fazem negócio conosco. Já pessoas que enxergam o valor que oferecemos fazem. É muito intimidante para a concorrência. Ela é obrigada a passar por nossas caixas todos os dias para fazer seu contato de venda", *(JOHNSON, 1998, p. 91-94), afirma o líder de equipe regional da empresa.*

b) Categorias do mix de serviços

Geralmente estão incluídos alguns serviços nas ofertas ao mercado de uma empresa. O serviço pode ser uma parte minoritária ou majoritária da oferta total. Cinco categorias de ofertas distintas podem ser identificadas:

1. Bem tangível: a oferta consiste principalmente em um bem tangível, como sabão, creme dental ou sal. Não há nenhum tipo de serviço associado ao produto.
2. Bem tangível associado a serviços: a oferta consiste em um bem tangível associado a um ou mais serviços. Levitt observa que:

[...] quanto mais tecnologicamente sofisticado é o produto (por exemplo: carros e computadores), mais suas vendas dependem da qualidade e da disponibilidade de serviços ao consumidor (por exemplo, showrooms, entrega, assistência técnica, instruções de uso, treinamento de operadores, orientação de instalação e garantia). Por esse motivo, é provável que a General Motors atue mais intensamente na área de serviços do que na de fabricação. Sem serviços, suas vendas ficariam comprometidas. Veja a seção Novas Idéias em Marketing "Obtendo lucro com a venda de serviços". (SHOSTACK, 1987, p. 39).

Capítulo 5   Marketing de Serviços: Terceirização dos Serviços Realizados pelas Indústrias... **237**

3. Híbrida: a oferta consiste tanto em bens quanto em serviços. Por exemplo, as pessoas freqüentam restaurantes tanto pela comida quanto pelos serviços oferecidos.

4. Serviço principal associado a bens ou serviços secundários: a oferta consiste em um serviço principal com serviços adicionais ou bens de apoio. Por exemplo, passageiros de companhias aéreas compram o serviço de transporte. Estão incluídos na viagem alguns itens tangíveis, como comidas e bebidas, o canhoto da passagem e a revista de bordo. A execução do serviço requer a operação de um bem extremamente caro — uma aeronave —, mas o item principal é o serviço.

5. Serviço puro: a oferta consiste principalmente em um serviço. São exemplos os serviços de *baby-sitter*, psicoterapia e massagem.

    Devido a esse mix variável de bens e serviços, fica difícil generalizar os serviços sem uma distinção mais aprofundada. Entretanto, algumas generalizações são seguras:

    - Em primeiro lugar, os serviços podem ser baseados em equipamentos (lavagens automáticas de automóveis, máquinas de vendas) ou em pessoas (lavagem de janelas, serviços de contabilidade). Os serviços baseados em pessoas podem ser divididos entre os que não requerem qualquer qualificação, os que requerem alguma qualificação e os que exigem uma especialização.

    - Em segundo lugar, alguns serviços exigem a presença do cliente, enquanto outros não. Uma cirurgia cerebral exige a presença do cliente, mas o conserto de um carro, não. Se a presença do cliente é indispensável, o prestador de serviços tem de considerar suas necessidades. Os proprietários de salões de beleza investem na decoração e na música ambiente, e procuram manter conversas agradáveis com sua clientela.

    - Em terceiro, os serviços diferem quanto ao tipo de atendimento das necessidades. Há serviços que atendem a uma necessidade pessoal (serviços pessoais) e outros que atendem a uma necessidade empresarial (serviços empresariais). Muitas vezes os médicos estabelecem preços diferentes para consultas a pacientes particulares e a funcionários de uma empresa que possuem planos de saúde. Em geral, prestadores de serviços desenvolvem programas de marketing diferentes para mercados pessoais e empresariais.

♦ Em quarto lugar, prestadores de serviços diferem em relação ao objetivo (com ou sem fins lucrativos) e à propriedade (privados ou públicos). Essas duas características, quando combinadas, produzem quatro tipos de organização bem diferentes. Os programas de marketing de um hospital particular são bem diferentes dos de um hospital de caridade (LOVELOCK, 1998).

1.2.2 Características dos serviços e suas implicações de marketing

Os serviços apresentam quatro características principais, que afetam enormemente a elaboração de programas de marketing. São elas: intangibilidade, inseparabilidade, variabilidade e perecibilidade.

a) Intangibilidade

Os serviços são intangíveis. Ao contrário de produtos físicos, eles não podem ser vistos, sentidos, ouvidos, cheirados ou provados antes de serem adquiridos. Uma pessoa que se submete a uma cirurgia plástica no rosto não pode ver os resultados exatos antes da compra. Da mesma maneira, uma pessoa que passa a freqüentar um psicólogo não consegue saber o efeito exato do tratamento.

A fim de reduzir essa incerteza, os compradores procurarão por sinais ou evidências da qualidade do serviço. Deduzirão a qualidade com base nas instalações, nas pessoas, nos equipamentos, no material de comunicação, nos símbolos e nos preços percebidos. Por isso, a tarefa do prestador de serviços é "administrar as evidências", para "deixar tangível o intangível". Enquanto o desafio dos profissionais de marketing de produtos é agregar idéias abstratas, o dos profissionais de marketing de serviços é agregar evidências e imagens concretas a ofertas abstratas. Considere as seguintes imagens tangíveis: "Você está em boas mãos com a Allstate"; "Eu tenho um pedaço da rocha" (Prudential).

Suponha que um banco queira se posicionar como "rápido". Ele pode deixar tangível esse posicionamento estratégico usando várias ferramentas de marketing:

1. **Instalações**: o ambiente físico deve conotar rapidez no serviço. Os corredores externos e internos devem ser livres. A disposição das mesas e o fluxo de pessoas devem ser planejados cuidadosamente. As filas não devem ser longas.

2. Pessoas: os funcionários devem estar ocupados. É preciso que haja um número suficiente de funcionários para administrar o volume de trabalho.

3. Equipamentos: os equipamentos — computadores, copiadoras, mesas — devem ser, e parecer, "de última geração".

4. Material de comunicação: o material de comunicação — textos e imagens — deve passar a idéia de eficiência e rapidez.

5. Símbolos: o nome e o símbolo devem sugerir serviço rápido.

6. Preço: o banco pode anunciar que depositará cinco dólares na conta de qualquer cliente que ficar na fila por mais de cinco minutos.

Os profissionais de marketing de serviços precisam ser capazes de transformar serviços intangíveis em benefícios concretos.

b) Inseparabilidade

De modo geral, os serviços são produzidos e consumidos simultaneamente. Esse mesmo princípio não se aplica a bens materiais, que são fabricados, estocados, distribuídos por incontáveis revendedores e, só então, consumidos. Além disso, a pessoa encarregada de prestar o serviço é parte dele. Como o cliente também está presente enquanto o serviço é executado, a interação entre prestador de serviços—cliente é uma característica especial do marketing de serviços. Tanto o prestador de serviços quanto o cliente afetam o resultado.

No caso de entretenimento e de serviços profissionais, os compradores estão muito interessados em um prestador de serviços específico. O show não será o mesmo se o Pearl Jam estiver indisposto e for substituído por Marie Osmond. Da mesma maneira, se a defesa judicial for desempenhada por um João Ninguém porque F. Lee Bailey não está disponível, ela não será realizada da mesma maneira. Quando os clientes demonstram uma forte preferência por determinado prestador de serviços, seu preço aumenta em relação à limitação do seu tempo.

Há diversas estratégias para superar essa limitação de tempo. O prestador de serviços pode aprender a trabalhar com grupos maiores. Alguns psicoterapeutas transformaram suas sessões de terapia individuais em terapia de pequenos grupos e, mais tarde, em terapia de grupo com mais de 300 pessoas reunidas em um grande salão de hotel. O prestador de serviços pode aprender a trabalhar mais rapidamente: os psicoterapeutas, por exemplo, podem diminuir a duração de suas sessões de 50 para 30 minutos, e assim atender a mais pacientes. A organização de serviços pode treinar um número maior de pessoas e adquirir assim uma confiabilidade por parte dos clientes, como fez a H&R Block, com sua rede de consultores financeiros treinados.

c) Variabilidade

Pelo fato de dependerem de quem os fornece, além de onde e quando são fornecidos, os serviços são altamente variáveis. Alguns médicos são muito pacientes com as pessoas que os procuram, outros, nem tanto. Alguns cirurgiões têm muito sucesso ao realizarem determinada cirurgia, outros, nem tanto. Os compradores de serviços conhecem essa variabilidade e freqüentemente se informam com outros compradores antes de decidirem por um prestador de serviços.

Empresas de prestação de serviços podem tomar três providências visando o controle da qualidade. A primeira é investir em bons processos de contratação e treinamento. Recrutar os funcionários certos e oferecer a eles um excelente treinamento são providências essenciais, independentemente do nível de habilidade dos profissionais.

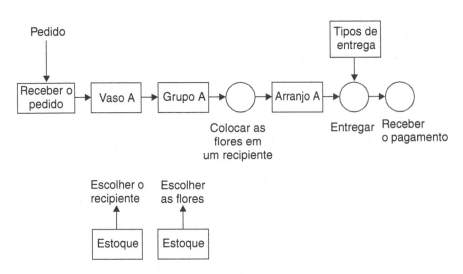

Fonte: Adaptado SHOSTACK, 1997, p. 39.
Figura 5.1   Mapa de processo de serviços.

A segunda providência é a padronização do processo de execução do serviço em todos os setores da organização. Essa padronização é facilitada pelo preparo de um projeto de serviços que simule ocorrências e processos em um fluxograma, com o objetivo de detectar falhas potenciais. A Figura 5.1 mostra um projeto de serviços desenvolvido para uma empresa de entrega de flores que atua em todos os Estados Unidos. O comprador limita-se a discar o número do telefone, escolher o produto e fazer o pedido. Nos bastidores, a floricultura junta as flores, arranja-as em um vaso, entrega e retira o pagamento. Qualquer uma dessas atividades pode ser bem ou malfeita.

A terceira providência é o acompanhamento da satisfação do cliente por meio de sistemas de sugestão e reclamação, pesquisas com clientes e comparação com concorrentes.

d) Perecibilidade

Serviços não podem ser estocados. Alguns médicos "multam" pacientes por não terem comparecido a consultas porque o serviço só tinha valor naquele momento. A perecibilidade dos serviços não é um problema quando a demanda é estável. Porém, quando a demanda oscila, as empresas prestadoras de serviços têm problemas. Por exemplo: por causa da demanda da hora do *rush*, as empresas de transporte público precisam ter um número bem maior de equipamentos do que se não houvesse oscilações na demanda durante o dia.

Sasser descreveu várias estratégias para estabelecer um melhor equilíbrio entre demanda e oferta em uma empresa prestadora de serviços.

Em relação à demanda:

Preços diferenciados transferirão alguma demanda de períodos de pico para períodos de baixa. Podemos citar, como exemplos, os descontos oferecidos nos ingressos de cinema para alguns dias da semana e os descontos no aluguel de carros no fim de semana.

Os períodos de baixa demanda podem ser aproveitados. Em alguns países, o McDonald's oferece serviço de café da manhã, e hotéis possuem pacotes para o fim de semana.

Serviços complementares podem ser desenvolvidos durante o período de pico, a fim de oferecer alternativas a clientes que estejam aguardando. Por exemplo, bares em restaurantes e caixas eletrônicos em bancos.

Os sistemas de reserva funcionam como uma maneira de gerenciar o nível de demanda. Companhias aéreas, hotéis e consultórios médicos os utilizam muito.

Em relação à oferta:

Funcionários que trabalhem meio período podem ser contratados para atender ao pico da demanda. Universidades contratam professores para trabalhar meio período, quando o número de matrículas cresce. Da mesma maneira, restaurantes contratam garçons para trabalhar meio período, quando se faz necessário.

Rotinas de eficiência para o horário de pico podem ser introduzidas. Os funcionários desempenham apenas tarefas essenciais durante os períodos de pico. Os paramédicos, por exemplo, auxiliam os médicos durante períodos de alta demanda.

Uma maior participação do cliente pode ser estimulada. Por exemplo, os clientes preenchem suas fichas no consultório médico ou embalam suas compras no supermercado.

Serviços compartilhados podem ser desenvolvidos. Os hospitais podem compartilhar as compras de equipamentos médicos.

Instalações visando à expansão futura podem ser desenvolvidas. Um parque de diversões compra a área ao seu redor para uma posterior expansão (KROL, 1998).

1.3 Estratégias de Marketing para Empresas Prestadoras de Serviços

Até há pouco tempo, as empresas prestadoras de serviços estavam atrás das empresas do setor industrial, no que diz respeito à utilização do marketing. Muitas empresas prestadoras de serviços são pequenas (como sapatarias e barbearias) e não usam o gerenciamento ou as técnicas de marketing convencionais. Há ainda empresas de serviços de profissionais liberais (como escritórios de advocacia e de contabilidade) que acreditavam que o uso do marketing era antiprofissional. Outras empresas de serviços (como faculdades e hospitais) enfrentavam uma demanda tão alta ou um nível de concorrência tão baixo que não viam necessidade de utilizar técnicas de marketing. Mas esse quadro mudou.

A tradicional abordagem dos "4Ps" funciona bem no caso de bens, mas alguns elementos adicionais exigem atenção no caso de empresas prestadoras de serviços. Booms e Bitner sugeriram "3Ps" adicionais para o marketing de serviços: pessoas, prova física e processo. Pelo fato de a maioria dos serviços ser fornecida por pessoas, a seleção, o treinamento e a motivação dos funcionários podem fazer uma enorme diferença para a satisfação do cliente. O ideal seria que os funcionários exibissem competência, interesse, capacidade de resposta, iniciativa, habilidade de resolver problemas e boa vontade. Empresas prestadoras de serviços, como a Federal Express e o Marriott, confiam tanto em seu pessoal que os funcionários da linha de frente são autorizados a gastar até 100 dólares para resolver o problema de um cliente.

As empresas ainda tentam demonstrar a qualidade dos seus serviços por meio de prova física e apresentação. Um hotel terá uma aparência e um estilo de tratar os clientes que demonstrem sua proposta de valor. Essa proposta pode ser observada na limpeza, na velocidade ou em algum outro benefício. Para completar, empresas prestadoras de serviços podem escolher entre processos diferentes de executar seu serviço. Restaurantes desenvolvem formatos muito diferentes, como o estilo cafeteria, *fast-food*, bufê e serviço à luz de velas (EIGLIER e LAGEARD, 1999).

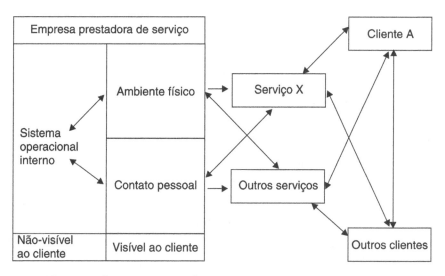

Figura 5.2 Elementos de uma interação de serviços.

As interações de serviços são afetadas por uma série de elementos (Figura 5.2). Considere um cliente visitando um banco para tomar um empréstimo (serviço X). O cliente vê pessoas esperando por serviços. O cliente também vê um ambiente físico, que consiste em um edifício, seu interior, equipamentos e móveis. O cliente vê os funcionários do banco e fala com o responsável pelo empréstimo. Tudo isso é visível ao cliente. Invisíveis são os processos de produção e o sistema organizacional que acontecem nos "bastidores do banco" e que sustentam os negócios visíveis. Assim, o resultado do serviço e a possibilidade de as pessoas permanecerem fiéis são influenciados por uma série de variáveis.

Figura 5.3 Três tipos de marketing no setor de serviços.

Tendo em vista essa complexidade, Gronroos (1984) argumentou que o marketing de serviços exige não apenas marketing externo, como também interno e interativo (Figura 5.3). Marketing externo pode ser entendido como o processo normal de preparo, determinação de preço, distribuição e promoção de um serviço aos clientes. Já o marketing interno pode ser entendido como o processo de treinamento e motivação feito com os funcionários, para que atendam bem aos clientes. Berry (1984, p. 5) costuma dizer que a maior contribuição que pode ser dada pelo departamento de marketing é ser "excepcionalmente inteligente ao fazer com que todos os outros setores da organização realizem marketing".

No caso de alguns serviços, os clientes não conseguem julgar a sua qualidade técnica, mesmo depois de terem recebido o serviço.

Pelo fato de os serviços geralmente apresentarem um alto nível de qualidades experimentáveis e credenciáveis, sua aquisição contém um maior índice de risco. Esse fato tem diversas conseqüências (BERRY, 1984, p. 5-13):

Em primeiro lugar: os consumidores de serviços geralmente confiam mais nas informações "boca a-boca" do que em propaganda.

Em segundo lugar: eles dão grande importância ao preço, aos funcionários e aos fatores visíveis ao julgarem a qualidade.

Em terceiro lugar: eles são altamente fiéis a prestadores de serviços que os satisfazem.

Assim, as empresas prestadoras de serviços têm de enfrentar três tarefas: aumentar a diferenciação, a qualidade dos serviços e a produtividade.

1.3.1 Gerenciamento da qualidade dos serviços

Uma empresa prestadora de serviços pode sair ganhando ao executar um serviço com qualidade consistentemente superior à da concorrência e superar as expectativas dos clientes.

As expectativas são formadas pelas experiências anteriores dos clientes, pelo boca-a-boca e pela propaganda. Depois de receber o serviço, os clientes confrontam o serviço percebido com o serviço esperado. Se o serviço percebido não atender às expectativas do serviço esperado, os clientes perderão o interesse pelo fornecedor. Se o serviço percebido atender às expectativas ou for além do que se esperava, os clientes ficarão inclinados a recorrer novamente ao fornecedor.

Parasuraman, Zeithaml e Berry (1985) formularam um modelo de qualidade dos serviços em que as exigências mais importantes para a entrega de serviços de alta qualidade são destacadas. O modelo, mostrado na Figura 5.4, identifica cinco lacunas que causam fracasso na entrega de alta qualidade de serviços:

1. Lacuna entre as expectativas do consumidor e as percepções da gerência: nem sempre a gerência entende corretamente o que o cliente quer. Administradores de hospitais podem achar que os pacientes querem uma comida melhor, quando na verdade eles estão mais preocupados com a qualidade do serviço de enfermagem.

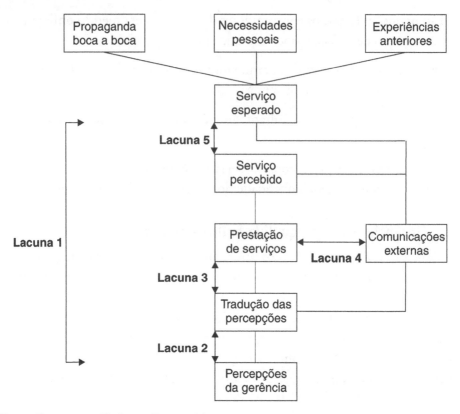

Fonte: Parasuraman, Zeithami e Berry, 1985.
Figura 5.4 Modelo de qualidade de serviços.

2. Lacuna entre as percepções da gerência e as especificações da qualidade dos serviços: a gerência pode entender corretamente os desejos do cliente, mas não ser capaz de estabelecer um padrão específico de desempenho. Administradores de hospitais podem dizer às enfermeiras para prestarem um serviço "rápido", sem especificá-lo quantitativamente.
3. Lacuna entre as especificações da qualidade dos serviços e sua entrega: os funcionários podem ser mal treinados, incapazes ou desinteressados em relação ao padrão. Eles podem ainda ser orientados com padrões conflitantes, como dedicar o tempo que for necessário para ouvir os clientes e atendê-los rapidamente.
4. Lacuna entre a entrega dos serviços e as comunicações externas: as expectativas do cliente são afetadas por declarações feitas por "representantes da empresa" e por informações de propaganda. Se o prospecto de um hospital mostra acomodações bonitas, mas, ao chegar ao hospital, o

paciente depara-se com um quarto modesto e de mau gosto, as comunicações externas acabam distorcendo as expectativas do cliente.

5. Lacuna entre o serviço percebido e o serviço esperado: essa lacuna ocorre quando o consumidor não percebe a qualidade do serviço. O médico pode visitar o paciente com muita freqüência para mostrar que se interessa, mas o paciente pode interpretar essas visitas como um sinal de que ele tem algum problema grave.

Os mesmos pesquisadores identificaram cinco fatores determinantes da qualidade dos serviços. EIes aparecem organizados por ordem de importância:

1. Confiabilidade: a habilidade de desempenhar o serviço exatamente como prometido.
2. Capacidade de resposta: a disposição de ajudar os clientes e de fornecer o serviço dentro do prazo estipulado.
3. Segurança: o conhecimento e a cortesia dos funcionários e sua habilidade de transmitir confiança e segurança.
4. Empatia: a atenção individualizada dispensada aos clientes.
5. Itens tangíveis: a aparência das instalações físicas, dos equipamentos, dos funcionários e do material de comunicação.

Diversos estudos mostram que empresas de serviços gerenciadas com excelência têm em comum as seguintes práticas: concepção estratégica, comprometimento da alta gerência com a qualidade, padrões rigorosos, sistemas de monitoramento do desempenho dos serviços, atendimento às reclamações dos clientes e ênfase na satisfação tanto dos funcionários quanto dos clientes (BERRY e PARASURAMAN, 1991).

1.3.2 Concepção estratégica

As maiores empresas de serviços são "obcecadas por seus clientes". Elas sabem muito bem quem são os seus clientes-alvo e quais as suas necessidades. Por isso, desenvolvem uma estratégia própria para satisfazer essas necessidades.

a. Compromisso da alta gerência

Empresas como o Marriott, a Disney e o McDonald's têm um compromisso sério com a qualidade dos seus serviços. Sua diretoria presta atenção não apenas no desempenho financeiro mensal, mas também no desempenho de seus serviços. Ray Kroc do McDonald's insistia em avaliar constantemente o QSLV (Qualidade, Serviço, Limpeza e Valor) de cada loja da rede. Algumas empresas colocam um lembrete nos contracheques dos funcionários: pago a você pelo cliente. Sam Walton, da Wal-Mart, exigia de seus funcionários a seguinte promessa: "Eu juro e declaro solenemente que vou sorrir para todo cliente que estiver a até três metros de mim, olhá-lo nos olhos e perguntar-lhe educadamente se precisa de alguma ajuda".

b. Padrões rigorosos

Os melhores prestadores de serviços estabelecem padrões rigorosos para a qualidade de seus serviços. A Swissair, por exemplo, estabeleceu como meta ter 96% de seus passageiros classificando seu serviço como bom ou excelente. O Citibank tem como objetivo atender às ligações telefônicas em até dez segundos e responder às cartas dos clientes em até dois dias. Os padrões estabelecidos devem ser apropriadamente altos. Um padrão de eficiência de 98% pode parecer bom, mas resulta em 64 mil encomendas perdidas pela Federal Express por dia, dez palavras erradas por página, 400 mil receitas médicas erradas por dia e água contaminada nas torneiras durante oito dias por ano. As empresas podem ser separadas em dois grupos: o das que oferecem um serviço "meramente bom" e o das que oferecem um serviço totalmente inovador, visando um serviço 100% perfeito.

2 Terceirização

Em geral, as empresas são excelentes em apenas umas poucas áreas. Quanto às demais, é melhor contratar terceiros mais eficazes. De início, a terceirização se aplicava exclusivamente a atividades não essenciais, como limpeza e paisagismo. Mas o mantra hoje é terceirizar tudo o que outras organizações executem melhor e mais barato. Os provedores de serviços terceirizados são capazes de oferecer custos mais baixos e soluções mais eficazes, por causa de sua escala de operação e de seu nível de especialização. Assim, a Nike decidiu não fabricar seus próprios calçados, optando por contratar empresas asiáticas, que os produzem a custo inferior e qualidade superior.

Contudo, é importante saber quais atividades manter em casa e quais transferir para terceiros. Em geral, as empresas terceirizam serviços de propaganda e pesquisa de marketing, mas algumas também estão contratando serviços de mala-direta e de telemarketing, ao passo que umas poucas já transferiram para terceiros o desenvolvimento de produtos e a força de vendas. Algumas organizações chegaram a ponto de terceirizar todo o departamento de marketing.

Entretanto, as empresas correm o risco de ir longe demais na terceirização. Uma das características das empresas notáveis é o desenvolvimento de um conjunto de competências essenciais, interligadas com engenhosidade e difíceis de imitar em suas interações. Empresas como IKEA, Wal-Mart e Southwestern Airlines adotaram essa estratégia. Terceirizaram algumas atividades, mas o que as torna tão extraordinárias é terem reservado para si um conjunto integrado de competências e capacidades que desafia a pronta imitação.

A terceirização, desde que realizada com critério e permanente supervisão do contratante, é um dos maiores achados da administração privada neste início de século. Sua aplicação no Brasil é particularmente bem-vinda, tendo em vista o arcaico, irracional e anacrônico sistema tributário nacional. Noutras palavras, a terceirização é indispensável para as empresas brasileiras que pretendem ser modernas e bem administradas.

A globalização dos mercados e a busca crescente de novos patamares de competitividade exigem das empresas um esforço permanente de redução de custos. E não há dúvida de que uma das saídas é a utilização de mão-de-obra sem vínculo empregatício. O resultado é sempre dos mais favoráveis para os balanços das empresas. De acordo com a Fipe, que acaba de realizar um estudo sobre o peso dos encargos sociais, um trabalhador custa para o empregador entre 104% e 120% a mais do que o valor nominal de seu salário. A conseqüência óbvia é a elevação dos preços de produtos e serviços, que afeta a competitividade e a saúde financeira da empresa, prejudicando o próprio consumidor e a economia do País.

A utilização de mão-de-obra sem vínculo empregatício ajuda a reduzir os custos. A redução de custos é sempre um desafio, particularmente para uma empresa brasileira. A aprovação recente do contrato temporário representou um avanço na legislação trabalhista, abrindo a possibilidade de reduzir em 7% os gastos com encargos sociais. As dificuldades para cortar despesas, no entanto, ainda são grandes. Basta lembrar que o Brasil contabiliza, aproximadamente, 60 impostos, cujo somatório equivale a cerca de 31% de nosso PIB, uma das maiores cargas tributárias do mundo. É um verdadeiro emaranhado de tributos, de estrutura obsoleta e excessivamente complexa, que onera demasiadamente produtos e serviços.

A terceirização também desempenha papel fundamental na indispensável busca de qualidade pelas empresas. Sua utilização, aliás, foi incrementada justamente com a adoção de programas de qualidade. Ou seja, o objetivo primeiro desse método de gestão era poder contar com serviços melhores. É claro que um grande desafio está em não terceirizar áreas estratégicas, e sim apenas aquelas que não integram o núcleo dos negócios de uma companhia, isto é, o que deve ser terceirizado é o que não faz parte do *core business*. Isso vale, a propósito, tanto para a esfera privada quanto para a pública, e é o que vem sendo praticado cada vez mais no Brasil.

Um grande desafio está em não terceirizar as áreas estratégicas da empresa. A verdade é que, se usada corretamente, a terceirização não representa risco para as organizações ou para o trabalhador. Recentemente, montadoras que haviam terceirizado setores essenciais tiveram de voltar atrás e recontratar trabalhadores, pois a qualidade de seus produtos tinha sido afetada. Para que exemplos como esse não se repitam, cabe a quem terceiriza não permitir jamais que a terceirização funcione de modo inteiramente estanque.

Terceirizar é uma das criações da administração moderna que demandam maior vigilância e atenção. É necessário que ela fique a cargo de especialistas e que seja exercida por mão-de-obra treinada especificamente para cada tarefa. E que resulte, além disso, da mais profunda e permanente harmonia e afinidade entre terceirizador e terceirizado. O que há é que, tanto em relação à terceirização quanto em todo o resto, há boas e más empresas. Felizmente, as primeiras são ampla maioria. E a terceirização, nesse caso, é um dos principais instrumentos competitivos de que se pode dispor. Desde que usada corretamente, ela não representa qualquer risco. Ao contrário, é, antes de tudo, um instrumento de sobrevivência.

A maioria das empresas brasileiras ainda não conhece os verdadeiros objetivos da terceirização de serviços, adotando normalmente uma postura de "automedicação" para a área.

A constatação é de Gessé Campos Camargo, diretor superintendente da Infra 4, responsável pela divisão de negócios da Accor Brasil. Camargo abordou a terceirização em palestra durante o Congresso Formas Regulares nas Relações de Trabalho, pela Academia de Desenvolvimento Profissional e Organizacional (ADPO).

Segundo o executivo, o processo de terceirização vem sofrendo uma evolução gradual no Brasil. Ao objetivo inicial de redução de custos foram somadas metas de melhoria da qualidade dos serviços, acesso a novas tecnologias e integração com a realidade do mercado — ou seja, saber o que o concorrente está fazendo (CAMARGO, s.d.).

"As empresas brasileiras compram serviços sob a ótica da compra de um produto" (CAMARGO, s.d.), Para ele, não existe ainda a percepção da prestadora de serviços como uma parceira que traz novas tecnologias.

"A companhia contrata um serviço de limpeza e se preocupa com a vassoura que vai ser usada para varrer o chão da sua empresa. Isso é perda de tempo. O ideal é se concentrar em saber quem está prestando o serviço" (CAMARGO, s.d.)

De acordo com Camargo, a prestação de serviços ideal é aquela em que a empresa parceira se antecipa às necessidades do seu tomador de serviços: "A parceria deve ser um processo semelhante ao de fusão de empresas".

3   Metodologia da Pesquisa

Diante de um quadro de necessidade eminente de aperfeiçoamento da mão-de-obra do canal revenda e operária da construção civil, da busca pela qualificação e pelo conhecimento dos novos produtos de insumos para esse ramo de atividades, vemos a possibilidade de um estudo a respeito do que e como os fabricantes de insumos para construção civil oferecem a informação, o treinamento, a avaliação e a assistência técnica sobre as características dos produtos que fornecem.

Este estudo visa não só verificar a possibilidade imediata da contratação de um serviço terceirizado para o treinamento e suporte técnico de uma empresa, como também, e principalmente, se os gestores desta empresa enxergam de forma viável a terceirização desse serviço para as revendas de material de construção.

3.1   Tipo de Pesquisa

A estruturação da pesquisa utilizou-se de estudo descritivo, aplicando questionário (por meio eletrônico) para uma população estratificada em categorias de atuação e selecionada por julgamento (não probabilístico).

3.2   Delineamento/Abordagem

Nesta pesquisa, procuramos ter uma idéia muito próxima de como o mercado de treinamento está sendo abordado. Diante de tal necessidade, atribuímos a aplicação de um questionário padrão para cada empresa selecionada a participar desta avaliação.

3.3 População

A população desta pesquisa constitui-se em gestores (gerentes e/ou diretores) das empresas fabricantes de insumos para a construção civil que contribuirão com o desenvolvimento deste trabalho. Foram consideradas empresas fabricantes de insumos para a construção civil que têm sede (seja unidade fabril ou unidade de negócios) na Grande São Paulo.

Para efeito de quantificação da população pesquisada, utilizamos os seguintes critérios:

1°) Em contato com a Assossiação Brasileira das Indústrias de Material para Construção (Abramat), relacionamos as indústrias de insumos para construção civil associadas, que têm escritório e atuação comercial na Grande São Paulo.

3.4 Amostra

Quadro 5.1 Empresas e categorias selecionadas.

Empresa	Categoria
Pilkington (Blindex)	Vidros
Basf	Tintas e acessórios para pintura
Brasilit	Telhas e caixas d'agua
Portobelo	Pisos e revestimentos
Gerdau	Metais (ferro, aço)
Tigre	Material hidráulico
Deca	Material hidráulico
Pirelli	Material elétrico
Eucatex	Madeiras e afins
Eternit	Fibrocimento
Papaiz	Fechaduras
Votorotim	Cimento
Astra	Acessórios para sanitários
Otto Baumgart	Impermeabilizante
Quartzolit	Argamassas
CBA	Alumínio

2º) De posse desses dados, estratificamos as empresas por categoria de atuação, garantindo que estariam presentes indústrias de todas as fases de um obra (do básico ao acabamento).

3º) Dentro de cada categoria, a indústria líder de mercado (por julgamento) foi selecionada para a entrevista.

Depois dessa triagem, chegamos a um número de 16 empresas, em 12 categorias.

Se em algumas dessas empresas tiverem dois ou mais gestores na região, necessariamente será realizada a pesquisa apenas com um deles, em escolha aleatória.

3.5   Instrumentos de Coleta

A coleta dos dados foi feita por meio de um questionário padrão estruturado e não disfarçado (Anexo 1), aplicado um para cada empresa selecionada. Nesse questionário, constataram perguntas fechadas, abertas e de escala de diferencial semântico, conforme a necessidade da coleta de informações.

3.6   Procedimentos

O trabalho de campo foi desenvolvido pelos próprios pesquisadores, enviou-se os questionários por e-mail diretamente aos entrevistados (que foram previamente convidados a participar, via telefone) e a coleta das respostas foram feitas também eletronicamente.

O trabalho de análise documental foi realizado mediante o roteiro estabelecido e o método de triangulação.

3.7   Tratamento Estatístico dos Dados

Utilizaremos gráficos e critérios estatísticos para a análise dos dados:

- Quantitativos
- Qualitativos

Vale a pena ressaltar que as amostras não probabilísticas não permitem afirmações sobre todo o universo pesquisado, pois, nesses casos, é desconhecido o erro cometido na escolha dos elementos que farão parte da amostra. Porém, devido à experiência do grupo, acredita-se que o critério utilizado (selecionando as empresas líderes de cada categoria) sem de referência de inovação para seus concorrentes, o que os levariam a tomar ações para minimizar o diferencial competitivo criado.

4   A Análise dos Resultados

Dos 16 entrevistados contatados, obtivemos resposta de dez gestores; quatro empresas se recusaram a responder e duas alegaram ausência (por motivo de férias) dos gestores responsáveis pelo setor de Marketing.

O nome dos gestores e das empresas respondentes ou não ficará em sigilo, por solicitação antecipada da própria Abramat.

4.1   Resumo das Entrevistas

1. **Principais canais de clientes (enumerar de 1 a 5, sendo 1 menos representativo e 5 mais representativo).**

    Nesta questão, ficou claro que os canais mais importantes são as revendas e as construtoras, com exceção dos fabricantes de fios e alumínio, que também atendem diretamente pequenas "oficinas" e indústrias.

    Construtoras — 35% dos votos de maior importância

    Revendas de materiais de construção — 50% dos votos de maior importância.

2. **Qual o número aproximado de pontos-de-venda (revendas) que sua empresa atende na Grande São Paulo?**

    A maioria das empresas entrevistadas atende mais de 1.200 revendas.

    20% têm menos de 200.

    60% têm acima de 1.200.

3. **Possui uma equipe específica para capacitação de revendas? (Balconistas/donos de loja/profissionais da construção).**

    75% SIM
    25% NÃO

Capítulo 5 Marketing de Serviços: Terceirização dos Serviços Realizados pelas Indústrias... 255

4. A qual departamento está ligada esta equipe?

66% ligados ao departamento de Vendas

33% ligados ao departamento de Marketing

5. Qual o tamanho da equipe na Grande São Paulo? (Número de funcionários envolvidos.)

33% menos que 5.

33% entre 10 e 15.

33% entre 15 e 20.

6. Qual percentual (aproximado) do orçamento de marketing é destinado à capacitação das revendas na Grande São Paulo?

50% – 0,5% do orçamento de Marketing

25% – entre 0,5% e 0,8 %

15% – 1,0% do orçamento de Marketing

7. Enumere em ordem decrescente de importância (1 – muito importante; 2 – pouco importante), as atividades desempenhadas por sua equipe de capacitação (se sua empresa já possui uma) ou por uma equipe contratada por sua companhia.

(Resultado decrescente em ordem de importância)

(5) Treinamentos de gestão (técnicas de vendas/formação de preço/outros).

(4) Técnicas de construção.

(3) Suporte ou treinamento específico sobre produtos.

(1) Palestras/Treinamentos a profissionais da construção.

(1) Palestras/Treinamentos a balconistas.

8. **A imagem da empresa pode ser prejudicada, com perda de relacionamento (perante a revenda), no caso da utilização de uma equipe terceirizada para treinamentos?**

    50% SIM

    50% NÃO

9. **Você estudaria a possibilidade da contratação de uma empresa de capacitação (para desempenhar os treinamentos, visitas promocionais, palestras técnicas etc.) para a empresa que você dirige?**

    50% SIM

    50% NÃO

10. **Qual(is) a(s) principal(is) vantagem(ns) para sua empresa se ocorresse esta terceirização?**

    As principais vantagens mencionadas estão ligadas ao maior foco da equipe em atividades core *e possíveis reduções de custo no orçamento de treinamento.*

    "Maior disponibilidade de tempo para a realização das operações relacionadas a vendas..."

11. **Qual(is) o(s) principal(is) risco(s) para sua empresa se ocorresse esta terceirização?**

    Quase uma unanimidade encara a perda de contato e o distanciamento do dia-a-dia com o cliente como o maior risco.

    "Distanciamento do cliente no dia-a-dia do treinamento e a necessidade de repassar as informações da empresa terceirizada para a equipe atual..."

12. **Caso você concordasse com a idéia de terceirização da equipe de treinamento de campo, a decisão dessa contratação na empresa seria sua? Se não, de quem seria?**

    75% SIM

    25% NÃO

5 Discussão

Baseado nos resultados dos questionários aplicados, bem como na experiência profissional do grupo, obtém-se a seguinte análise:

1. Confirma-se a importância do canal revendedor dentro da cadeia de material de construção;

2. O grande número de revendas atingidas pelas indústrias revela a pulverização dos pontos-de-venda, o que confirma a dificuldade de treinar todos os envolvidos na comercialização dos materiais de construção.

3. A pesquisa confirma a impressão inicial do grupo, em que a maioria das indústrias possui equipe própria para capacitação e treinamento de balconistas, donos de loja e profissionais da construção. E também constata-se que essa estrutura está geralmente ligada ao departamento comercial das empresas (vendas). Quanto ao tamanho das equipes na Grande São Paulo, nota-se uma dispersão no número de funcionários variando de cinco para mais de 20.

4. Nas indústrias entrevistadas, existe verba claramente destinada à capacitação e treinamento dos balconistas e profissionais da construção, que é o grande foco de importância e atuação julgado pelos entrevistados.

5. A divisão das opiniões ocorre exatamente quando o tema é a terceirização do serviço de treinamento. Apesar de a maioria acreditar que haveria reduções significativas de custo, metade dos entrevistados afirma que a delegação deste serviço para outra empresa implicaria perda de contato e distanciamento com o canal revendedor e, conseqüentemente, do usuário final do produto. Porém, a outra metade vislumbra que a terceirização do serviço gera maior disponibilidade de tempo para as operações relacionadas a vendas (atendimento do canal).

6. Importante salientar que 75% dos entrevistados são os deliberadores das respectivas empresas quanto à terceirização ou não deste departamento.

6 Conclusão

Diante dos resultados obtidos, certifica-se que a maioria das empresas entrevistadas considera fundamental possuir uma equipe específica para capacitação das revendas (balconistas, donos de loja e profissionais da construção). A principal atribuição dessas equipes atualmente está relacionada a palestras e treinamentos às balconistas e profissionais da construção; há pouco enfoque para o treinamento de gestão (técnicas de vendas, formação de preço, entre outros).

Considerando-se que todas as empresas possuem orçamento destinado à capacitação, variando de 0,5% a 1,0% do orçamento de marketing, conclui-se que existe um valor considerável de recurso para esse fim, abrindo oportunidade para uma empresa atuar nesse nicho.

Nota-se que existe uma insegurança por parte dos deliberadores quanto à terceirização dessa prestação de serviço, dado o receio de distanciamento e perda de controle do principal canal de vendas.

Diante desse cenário, a proposta do grupo é que, para haver sucesso na criação de uma empresa especializada em treinamento, a implementação deve acontecer de forma paulatina, a fim de ganhar a confiança e conseqüente segurança das indústrias, que constatarão a vantagem de redução de custo e manutenção da proximidade e até o aprofundamento do seu relacionamento com o canal.

Para isso, a sugestão do grupo é a melhor utilização da loja-escola da Anamaco (espaço disponibilizado pela Associação, destinado à capacitação de balconistas e lojistas) pela indústria, que pode perfeitamente ser feito por uma empresa terceirizada, desde que corretamente monitorada e com resultados mensuráveis.

Devido à grande pulverização dos pontos-de-venda, recomenda-se a utilização de um meio de educação em massa (TV, Internet), que pode perfeitamente ser conciliado aos treinamentos ministrados na loja-escola da Anamaco.

7 Referências Bibliográficas

AAKER, D. A. *Pesquisa de Marketing*. Trad. Reynaldo Cavalheiro Marcondes. São Paulo, Atlas, 2001.

ASSOCIAÇÃO NACIONAL DOS COMERCIANTES DE MATERIAIS DE CONSTRUÇÃO. < *www.anamaco.com.br.* > Acesso em: 15 abr. 2004.

BERRY, L. *European Journal of Marketing*, v. 18, n. 4, p. 5-13, 1984.

BERRY, L. e PARASURAMAN, A. *Marketing services competing through quality*. 1991, p. 16.

CAMARGO, G. C. *Management*, v.1, n. 40.

CLODOALDO, A. *Transparência das aulas da disciplina Estratégia e Qualidade em Serviços*, do curso de Administração em Serviços. Salvador, 2004.

CONSTRUBID: *www.construbid.com.br*, Acesso em: 18 maio 2004.

FITZSIMMONS, J. A. e FITZSIMMONS, M. J. *Administração de serviços — operações, estratégia e tecnologia de informação*. Porto Alegre: Bookman, 200.

GIANESI, I. G. N. e CORRÉA, H. L. *Administração estratégica de serviços — operações para a satisfação do cliente*. São Paulo, 1994.

GRONROOS, C. *European Journal of Marketing*, v. 18, 1984.

KOTLER, P. *Administração de Marketing*: a edição do novo milênio. Trad. Bazán Tecnologia e Lingüística. 10. ed. São Paulo: Prentice Hall, 2000.

KROL, C. *Advertising Age*, p. 40, 1998.

LOVELOCK, C. e WRIGHT, L. *Serviços*: marketing e gestão. Trad. Cid Knipel Moreira. São Paulo: Saraiva, 2001.

MATTAR, F. N. *Pesquisa de marketing*. 3. ed. São Paulo: Atlas, 2001.

PARASURAMAN A. e ZEITHAMI, V. e BERRY, L. *Journal of Marketing*, p. 44, 1985.

SHOSTACK, G. L. Service positioning trough structural change. *Journal of Marketing*, p. 39, jan. 1997.

SIQUEIRA, A. C. B. de. *Marketing industrial*: fundamentos para a ação business to business. São Paulo: Atlas, 1992.

Capítulo 6

Estudo Comprobatório de Inviabilidade Operacional para Empresas de Pequeno Porte de Varejo de Material de Construção

Antonio Euclides Fappi
Minoru Shimuta
Sergio Marin Del Nero
Sergio Luiz Gomes

AGRADECIMENTOS

Os mais sinceros agradecimentos aos lojistas de material de construção pelo fornecimento de dados de suas empresas, com presteza e transparência, e por entender a importância da nossa proposta.

À professora Ana Lucia Magyar e ao coordenador do curso, professor Joaquim Ramalho de Oliveira Filho, que, pela experiência, nos proporcionaram uma melhor perspectiva do valor deste trabalho.

Ao corpo docente e colegas da primeira turma do Curso de Pós-Graduação em Gestão Empresarial Avançada para o Segmento de Materiais de Construção – FAAP/Anamaco, que nos acompanharam e nos enriqueceram durante esta jornada de instrução e troca de experiências.

Resumo

Este trabalho foi desenvolvido no sentido de melhorar o posicionamento dos empresários do segmento varejista de material de construção civil brasileiro, localizados na cidade de São Paulo e Grande São Paulo, em relação à viabilidade econômico-financeira de seu negócio diante da carga tributária excessivamente alta. Utilizou-se como embasamento metodológico e científico a pesquisa exploratória, compilando dados verídicos e dispondo-os de forma que proponham um novo modelo tributário, pela inviabilidade do modelo atual imposto às empresas do segmento.

Em um mesmo período foram levantados dados em empresas brasileiras de varejo de material de construção civil, com faturamento compreendido entre R$ 1,2 milhão e R$ 3 milhões, e que, por esta razão, não se enquadram no sistema Simples. Após a tabulação de custos, faturamentos e resultados financeiros, obteve-se resultados incisivos de inviabilidade operacional e financeira nas quatro empresas consultadas nos levantamentos de dados ora utilizados. Atendendo a seu pedido, as organizações em questão não foram identificadas durante o trabalho, sendo então apontadas como empresas A, B, C e D.

Concluindo, propõe-se uma mudança do sistema tributário atual para um que possa contemplar a realidade das empresas, permitindo que elas passem a se preocupar com o seu fim, ou seja, comercializar seus produtos em vez de consumir seu tempo na estratégia de como atender o fisco, a fim de se manter em atividade. Com essa mudança, o fisco se transformaria em orientador empresarial, levando o conhecimento tão necessário para o desenvolvimento do empresariado.

Palavra-chave:
impostos; dificuldades; falência.

1 Panorama do Mercado Varejista Brasileiro de Material de construção

"Atualmente, o mercado varejista de materiais de construção brasileiro é composto aproximadamente por 110 mil estabelecimentos; desses, 58,5% realizam um faturamento de até R$ 1,2 milhão ao ano, que representa 38% do total de vendas. Essas lojas são normalmente administradas por seus proprietários e familiares. Em virtude disso, e por estarem enquadradas em um sistema de tributação com alíquotas inferiores, esta falta de atenção acaba favorecendo algumas empresas, as quais aproveitam a falta de fiscalização em seus estabelecimentos e a baixa estrutura de custos para realizarem práticas ilícitas, gerando concorrência predatória e desestabilizando o mercado. Mesmo com tais práticas, a carga tributária imposta não obtém bons resultados" (DIÁRIO DO COMÉRCIO, 2004).

As lojas com faturamento compreendido entre R$ 1,2 milhão e R$ 3 milhões representam 33% das empresas existentes, que realizam 52% do total de vendas. Elas contam com estruturas operacionais mais complexas, cujo porte e vulnerabilidade, gerada pela falta de conhecimento legal em relação ao sistema tributário e sua complexidade, dificultam uma compreensão jurídica e atraem a atenção do fisco. Pelo fato de serem administradas por seus proprietários e profissionais do segmento, geram uma estrutura de custos operacionais superiores, que, em virtude de seu faturamento, apresentam maior custo fiscal por não se enquadrarem no sistema Simples de tributação.

Esse fato as coloca em nível de igualdade de obrigações tributárias com os restantes 4% de estabelecimentos de grande porte, que representam 10% das vendas (conforme Figura 6.1), e sua importância se deve ao grau de inovação oferecido ao segmento. Elas são controladas por grandes grupos nacionais ou multinacionais, contando com estruturas financeiras e operacionais altamente profissionalizadas, que estimulam, em alguns casos, a concorrência predatória, além da obtenção de vantagens tributárias por meio de sua estrutura jurídica. No caso das multinacionais – que podem transferir legalmente recursos sob forma de *royalties*, remuneração de capital alocado diretamente na conta/despesas para as matrizes – a carga tributária é reduzida claramente, não ocorrendo a prática da sonegação, mas sim o da elisão fiscal, conforme demonstrado em balanço financeiro da empresa Leroy Merlin nos exercícios de 2002 e 2003.

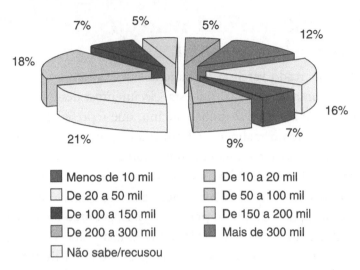

Fonte: ANAMACO, 2004.

Figura 6.1 Faturamento médio mensal por loja (em reais).

1.1 Formação de Custos Inerentes ao Segmento

Neste estudo, utilizou-se, como premissa, a análise dos custos incorridos, descritos por Gitman(2002) como dispêndios de caixa que já foram efetuados (isto é, dispêndios passados), não tendo efeito, sobre os fluxos de caixa, as decisões correntes.

Os custos são classificados em:

- Custos Fixos (CF), aqueles são tomados em função do tempo, não das vendas, e que, em geral, são contratuais.
- Custos Variáveis (CV): que variam diretamente com as vendas da empresa.
- Custo de Mercadoria (CM).
- Custos Semivariáveis.

Com o objetivo de simplificarmos, classificamos os custos apenas como Fixos e Variáveis.

O somatório dos Custos Fixos (CF), Custos Variáveis (CV) e Custos Semivariáveis estão demonstrados no trabalho como Custo Total (CT).

Os Custos Totais (CT) do comércio varejista de material de construção na faixa estudada, por serem expressivos, contribuem negativamente nos resultados das empresas, pela necessidade inicial de uma ampla área de venda. Desse modo, implica maiores custos de locação e manutenção monitorada por equipamentos e sistemas específicos de telefonia e computação; estrutura de compra e estocagem; profissionais capacitados tecnicamente; sistema de logística e distribuição com porte de empresa específica de transportes; além da necessidade constante do aprimoramento do gestor do negócio. Essas características específicas são apresentadas na Tabela 6.1, que demonstra o Custo Total (CT) de 39,30% em relação ao faturamento, descontando o custo com compra de Mercadorias (CM).

Tabela 6.1 Representatividade dos custos entre as quatro empresas.

Descrição	A		B		C		D		Média	
VD*	100%	175.237	100%	181.035	100%	245.322	100%	185.566	100%	196.790
CF**	20,40%	35.706	25%	45.294	19,60%	48.030	19,70%	36.642	21%	41.418
CV***	96,50%	169.142	79,90%	144.656	85,30%	209.244	91,10%	168.965	87,90%	173.002
CM****	83,30%	145.936	61,60%	111.475	64,50%	158.232	71,30%	132.390	69,60%	137.008
(CV-CM) +CF	33,60%	58.912	43,30%	78.475	40,40%	99.042	39,50%	73.217	39,30%	77.412
CT*****	116,90%	204.848	104,90%	189.950	104,90%	257.274	110,80%	205.607	109,00%	214.420

* Vendas; ** Custo Fixo; *** Custo Variável; ****Compras Mercadológicas; ***** Custo Total.

Fonte: Levantamento Financeiro – Tabela de Classificação de Dados – (AxBxCxD)
(Veja Anexo A deste trabalho)

Resumidamente, uma empresa do segmento atua como departamento de compra, financeiro e órgão emissor de crédito, cobrança, prestação de serviços técnicos e vendas, transportadora, pós-vendas e encaminha aos fornecedores as solicitações de assistência técnica.

Outro fator que influencia diretamente nos custos totais é o custo do capital aplicado em estoques, devido ao alto número de itens, gerando em algumas famílias de produtos um baixo giro do estoque, conforme demonstrado no Tópico 1.1.2.

Essa estrutura exige um volume de pessoal especializado que esteja envolvido na operação, e uma estrutura física com bens móveis e imóveis altamente depreciáveis pela operacionalização específica do segmento, gerando, inevitavelmente, um custo condizente com a demanda apresentada.

1.1.1 Custo de logística

Aqui vale um comentário especial em relação à explanação sobre a importância do custo de transporte diante da operação do segmento, em virtude da sua representatividade nos custos totais da operação (veja o Anexo A). Levando-se em conta as margens de lucro líquido aferido na maioria dos produtos transportados e a dificuldade da transferência desses custos ao consumidor final pela concorrência existente, demonstra-se claramente a importância dessa conta no resultado financeiro e a sua variação de acordo com a região, demonstrada na Tabela 6.8 comparativa de despesas com transportes (veja o Tópico 3.3).

1.1.2 Giro de estoque

O giro de estoque mensura a atividade ou a liquidez do estoque de uma empresa, sendo calculado da seguinte maneira:

$$Giro\ de\ estoque = \frac{custo\ dos\ produtos\ vendidos}{Estoque}$$

Por meio do cálculo do giro do estoque, dividindo-o por 360, referente ao número de dias de um ano com 12 meses e 30 dias que permite a simplificação dos cálculos, obtém-se, enfim, a idade média dos estoques, podendo-se calcular por setores de produtos todo o estoque ou mesmo por produtos, individualmente.

Tabela 6.2 Giro de estoque (estrutura da tabela).

	A	B	C	D
Número de itens				
Valor de estoque				
Custo de mercadoria vendida				
Giro de estoque				
Idade média do estoque				

Fonte: Levantamento Financeiro – Tabela de Classificação de Dados – (AxBxCxD) (veja o Anexo A).

Para a obtenção do resultado dentro da faixa estudada, as quatro empresas dispunham de um volume de sete a dez mil itens, conforme demonstrado na tabela de giro de estoque apresentada. Na busca de atingir níveis superiores do ponto de equilíbrio operacional, que segundo Gitman (2002) é o nível de vendas necessário para cobrir todos os custos operacionais antes dos juros e imposto de renda (LAJIR), as empresas dispõem de produtos com maior valor agregado, porém, com menor giro, podendo obter, em alguns itens, a idade média de estoques próximos a mil dias, o que exige a aplicação de maior capital financeiro e diminui o retorno sobre o investimento (ROI), que mensura a eficiência global das empresas na geração de lucros com seus ativos disponíveis.

Ressalta-se a viabilidade do negócio apenas com a disposição de linha de produtos atrativos ao consumidor final, gerando sinergia no ponto-de-venda.

1.1.3 Área de venda

Diante dos números estudados, a área de venda média de 327m² (veja o Anexo A deste trabalho) – apresentada pelas empresas A, B, C e D, excluindo-se áreas de estocagem indispensáveis ao modelo do negócio, que gira em torno de 350m², conforme demonstrado na Tabela 6.3 – representa o valor total das vendas por m² de área de loja.

Tabela 6.3 Área de venda e venda média por m².

Descrição	A		B		C		D		Média	
	Área	VD/m²	Área	VD/m²	Área	VD/m²	Área	VD/m²	Área	VD/m²
VD/m²	280	R$ 654	400	R$ 453	470	R$ 522	300	R$ 619	327	R$ 562

Fonte: Levantamento Financeiro – Tabela de Classificação de Dados – (AxBxCxD) (veja o Anexo A).

Esse dado é consideravelmente importante por se refletir diretamente nos custos fixos totais da empresa de forma representativa, sendo que a conta colabora negativamente no resultado financeiro.

1.1.4 Necessidade de mão-de-obra

A demanda por mão-de-obra especializada, em função da complexidade da operação, além dos salários mais elevados e seus encargos, exige constantes treinamentos, os quais importam investimentos anuais da ordem de 0,5% do faturamento no segmento estudado (veja o Anexo A).

1.1.5 Perdas do comércio

As perdas representam importante incremento dos custos, principalmente pela difícil detecção da sua origem, o que dificulta a resolução do problema, girando atualmente em 1,72% (Anamaco, 2004) do total do volume de vendas.

Ocorrem perdas com a danificação de produtos no ponto-de-venda, na armazenagem, no transporte e, ainda, desvios efetuados por colaboradores, clientes e erros no pontos-de-venda e na conferência final. Isso interfere negativamente no resultado financeiro das referidas empresas, pois, devido à falta de controle, não é possível detectar com precisão o momento da perda, e assim implementar uma ação preventiva ou alocar corretamente o custo após a ocorrência do fato.

1.1.6 Estrutura de custos fixos

As empresas enquadradas no intervalo estudado (veja o Anexo A) e demonstrado na Tabela 6.4 têm seus custos fixos na casa dos 21,18% do faturamento, deixando-as em situação delicada já no ponto de partida. Não resta espaço para qualquer tipo de erro durante a operação no período, impedindo, assim, tomadas de decisão que empenhem recursos com o objetivo de alavancar resultados.

Tabela 6.4 Demonstração de Custos Fixos (CF) em relação às Vendas (VD)

Descrição	A		B		C		D		Média	
VD*	100%	175.237	100%	181.035	100%	245.322	100%	185.566	100%	196.790
CF**	20,40%	35.706	25%	45.294	19,60%	48.030	19,70%	36.642	21,18%	41.418

* Vendas;
**Custo Fixo.

Fonte: Levantamento Financeiro – Tabela de Classificação de Dados – (AxBxCxD) (veja o Anexo A).

1.2 Níveis de Tributação do Intervalo Estudado

Em comparação à média nacional dos demais segmentos que apresentam uma carga tributária de 34,88%, o setor de material de construção atinge 55,2%, desde o ano de 2002, conforme estudo divulgado pela revista *Revenda* (2004).

1.2.1 Tributos Federais

No âmbito federal, os Tributos incidentes diretamente na operação de venda de materiais para construção (RECEITA FEDERAL, 2004) são os seguintes :

- **Programa de Integração Social – (PIS):** incide diretamente sobre a diferença entre o Faturamento Bruto (FB) e o valor das Compras de Mercadorias (CM), subtraído do Imposto sobre Produtos Industrializados (IPI), com uma alíquota de 1,65%.

- **Contribuição para o Fim Social – (Cofins):** incide diretamente sobre a diferença entre o Faturamento Bruto (FB) e o valor das Compras de Mercadorias (CM), subtraído do Imposto sobre Produtos Industrializados (IPI), com uma alíquota de 7,6%.
- **Imposto de Renda Pessoa Jurídica (IRPJ)**, incide diretamente sobre o Faturamento Bruto (FB), com uma alíquota de 1,2%.
- **Contribuição sobre o Lucro Líquido (CSLL):** incide diretamente sobre o Faturamento Bruto (FB), com uma alíquota de 1,08%.
- **Contribuição Provisória sobre Movimentação Financeira (CPMF):** incide sobre toda movimentação de débito bancário, com uma alíquota de 0,34%.
- **Instituto Nacional de Seguridade Social (INSS):** Previdência Social que incide sobre o pró-labore e a folha de pagamento. Este tributo/contribuição é calculada com base no pró-labore e folha de pagamento, da seguinte forma: 20% sobre o pró-labore; 20% sobre salários; 5,8% sobre salários para fins terceiros; 2% sobre salários para fins do SAT.
- Fundo de Garantia por Tempo de Serviço (FGTS).

1.2.2 Tributos estaduais

No âmbito estadual, há apenas um tributo que é o Imposto sobre Circulação de Mercadorias e Serviços (ICMS). Esse imposto é calculado de forma diferenciada em função da categoria do produto (SECRETARIA DA FAZENDA DO GOVERNO DE SÃO PAULO, 2004).

No Estado de São Paulo, os produtos podem estar enquadrados em cinco categorias:

- A – Tributados em 18%.
- B – Tributados em 12%.
- C – Tributados em 7%.
- D – Tributados em 0%.
- E – Tributados diretamente na fonte em regime de substituição tributária.

1.2.3 Tributos municipais

A seguir, listaremos os tributos de acordo com a Prefeitura de São Paulo (PMSP, 2004):

- **Imposto Sobre Serviços (ISS):** não aplicável à atividade de comercialização.
- **Imposto Predial e Territorial Urbano (IPTU):** aplicável de forma não sonegável, sobre o imóvel do estabelecimento.

2 Excesso de Tributação ao Comércio Varejista de Material de Construção e Formas de Viabilização de Negócio

No atual modelo fiscal, as empresas comerciais de materiais para construção, enquadradas na faixa de faturamento em questão, têm sete tributos federais atrelados ao faturamento: Programa de Integração Social (PIS), Contribuição para o Fim Social (Cofins), Imposto de Renda Pessoa Jurídica (IRPJ), Contribuição sobre o lucro (CSLL), Contribuição Provisória sobre Movimentação Financeira (CPMF), Fundo de Garantia por Tempo de Serviço (FGTS), além de um imposto atrelado ao pró-labore e à folha de pagamento, o INSS.

Já, no âmbito estadual, tem apenas um, mas com grande peso no montante dos tributos denominado Imposto sobre Circulação de Mercadoria e Serviços (ICMS), além de tributos e taxas municipais, Imposto Sobre Serviços (ISS) e Imposto Predial e Territorial Urbano (IPTU), que representam em média 13,30% do total do faturamento das quatro empresas estudadas, conforme Tabela 6.5.

Tabela 6.5 Planilha demonstrativa e totalizadora de tributos, impostos e taxas.

Descrição	A		B		C		D		Média	
VD	100%	175.237	100%	181.035	100%	245.322	100%	185.566	100%	196.790
INSS	3,20%	5.552	2,70%	4.861	2,20%	5.412	3%	5.591	2,70%	5.354
FGTS	0,50%	923	0,40%	659	0,30%	829	0,40%	816	0,40%	807
ICMS	2,10%	3.692	4,80%	8.765	4,50%	10.973	3,60%	6.700	3,80%	7.532
COFINS Cod. 5856	1,80%	3.195	3,30%	5.999	3,10%	7.662	2,60%	4.916	2,80%	5.443
PIS Cod. 6912	0,40%	694	0,70%	1.302	0,70%	1.663	0,60%	1.067	0,60%	1.182
IRPJ Cod. 2362	1,20%	2.103	1,20%	2.172	1,20%	2.944	1,20%	2.227	1,20%	2.361
CSLL Cod. 2484	1,10%	1.893	1,10%	1.955	1,10%	2.649	1,10%	2.004	1,10%	2.125
CPMF	0,40%	666	0,40%	688	0,40%	932	0,40%	705	0,40%	748
Imp. + tx. municipais	0,20%	283	0,50%	842	0,40%	933	0,30%	469	0,30%	632
Total de Tributos	10,90%	19.001	15,10%	27.243	13,90%	33.997	13,20%	24.495	13,30%	26.184

Fonte: Levantamento Financeiro – Tabela de Classificação de Dados – (AxBxCxD) (veja o Anexo A).

2.1 Inviabilidade Financeira

Empresas com faturamento entre R$ 1,2 milhão e R$ 3 milhões, devido ao modelo fiscal.

A análise de índice financeiro, desenvolvida neste trabalho, é dividida em índices de liquidez – ou seja, a capacidade da empresa de pagar suas contas antes de seu vencimento – e lucratividade, podendo ser calculada pela demonstração da composição percentual do resultado, que mostra todos os itens como uma porcentagem das vendas (GITMAN, 2002).

O nosso objetivo, ao utilizar esse ferramental teórico, foi o de demonstrar a inviabilidade financeira das quatro empresas estudadas em virtude da situação, de baixa liquidez e lucratividade apresentadas, após a aplicação de simulação tributária imposta a elas, submetidas a um nível de tributação real.

Busca-se demonstrar a característica do modelo de tributação que se mostra excessivo e ineficiente, apresentando vulnerabilidade em sua aplicação devido à complexidade de regras e normas existentes, tornando-o impraticável (DIÁRIO DO COMÉRCIO, 2004).

De acordo com o economista Eduardo Gianetti, Ph.D pela Faculdade de Economia da Universidade de Cambridge, Inglaterra: "Hoje, ou a empresa é muito grande ou descamba para a informalidade e está condenada a ser pequena" (DIÁRIO DO COMÉRCIO, 2004b).

2.1.1 Modelo de fiscalização

Como forma de garantir a arrecadação, o desempenho do sistema tributário vigente tem alto grau de dependência na ação de fiscalização direta na empresa, propiciado pelo contato direto do agente fiscal com o responsável pelo negócio, estabelecendo uma relação conflituosa no entendimento da cobrança.

2.1.2 Conseqüências das deficiências do modelo

O contato pessoal, mencionado no tópico anterior, induz, na maioria dos casos, a um comportamento com inversão de valores, gerando uma relação desconfortável, em que se passa a raciocinar diante de uma nova lógica, ou seja, o agente encontra, ou até mesmo cria, dificuldades expressas nas irregularidades em um sistema tributário praticamente impossível de ser atendido (O ESTADO DE SÃO PAULO, 2004).

De acordo com o jornal *Diário do Comércio* (2004d),

A corrupção é considerada o segundo mais sério obstáculo ao desenvolvimento empresarial no Brasil, ficando atrás apenas da alta carga tributária. Destacam-se ainda como presentes entre as principais preocupações das empresas, o sistema judicial inadequado, a má distribuição de renda e a inadequação dos métodos de coleta de impostos, todos com mais de 50% de assinalações [...].

2.1.3 Vulnerabilidade ao descumprimento fiscal

O excesso de obrigações para com o fisco e a complexidade de leis deixam o empreendedor "à beira da informalidade". Conforme pesquisa encomendada pela Associação Comercial de São Paulo, publicada em maio de 2004, revelou-se que o empresário brasileiro está sujeito ao pagamento de 75 impostos, taxas e contribuições e o conseqüente preenchimento de uma grande quantidade de documentos (obrigações acessórias), e 70% das empresas em um universo de 500 possui alguma pendência com o fisco (DIÁRIO DO COMÉRCIO, 2004a).

Basta examinar o tamanho da equipe envolvida com o cumprimento de todas as exigências legais em uma grande empresa, para se ter a noção real de que a demanda de pessoal para tal incumbência supera o número total de pessoal envolvido na operação do formato estudado, levando-se em conta que as obrigações são praticamente as mesmas.

2.2 Alternativas de Enquadramento Fiscal do Segmento Estudado

Em busca de viabilizar uma equalização do excesso tributário aplicado às quatro empresas estudadas e sua representabilidade no contexto brasileiro, criou-se alternativas para solucionar o problema apresentado dentro do segmento estudado, pois, até o momento, as opções servem apenas às faixas com faturamento que se enquadram no regime tributário Simples, conforme matéria do *Diário do Comércio* (2004c).

2.2.1 Criação de legislação tributária específica

Apesar de parecer simplista, é difícil não questionar a relutância, por parte das autoridades competentes, em se adotar o modelo consagrado na Europa, nos Estados Unidos e na Argentina, do sistema denominado Imposto sobre Valor Agregado (IVA), totalizando a sua aplicação em 25 países. Segundo o jurista Ives

Gandra Martins: "O ideal seria termos um único imposto, como ocorre na União Européia, partilhado entre União, estados e municípios" (JORNAL DO COMÉRCIO, 2004f).

Defende-se essa idéia, principalmente pelo resultado claro e aparente obtido pelos países que têm utilizado tal modelo. Ele traz em seu bojo uma desburocratização e simplificação sem precedentes, principalmente para o pequeno e médio varejistas, tirando-os da situação de quase ilegalidade, fundamentalmente porque são reféns de um quadro o qual eles são impelidos. É fácil notar sua conduta coerente e bem-intencionada, afinal cumprem fielmente todas as suas obrigações comercial, financeira, trabalhista, social, ética e, inclusive, como chefes de família, ficando estranhamente, às vezes, num desvio de conduta na área tributária.

2.2.2 Redução das alíquotas aplicadas

Na impossibilidade de adotar um modelo tributário como o sugerido no tópico anterior, seria razoável solicitar uma revisão nos cálculos das alíquotas vigentes como forma de reduzir e adequar a atual realidade das empresas estudadas, incluindo-se, na proposta, a simplificação em relação à quantidade, datas e exigência, apresentadas ao pequeno empresário. São descabidas quando se examina a capacidade de cumpri-las, sendo então mais razoável proibir a existência de negócios com este porte, uma vez que a maioria dos estados não vêem muita importância neste tipo de empresa ou em seu valor econômico e social (veja o Anexo B).

Os autores deste trabalho não têm a pretensão de se apresentarem como especialistas na área tributária, por não terem a devida competência, mas acreditam que o País dispõe de técnicos suficientemente capacitados para isso. E, se ainda o poder público julgar insuficiente, ele certamente poderá importar conhecimento, como tem feito em outras áreas, sendo geralmente bem-sucedido.

A viabilidade de ascensão econômica para autônomos é demonstrada pelo projeto "Empreendedor Urbano Pessoa Física", de autoria do presidente da Associação Comercial de São Paulo, Guilherme Afif Domingos, que cria uma faixa de tributação específica e reduzida aos prestadores de serviço autônomos, podendo transformar sua situação de informalidade fiscal (DIÁRIO POPULAR, 2004).

3 Pesquisa: Estudo do Resultado Operacional de Quatro Empresas da Grande São Paulo

Este estudo está embasado em pesquisa realizada em quatro estabelecimentos comerciais varejistas de materiais para construção, com faturamentos entre R$ 1,2 milhão e R$ 3 milhões ao ano. Duas da empresas localizam-se em bairros da periferia de São Paulo e as outras duas, na sua região central, objetivando a obtenção de um corte ideal do segmento avaliado.

A pesquisa contemplou as despesas do período de 12 meses, evitando-se, dessa forma, distorções em função de alguma sazonalidade.

As organizações em questão não estão identificadas por razão social, mas por empresas A, B, C e D.

3.1 Levantamento Financeiro – Tabela de Captação dos Dados

Os autores deste trabalho levantaram os custos fixos e variáveis, e o faturamento das empresas A, B, C e D no período compreendido entre janeiro e dezembro de 2004, os quais serviram de base para a parametrização das despesas e cálculo dos tributos vinculados a esses valores.

Para melhor compreensão, a Tabela 6.6 apresenta a captação dos dados anteriormente ao preenchimento, uma vez que é mencionada e utilizada para compor vários itens desenvolvidos no trabalho.

Tabela 6.6 Captação dos dados (estrutura da tabela).

Descrição	A	B	C	D	Média
Água + luz					
Aluguel					
Consórcio					
Custo de oportunidade (1%)					
Despesas diversas					
Juros diversos					
Honorários prof.					
Imp. + Tx. municipais					
Material de escritório					
Pró-labore					
Segurança					
Seguros					
Taxas bancárias					
Telefonia					
Folha de pagamento					
Treinamento					
INSS					
FGTS					
13º salário (provisão)					
Férias					
Planos de saúde					
Vale-transporte					

(continua...)

Descrição	A		B		C		D		Média
CF*									
ICMS									
COFINS cód. 5856									
PIS cód. 6912									
IRPJ cód. 2362									
CSLL cód.2484									
CPMF									
Combustíveis									
Desp. cobrança									
Marketing									
Retenções cartões									
Retenções finaceiras									
Pró-labore									
Frentistas									
Outros									
Despesas variáveis									
CM**									
CV***									
CT****									
VD*****									
MC = VD - CV									
LL = VD - (CF + CV)									
PE = CF/MC x VD									
Despesas Totais									
MB = VD - CM									
VD/dias úteis									
VD/m²									

(continua...)

Descrição	A		B		C		D		Média
Tíquete médio									
Estoque									
Número de itens									

*Custo Fixo; **Compras Mercad.;***Custo variável; ****Custo total; *****Vendas.

3.2 Tratamento das Informações Coletadas

As informações têm sua apuração entre as contas existentes e sua representatividade, segundo os resultados demonstrados na tabela de captação de dados (Anexo A), verificando-se diferenças do percentual que cada conta representa do total das quatro empresas, decorrentes das particularidades entre elas – questões geográficas e mercado consumidor que atendem.

Salienta-se ainda a existência de disparidades em números dessas contas que ultrapassam até mais de dez pontos percentuais, se comparadas às quatro empresas, demonstrando diferentes formas de gestão para o mesmo segmento, e, em nenhum dos modelos, os resultados apresentam viabilidade operacional, eliminando-se, então, eventuais distorções nos resultados, devido a falhas na administração dessas empresas.

3.2.1 Segmentação por faturamento

O presente estudo tem sua fundamentação em empresas com faturamento compreendido entre R$ 1,2 milhão e R$ 3 milhões ao ano, não podendo, assim, beneficiar-se do regime de tributação denominado Simples e seus benefícios.

3.2.2 Tabulação dos dados

A metodologia utilizada na tabulação dos dados consiste no cálculo de todos os custos e inclusão de entradas decorrentes de vendas, possibilitando a análise vertical que encontra o resultado da participação totalizada de cada conta no exercício diante do total dos custos. Essa técnica tem o objetivo de obter a Margem líquida que mensura a percentagem de cada unidade monetária proveniente de vendas, que resta depois de todos os custos e despesas, incluindo juros e imposto de renda, terem sido deduzidos (GITMAN, 2002):

$$Margem\ líquida = \frac{lucro\ líquido\ após\ imposto\ de\ renda}{vendas}$$

3.3 Análise e Interpretação dos Índices

Por definição, a análise de índices envolve métodos de calcular e interpretar índices financeiros para avaliar o desempenho da empresa (GITMAN, 2002).

A formatação deste trabalho orienta-se pelo método criado exclusivamente para o estudo a que se propõe e pelo resultado dos cálculos dos dados coletados, e sua interpretação decorre do confronto dos resultados obtidos entre quatro empresas do mesmo segmento com diferenças e particularidades decorrentes do modelo de gestão aplicado pelos seus proprietários, questões geográficas e de mercado consumidor, porém, sob os mesmos critérios de avaliação.

Ao se verificar que as contas apresentavam diferentes percentuais no resultado total, dispostas de maneira que possibilitasse a busca dos resultados obtidos, nota-se que as empresas situadas em regiões consideradas centrais possuem custos operacionais mais elevados, repassados aos consumidores, após se identificar, nessas empresas, maiores margens de contribuição conquistadas e comercialização, sendo inversamente proporcional ao que ocorre nas lojas situadas em regiões periféricas, conforme mostra a Tabela 6.7.

Tabela 6.7 Comparativo das despesas de aluguel e margem de contribuição (MC).

Descrição	A		B		C		D		Média	
VD= vendas	100%	175.237	100%	181.035	100%	245.322	100%	185.566	100%	196.790
Aluguel	2,50%	4.453	6,60%	11.978	5,50%	13.500	2,70%	5.000	4,40%	8.733
MC = VD - CV	3,50%	6.095	20,10%	36.379	14,70%	36.078	8,90%	16.601	12,10%	23.788

Fonte: Levantamento Financeiro – Tabela de Classificação de Dados – (AxBxCxD) (veja o Anexo A).

Margem de Contribuição (MC) é a diferença entre o valor pago pela mercadoria e o seu valor efetivo de venda, evidenciando a diferença obtida por loja e diretamente ligada à sua localização e ao seu mercado consumidor.

Verifica-se ainda que as empresas com sistema de entrega terceirizada apresentam maior participação nas contas de frentistas em relação ao total, porém, menor peso na conta de folha de pagamento, provando a compensação entre contas na formação dos custos.

Tabela 6.8 Comparativo de despesa com transportes.

Descrição	A		B		C		D		Média	
VD = vendas	100%	175.237	100%	181.035	100%	245.322	100%	185.566	100%	196.790
Frentistas	0,20%	330	0,20%	286	4,30%	10.451	2,60%	4.749	2%	3.954

Fonte: Levantamento Financeiro – Tabela de Classificação de Dados – (AxBxCxD) (veja o Anexo A).

Ao compararmos os resultados e as projeções, tratando-se aqui da média dos resultados obtidos sob o mesmo critério de avaliação, dentro do mesmo período para as quatro organizações, observa-se uma compensação das disparidades entre as contas e se conclui que as empresas – todas apresentando prejuízo operacional, submetidas à aplicação da carga tributária, na qual se enquadram, – demonstram a inviabilidade da operação, eliminando-se distorções decorrentes de fatores de sazonalidade, administrativos e geográficos.

3.3.1 Análise financeira individual

Os dados coletados foram analisados individualmente, como forma de evitar discrepâncias que pudessem distorcer o resultado da pesquisa, e de analisar, de acordo com a realidade de cada empresa, o seu desempenho e validar sua representatividade dentro do universo estudado (veja o Anexo A).

Os resultados, quando analisados separadamente, balizam apenas quanto cada conta representa no total movimentado, e as médias, consideradas dentro do período, eliminam alterações dos movimentos sazonais decorrentes de comportamento do mercado.

Em termos gerais, foram utilizados os mesmos critérios de análise entre as quatro empresas. A análise individual apresenta-se como parte importante do estudo, tornando-se ainda mais evidente a sua aplicabilidade, quando inserida num contexto comparativo.

3.3.2 Análise comparativa do resultado financeiro

Com base nos dados coletados entre as quatro empresas, pode-se calcular todos os tributos a que estão obrigadas, concluindo-se, assim, a inviabilidade operacional de todas (veja o Anexo A).

Nesta etapa, a comparação analítica dos resultados, obtidos pelas quatro organizações, após a aplicação dos impostos que incidem na operação, apresenta dados negativos em todos os casos. Salienta-se que os dados, quando comparados lateralmente, demonstram apenas as diferenças entre quanto cada conta apresenta no total para cada empresa, e, ainda assim, o resultado final é de inviabilidade operacional.

4 Conclusão

O trabalho apresenta êxito no propósito de comprovação da Inviabilidade Operacional para empresas varejistas de material de construção com faturamento anual compreendido entre R$ 1,2 milhão e R$ 3 milhões, que representam 33% das organizações existentes no segmento e 52% do total das vendas do setor no País.

Diante da importância da faixa estudada, seja pela sua representatividade, seja pelo número de lojas ou pela fatia de faturamento a que é responsável no mercado brasileiro, torna-se necessário aos órgãos competentes avaliar cuidadosamente a questão tributária para a faixa de faturamento estudada, com o propósito de impedir a deterioração gradual do setor varejista de material de construção e a manutenção do círculo vicioso, em que o empresário não cumpre com suas obrigações fiscais, como deveria, e o Estado não arrecada, como poderia. O sistema arrecadador retém um terço do que é arrecadado, não gerando qualquer tipo de benefício que fomente o desenvolvimento das empresas e do País.

Propõe-se, portanto, a mudança do sistema tributário atual para um que possa contemplar a realidade das empresas, permitindo que se dediquem exclusivamente ao seu fim, ou seja, comercializar seus produtos em vez de consumir seu tempo na estratégia de como atender o fisco para se manter em atividade. Com essa mudança, o fisco se transformaria em orientador empresarial, levando o conhecimento tão necessário para o desenvolvimento do empresariado.

Os resultados operacionais negativos, conforme apresenta o Anexo A deste trabalho, evidenciam de maneira irrefutável os excessos tributários nos quais as empresas estudas se enquadram, e a incapacidade de se manterem no mercado, caso se disponham a cumprir as exigências fiscais em sua totalidade, evidenciando que a longevidade das organizações denota a dificuldade do cumprimento fiscal.

Sugere-se ainda a criação de uma legislação tributária específica para o segmento varejista de material de construção, seguindo o modelo de tributação denominado Imposto sobre Valor Agregado (IVA), utilizado pela Comunidade Européia, pelos Estados Unidos e pela Argentina. A alíquota desse modelo pode ser simplificada e reduzida, favorecendo a formalidade e propiciando aumento na base arrecadatória.

Anexo A

Levantamento Financeiro – Tabela de Captação dos Dados (AxBxCxD)

Descrição	A		B		C		D		Média	
Água + luz	0,30%	530	0,40%	760	0,30%	663	0,30%	533	0,30%	622
Aluguel	2,50%	4.453	6,60%	11.978	5,50%	13.500	2,70%	5.000	4,40%	8.733
Consórcio	0%	0	0%	0	0%	0	0,40%	700	0,10%	175
Custo de Oportunidade ((1%)	1,70%	3.000	1,90%	3.500	1,80%	4.520	1,90%	3.500	1,80%	3.630
Despesas diversas	0,50%	930	1,10%	1.986	0,90%	2.258	0,60%	1.186	0,80%	1.590
Juros diversos	0%	0	0,70%	1.333	0%	0	0%	30	0,20%	341
Honorários prof.	0,40%	768	0,20%	431	0,30%	655	0,50%	931	0,40%	696
Imp. + Tx. municipais	0,20%	283	0,50%	842	0,40%	933	0,30%	469	0,30%	632
Material de escritório	0,10%	259	0,20%	324	0,10%	336	0,10%	174	0,10%	273
Pró-labore	2,90%	5.000	2,80%	5.000	2%	5.000	2,70%	5.000	2,50%	5.000
Segurança	0,10%	200	0,20%	325	0,10%	328	0,40%	661	0,20%	378
Seguros	0,30%	452	0,30%	492	0,10%	316	0,10%	215	0,20%	369
Taxas bancárias	0,10%	171	0%	57	0,10%	163	0,20%	303	0,10%	174
Telefonia	0,60%	1.004	0,70%	1.298	0,30%	830	0,30%	570	0,50%	925
Folha de pagamento	5,20%	9.079	3,50%	6.334	3,50%	8.550	5,20%	9.582	4,30%	8.386
Treinamento	1%	1.780	0,80%	1.423	0,50%	1.204	0%	18	0,60%	1.107
INSS	3,20%	5.552	2,70%	4.861	2,20%	5.412	3%	5.591	2,70%	5.354
FGTS	0,50%	923	0,40%	659	0,30%	829	0,40%	816	0,40%	807
13º salário (provisão)	0,40%	757	0,30%	528	0,30%	713	0,40%	798	0,40%	699
Férias	0,60%	1.006	0,40%	702	0,40%	948	0,60%	1.062	0,50%	929
Planos de saúde	0,50%	909	1,10%	1.905	0,20%	399	0%	88	0,40%	825

(continua...)

O Varejo de Material de Construção no Brasil

Descrição	A		B		C		D		Média	
Vale-transporte	0,20%	413	0,50%	916	0,20%	475	0%	0	0,20%	451
CF*	20,40%	35.706	25%	45.294	19,60%	48.030	19,70%	36.642	21,18%	41.418
ICMS	2,10%	3.692	4,80%	8.765	4,50%	10.973	3,60%	6.700	3,80%	7.532
COFINS cód. 5856	1,80%	3.195	3,30%	5.999	3,10%	7.662	2,60%	4.916	2,80%	5.443
PIS cód. 6912	0,40%	694	0,70%	1.302	0,70%	1.663	0,60%	1.067	0,60%	1.182
IRPJ cód. 2362	1,20%	2.103	1,20%	2.172	1,20%	2.944	1,20%	2.227	1,20%	2.361
CSLL cód.2484	1,10%	1.893	1,10%	1.955	1,10%	2.649	1,10%	2.004	1,10%	2.125
CPMF	0,40%	666	0,40%	688	0,40%	932	0,40%	705	0,40%	748
Combustíveis	0,90%	1.506	0,40%	686	0,40%	865	0,10%	257	0,40%	829
Desp. cobrança	0%	12	0,30%	625%	0%	0	0%	0	0,10%	159
Marketing	0,80%	1.390	0,80%	1.385	1%	2.431	1,20%	2.289	1%	1.874
Retenções cartões	0%	0	0,20%	432	0,80%	1.942	0,70%	1.282	0,50%	914
Retenções financeiras	0%	0	0%	0	0%	0	0,40%	767	0,10%	192
Pró-labore	4,40%	7.667	4,70%	8.520	3,50%	8.500	5,20%	9.612	4,40%	8.575
Frentistas	0,20%	330	0,20%	286	4,30%	10.451	2,60%	4.749	2%	3.954
Outros	0%	59	0,20%	365	0%	0	0%	0	0,10%	106
Despesas variáveis	13,20%	23.206	18,30%	33.181	20,80%	51.012	19,70%	36.576	18,30%	35.994
CM**	83,30%	145.936	61,60%	111.475	64,50%	158.232	71,30%	132.390	69,60%	137.008
CV***	96,50%	169.142	79,90%	144.656	85,30%	209.244	91,10%	168.965	8790%	173.002
CT****	116,90%	204.848	104,90%	189.950	104,90%	257.274	110,80%	205.607	109,%	214.420
VD*****	100%	175.237	100%	181.035	100%	245.322	100%	185.566	100%	196.790
MC = VD - CV	3,50%	6095	20,10%	36.078	14,70%	36.078	8,90%	16.601	12,10%	23.788
LL = VD - (CF + CV)	-16,90%	-29.611	-4,90%	-8.915	-4,90%	-11.952	-10,80%	-20.041	-9%	-17.630
PE= CF/MC x VD	585,90%	1.026.628	144,30%	261.179		-	326.592	220,70%	409.588	257,10%	505.997
Despesas Totais	33,60%	58.912	43,30%	78.475	40,40%	99.042	39,50%	73.217	39,30%	77.411
MB = VD - CM	16,70%	29.300	38,40%	69.560	35,50%	87.090	28,70%	53.177	30,40%	59.782
VD/dias úteis	24,3	7.238	25,8	7.032	25	10.193	27,4	6.854	25,9	7.829
VD/m²	280	654	400	453	470	522	300	619	327	562
Tíquete médio	1.902	92	4.368	44	2.567	69	4034	46	3.435	70
Estoque										
Número de itens										

*Custo Fixo; **Compras Mercad.;***Custo variável; ****Custo total; *****Vendas.

Anexo B O Fim das Pequenas Empresas

Entrevista de Stephen Kanitz*

- "Quem tem mais condições de gerar os empregos de que este país necessita? Nossos intelectuais, nossos economistas, nosso governo ou nossa classe média?"

Hoje em dia, as grandes empresas desempregam mais do que contratam. São as pequenas e médias que geram emprego, aqui e mundo afora. Mas, em vez de fortalecer a pequena empresa, quase todos os governos do Brasil a ignoram ou a enfraquecem.

As pequenas e médias empresas são tipicamente dirigidas pela classe média alta, em torno de 10% da população brasileira. Se cada membro da classe média empregasse dez funcionários, não teríamos desemprego neste país. Teríamos 100% da população empregada, por definição. Hoje, com os inúmeros cursos disponíveis de administração, gerenciar uma empresa com dez pessoas não é coisa do outro mundo. O difícil é abrir e manter uma pequena ou média empresa no Brasil. A maioria das leis, voltadas para conter a grande empresa, acaba contendo a pequena e a média.

Entre no Google e pesquise os assuntos mais tratados pelos nossos economistas e governantes — os temas mais freqüentes são juros, inflação e câmbio. "Pequenas e médias empresas" raramente fazem parte do temário de discussão. Ajudar a pequena e a média empresa a crescer, nem pensar.

Estamos assistindo a uma sistemática destruição desse setor no Brasil e, de roldão, de nossa classe média. Os ricos com suas grandes empresas já não criam mais empregos e os pobres não têm como gerá-los. Denegrir e dizimar a classe média por seus "valores pequeno-burgueses" pode ser uma grande vitória política, mas será um enorme suicídio econômico.

---

* Stephen Kanitz é administrador por Harvard (www.kanitz.com.br).

De 20 anos para cá, além de aumentarem os impostos, reduziram os prazos de pagamento desses impostos de 120 para 15 dias. Hoje, as empresas precisam pagar 40% de sua receita ao governo antes de receberem de seus clientes. O capital de giro dessas empresas sumiu; em vez de financiar a produção, financia o governo.

Não é a economia informal que está crescendo, é a economia formal e a classe média que vêm sendo destruídas, e rapidamente. Estudo realizado pelo Sebrae, e apresentado por Alencar Burti, estima que 31% das pequenas empresas quebrarão até 2005. Ou seja, não somente não irão empregar ninguém como vão desempregar aqueles que já têm emprego.

Não é exatamente uma previsão fora de propósito, porque a grande maioria dessas empresas não obtém lucro há mais de três anos, e 90% delas não possuem mais capital, muito menos capital de giro. Se levarmos em conta os encargos fiscais em atraso, os Refis, os processos trabalhistas a pagar, a maioria está com patrimônio negativo, ou seja, encontra-se literalmente quebrada. Muitas não fecham imediatamente porque não podem pagar os elevados custos da demissão dos funcionários. Vão levando, na esperança de que as coisas melhorem. A maioria dos pequenos e médios empresários nem pensa mais em crescer, mas em vender suas empresas assim que a economia melhorar.

Até recentemente, as empresas médias sobreviviam sonegando um ou outro dos 46 impostos a pagar. Sonegavam o suficiente para se manter vivas. Hoje não dá mais para sonegar. Ou se sonega tudo, devido ao excelente controle e amarrações entre os órgãos arrecadadores, ou não se sonega nada. Como sonegar todos os impostos dá cadeia, e não sonegar nenhum significa falência em alguns anos, a saída é fechar a empresa assim que for possível.

Ainda segundo estimativas de Burti, 59% das pequenas e médias empresas fecharão as portas em 2009. Essas estatísticas não são exageradas. O número de insolvências nesse segmento sempre foi elevado, só que antigamente cinco novas empresas eram criadas para cada quatro que quebravam.

Hoje não. Não vejo mais aquela vontade de ser empresário e empreendedor no Brasil, muito pelo contrário. Entre abrir uma pequena empresa e arrumar um emprego público, os filhos da classe média estão preferindo a opção mais segura. E eles têm razão.

Quando baixarem os juros dos empréstimos, nossos intelectuais vão descobrir que não haverá mais classe média para tomá-los, não haverá administrador de empresas querendo administrá-los, não haverá engenheiro querendo empregá-los.

Em sua opinião, quem tem mais condições de gerar os empregos de que este país necessita? Nossos intelectuais, nossos economistas, nosso governo ou nossa classe média? É uma interessante questão para ser discutida ao longo desta semana.

Referências

PERDAS no varejo. Anamaco, São Paulo, ano XIV, n. 146, out. 2004.

À BEIRA da informalidade. *Diário do Comércio*, ano 79, n. 21.617, 3 maio 2004a.

MODELO FISCAL limita o crescimento. *Diário do Comércio*, 10 maio 2004b.

NOVOS LIMITES para micro e pequenas. *Diário do Comércio*. 5 abr. 2004c

EIS A taxa de corrupção: 3% do faturamento. *Diário do Comércio*, 26 abr. 2004d.

NEM OS inscritos no Simples conseguem suportar o peso da carga tributária / Governo estuda isentar de impostos quem fatura até R$ 36 mil por ano. *Diário do Comércio*, 25 ago. 2004e. Caderno: Leis, Tribunais e Tributos.

VICIADO EM impostos. Diário do Comércio, p. 12, 29 nov. 2004f.

A SAÍDA para crescer é formalizar em massa. *Diário Popular*, p. 5-6, 10 maio 2004.

GITMAN, L. J. *Princípios da administração financeira — essencial.* 2. ed. São Paulo: Bookman, 2002.

BIRD: metade das empresas confessa propina. *O Estado de São Paulo*, 29 set. 2004. Caderno Economia, p. B-4.

REVENDA: revista mensal de material de construção, São Paulo, nov. 2004.

O FIM das pequenas empresas. *Veja*, São Paulo, Abril, ed. 1845, março/2004.

OLIVEIRA FILHO, J. R. de. Apostila do curso Gestão de Recursos financeiros, Fundação Armando Alvares Penteado/Anamaco, São Paulo, 2003.

OLIVEIRA FILHO, J. R. de. O mercado de varejo de material de construção no Brasil — ferramentas de gestão. São Paulo: DVS, 2004.

ANAMACO. Diversas pesquisas. *<www.anamaco.com.br>*. Acesso em: 11 jan. 2005.

DIÁRIO DO COMÉRCIO. Diversas pesquisas. *<www.dcomercio.com.br>*. Acesso em: 11 jan. 2005.

KANITZ, Stephen. O fim das pequenas empresas. *<www.kanitz,com.br>*. Acesso em: 20 mar. 2004.

DVS Editora Ltda.
www.dvseditora.com.br